달란트투자의
주식교과서

달란트투자의
주식교과서

제로금리 시대, 절대로 잃지 않는 주식 투자법

이래학 지음

'무엇을' '어떻게' '효율적으로'

베가북스
VegaBooks

머리말

동학개미가
외국인과 기관을 이기는 방법

　한 해 또는 상반기를 마감하면 여지없이 등장하는 증권가의 기삿거리가 있습니다. 바로 개인투자자(이하 '개인')와 기관투자자(이하 '기관'), 외국인투자자(이하 '외국인'), 이렇게 세 주체 간의 수익률 대결입니다. 반기 또는 1년 동안 세 주체가 가장 많이 순매수한 종목들의 주가 상승률을 비교하여 순위를 가리는 방식인데요. 항상 1~2위는 외국인이나 기관이 차지합니다. 3위는 만년 개인의 몫입니다.

　외국인과 기관 등 소위 전문투자자들이 개인보다 뛰어난 성과를 기록하는 것은 어찌 보면 당연합니다. 먼저 전문투자자들은 개인보다 훨씬 다양한 양질의 정보를 접합니다. 각종 유료 사이트에서 정보를 얻으며, 애널리스트들로부터 직접 중요한 정보를 듣습니다. 그것도 모자라 회사 탐방이며 소수의 기관투자자들을 대상으로 열리는 NDR(Non-Deal Roadshow)까지…. 전문투자자들의 정보의 원천은 실로 막강합니다. 그들은 투자가 생업이기도 합니다. 투자에 할애하는 시간이 투자를 부업으로 여기는 개인과는 큰 차이가 날 수밖에 없죠. 도무지 개인이 외국인이나 기관을 투자로 이기는 방법은 없는 걸까요?

아이러니하게도 개인이 전문투자자를 이기는 방법 역시 '시간'입니다. 앞서 전문투자자가 투자에 쓰는 시간이 절대적으로 많은 점도 개인에게 불리한 부분이라고 했는데, 그런 개인이 시간에서 유리하다는 말은 무슨 뜻일까요? 바로 개인은 주식을 원하는 기간 동안 보유할 수 있는 '투자 기간'에 대한 강점을 갖고 있다는 것입니다.

그러나 전문투자자는 투자 기간에 대해서는 취약합니다. 그들의 성과는 벤치마크(Bench-Mark)와 비교하여 측정됩니다. 예를 들어 A펀드의 수익률은 벤치마크인 코스피 지수 대비 얼마나 앞섰는지가 중요합니다. 따라서 전문투자자는 펀드를 시장과 비슷하게 움직이면서 시장보다 더 나은 성과를 내도록 운용합니다. 그때그때 인기 주식이나 업종을 찾아 투자하기 때문에 투자 호흡이 짧을 수밖에 없습니다. 어떤 주식이 1~2년 후 실적이 크게 오를 것으로 예상해도 주가가 단기간에 오르지 않을 것으로 판단되면 매수하지 않습니다. 전문투자자 대부분은 보유 주식의 평가손실이 일정 수준까지 확대되면 기계적으로 팔아 치우는 로스컷(Loss-

Cut) 제도를 운영합니다. 펀드의 리스크 관리를 위해서입니다.

반면 개인은 코스피 지수에 비해 양호한 수익률을 유지할 필요가 없습니다. 1~2년 후에 실적이 좋아질 종목을 지금부터 사 모아도 아무런 문제가 없습니다. 보유 종목에 대한 확신이 있다면 평가손실이 확대되더라도 계속 보유하거나 추가 매수를 할 수 있습니다. 이것이 바로 개인이 전문투자자와 달리 갖고 있는 '시간'이라는 무기입니다.

다만 무작정 시도하는 장기투자는 오히려 손실을 키울 수 있습니다. 투자 대상이 누구나 다 아는 대기업이라고 해도 마찬가지입니다. 투자 대상을 잘 선정해야 하며, 투자를 하다가도 기업의 가치가 훼손될 만한 이슈가 발생하면 과감히 매도해야 합니다.

이 책은 중장기투자 관점에서 종목을 발굴하고 분석하며 가치를 평가하는 방법에 대한 구체적인 지침서입니다. 시중에 수많은 주식 관련 서적이 있으나, 주식에 입문하는 투자자가 종목의 무엇을 봐야하는지 A부터 Z까지 설명하는 책은 드뭅니다.

이 책에서 다루는 부분은 크게 4가지입니다. 먼저 기업의 재무제표입니다. 투자자가 인사 담당자, 기업이 입사 지원자라고 했을 때 재무제표는 기업의 이력서와 같습니다. 이력서에는 입사 지원자의 학점, 성적, 외국어 능력 등이 수치나 키워드 중심으로 나열되어 있죠. 기업의 이력서인 재무제표에서 투자자는 과연 이 기업이 투자할 만한 기업인지, 투자 포인트는 무엇인지를 파악할 수 있습니다.

재무제표가 이력서라면 사업보고서는 자기소개서입니다. 사업보고서는 투자의 귀재, 워런 버핏이 즐겨 볼 정도로 중요한 정보원입니다. 투자자는 사업보고서를 통해 재무제표에서 파악한 투자 포인트를 구체화할 수 있습니다.

재무제표와 사업보고서로 우량주를 골랐다면 가치 평가를 통해 현시점에 투자할 만한 종목인지 판단해야 합니다. 초보자가 쉽게 따라할 수 있는 기업 가치 평가법과 기업의 유형별로 적용할 만한 가치 평가법은 이 책의 4번째 장에서 다룹니다.

마지막으로 전자공시시스템을 활용하여 개인투자자가 비교적 간단하게 종목을 발굴하는 방법을 소개합니다. 이 4가지 무기를 잘 연마한 투자자라면 '시간'을 내 편으로 만들어 전문가 이상의 성과를 낼 것으로 기대합니다.

끝으로 강의로만 진행하고 있던 내용을 책으로 출판할 수 있도록 이끌어 주신 베가북스 임직원분들께 감사드리며, 언제나 힘이 되어주는 가족에게 사랑한다는 말을 전합니다. 그리고 두 번째 책을 집필할 수 있도록 인도하신 히나님께도 감사드립니다.

목차

1장

주식 투자, 이것만은 알고 가자

2장

주식 초보도 활용하는 재무제표

3장

쉽게 읽고 해석하는 사업보고서

4장

3단계로 평가하는 기업 가치

5장

주식 초보도 바로 써먹는 종목 발굴법

부록

2021 장기투자 유망 종목 TOP 10

"

사람의 마음은
돈을 잃기 쉽게 설계되어 있다

"

1장

주식 투자,
이것만은 알고 가자

주가는 무엇으로
결정될까?

A기사 제목: [특징주] ○○○, 양호한 실적에 상승

B기사 제목: [특징주] ○○○, 외국인 매수세에 급등

C기사 제목: [특징주] ○○○, 정부 정책 기대감에 '훨훨'

주식 시장에는 주가가 오르는 종목이 매일같이 나오고, [특징주]라는 타이틀로 해당 종목들이 얼마만큼 왜 올랐는지 설명하는 기사도 자주 보도됩니다. 상승의 이유는 다양합니다. 어떤 기업은 양호한 실적을 거두었다는 소식에 주가가 상승합니다. 다른 기업의 주식은 외국인투자자가 많이 사서 오르기도 합니다. 정부 정책에 따라 주가가 움직이는 기업도 있습니다. 주가 상승에는 참으로 각양각색 이유들이 있습니다.

자세히 살펴보면 주가가 오르는 이유에는 공통점이 있습니다. 바로 주식의 가치가 좋아질 것이라는 기대감입니다. A기사의 제목처럼 기업의 실적이 좋아진다면 향후 주주들에게 지급되는 배당금이 늘어날 수 있습니다. 기업이 벌어들인 돈을 바탕으로 공장을 짓거나 새로운 사업에 뛰어들 수도 있습니다. 모두 주식의 가치가 높아지는 이벤트입니다.

외국인이 특정 주식을 많이 사는 것도 같은 기대감 때문입니다. 가치가 하락할 것으로 보이는 주식을 매수하는 투자자는 없습니다. 정부 정책 때문에 오른 주식도 마찬가지입니다. 2020년 한국 정부는 코로나19 사태로 인한 경기 침체를 극복하기 위해 '한국판 뉴딜' 프로젝트를 추진한다고 밝혔습니다. 이 프로젝트는 각종 산업을 디지털화 및 비대면화하는 것이 핵심입니다. 그렇다 보니 주식 시장에서 비대면 관련 사업을 추진하는 주식들이 급등했습니다.

정리하자면 주가는 **가치주, 성장주, 테마주** 할 것 없이 가치가 높아질 것이라는 기대감에 따라 변합니다. 즉, 기업의 가치에 따라 결정되는 것입니다.

> **가치주** 벌어들이는 이익이나 보유하고 있는 재산 대비 주가가 저평가되어 있는 주식
>
> **성장주** 유망 산업에 속해있거나 히트 상품을 만들어 시장 평균보다 빠르게 성장하는 주식
>
> **테마주** 기업 가치보다는 정책, 뉴스 등 이슈와의 연관성 때문에 단기적으로 주가가 급등하는 주식

왜 투자자는
돈을 벌지 못할까?

문제는 주식의 가치가 눈에 보이지 않는다는 점입니다. 보이는 것이라고는 MTS·HTS 시세 창의 변화무쌍한 주가뿐입니다. 그렇다 보니 투자자의 마음은 자연스레 주가에 동요될 수밖에 없습니다. 주가가 오르는 시기에는 구름 위를 떠다니는 기분이 듭니다. 자고 일어나면 보유 주식들의 수익률이 높아지고, 잔고도 불어나 있기 때문입니다. 매일 늘어나는 평가이익에 회사를 그만두고 전업투자자나 될까? 하는 생각마저 듭니다. 그런데 경험상 그런 상황은 오래 지속되지 못합니다.

MTS Mobile Trading System. 스마트폰 등 이동 통신 기기를 통해 주식 거래를 할 수 있는 시스템.

HTS Home Trading System. 집이나 사무실 등에서 개인 PC를 통해 주식 매매를 하는 통신 시스템.

주가에는 중력의 법칙이 작용합니다. 산을 오를 때보다 내릴 때 훨씬 빠르고 쉬운 것처럼, 주가 역시 상승보다 하락하는 속도가 더 빠릅니다. 이는 수치로 증명되는 부분입니다. 주가가 100% 상승한 기업이 있습니다. 이 기업의 주가가 다시 원점으로 돌아가기 위해서는 50%만 하락하면 됩니다. 단순 계산으로도 상승하는 것보다 하락하는 것이 2배가량 쉽다는 말이죠. 따라서 예고 없이 찾아오는 주가 하락에 그동안 키워왔던 평가이익이 순식간에 다 사라져버립니다. 이제 번 것도 없고 잃은 것도 없는 제로섬(Zero-sum) 상황이 되어버렸습니다.

문제는 투자자 대부분이 계좌 평가이익이 최대였던 시점을 잊지 못한다는 것입니다. 마치 그것이 자신의 본전인 것처럼 말입니다. 그래서 '버티다 보면 다시 회복하겠지…'라는 생각으로 비자발적 장기투자자가 됩니다. 그러나 한번 하락하기 시작한 주가는 좀처럼 멈출 줄 모르고 끝내 큰 손실을 보고야 맙니다.

대다수의 개인투자자가 보유 주식을 팔고 떠난 그 시점부터 주가는 다시 반등하기 시작합니다. 주식 시장이 회복되고 계속되는 주가 상승에 투자자들의 관심도 커집니다. 결국 과거에 시장을 떠났던 이들도 재차 증시의 문턱에 들어섭니다. 이미 주가가 충분히 오른 상황에서 말이죠. 주식 시장이 장기적으로 꾸준히 상승하더라도 투자자 대부분이 돈을 벌지 못하는 이유입니다. *이처럼 사람의 마음은 돈을 잃도록 설계되어 있습니다.*

테마주에 투자하면
왜 손해를 볼까?

주식으로 돈을 벌기 위해 대다수의 투자자가 찾는 투자처는 바로 테마주 투자입니다. 테마주는 투자자 입장에서 매우 매력적입니다. 일반적으로 테마주는 주식 시장에 매일 출현하며, 코스피 지수가 하락하더라도 테마주만큼은 오르는 경향이 있습니다. 따라서 잘만 투자하면 시장 상황과 상관없이 매일 수익을 낼 수 있습니다. 그러나 이처럼 화려한 테마주의 이면에는 장미꽃 가시 같은 리스크가 존재합니다. 아래는 2018년 상장 폐지된 S사의 주가입니다.

[그림] 2018년 상장 폐지된 S사의 주가 (2017년 4월 24일 기준)

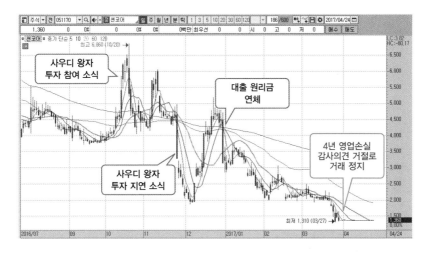

S사의 주가는 2016년 10월 4,000원 미만에서 단기간에 6,860원까지 치솟았습니다. S사가 사우디아라비아 왕자로부터 100억 원이 넘는 투자금을 유치한다는 소식 때문이었습니다. 그러나 투자금 납입 연기로 주가가 곤두박질쳤고, 급기야 2017년 1월 S사의 대출 원리금이 연체되었다는 소식에 주가는 투자금 유치 소식 이전보다 더 하락했습니다. 얼마 지나지 않아 S사는 4년 연속 영업손실, 감사보고서의 감사의견 거절로 거래가 정지되었으며 결국 상장 폐지되고 맙니다.

데미주에는 소형주가 많습니다. 보통 시가총액이 1,000억 원 미만으로, 기관투자자들이 웬만해서는 접근하지 않는 종목들입니다. 실적도 부진한 경우가 많습니다. 그래야 기업 가치와 무관하게 테마에 따라서 주가가 크게 반응할 수 있으니까요. 기관투자자들이 투자하지 않고 실적도 부진하기 때문에 작전 세력들의 놀이터가 되기 쉽습니다. 단기적으로 테마에 반응하여 주가가 급등할 수 있지만, 장기적으로는 주가가 하락하는 경우가 많습니다.

물론 테마주로 수익을 내는 투자자도 분명 존재합니다. 다만 장기투자가 아닌 단기투자 영역에서 주식에 막 입문한 초보 투자자가 접근하기에 테마주 투자는 위험합니다. 테마주 투자는 본업에 지장을 주기도 합니다. 테마주로 수익을 내기 위해서는 단기적으로 접근해야 하고 주가 변동성이 매우 크기 때문에 트레이딩 기술도 익혀야 합니다. 분초마다 MTS·HTS를 켜고 시세 창을 봐야 합니다. 매일매일 승부를 보는 투자법이기 때문에 스트레스도 상당합니다.

대기업에 장기투자하면
성공할까?

우리는 건전한 투자 방법으로 흔히 우량주에 장기투자하는 것을 꼽습니다. 세계적인 투자자 워런 버핏은 "10년 보유할 주식 아니면 10분도 보유하지 않는다."고 말했습니다. 메리츠자산운용 존 리 대표도 "스타벅스 두 잔 마실 돈 1만 원을 매일 주식에 20년간 투자하라!"고 했습니다. 그렇다면 주식 투자는 무조건 장기투자가 답일까요? 아래 표는 2019년 재계 순위 10위에 해당하는 그룹사 대표 상장 주식의 지난 10년간 주가 변동 내역입니다.

[표] 재계 순위 TOP 10 기업의 10년 주가 상승률

단위 : 원

기업명	10.2.26	20.2.28	변동률
삼성전자	14,880	54,200	264%
현대차	115,000	115,000	0%
SK하이닉스	21,000	87,900	319%
LG화학	215,000	368,000	71%
롯데쇼핑	301,529	95,200	−68%
POSCO	530,000	195,500	−63%
한국조선해양	174,445	104,000	−40%
한화솔루션	15,250	17,850	17%
GS	38,200	41,250	8%
신세계	262,056	236,000	−10%

출처 : 각 사

10년 동안 주가가 상승한 기업은 5곳입니다. 만약 롯데쇼핑, POSCO, 한국조선해양에 투자했다면 원금의 절반가량을 날린 셈입니다. 상승 종목 중에서 한화솔루션, GS는 사실 주가가 올랐다고 보기에는 민망합니다. 10년간의 물가 변동을 감안한다면 거의 상승하지 않았다고 보는 편이 맞습니다. 실제로 의미 있는 상승률을 기록한 기업은 삼성전자, SK하이닉스, LG화학까지 3개 기업뿐입니다. 그냥 중소기업에 투자한 것도 아니고 대한민국을 대표하는 기업 10곳에 10년 투자했을 때의 결과입니다.

여기에서 알 수 있는 것은 '우량주=대기업'이 아니라는 것입니다. 앞서 존경하는 투자 대가들의 격언 역시 주식은 무조건 장기투자라는 것이 아닙니다. *그보다는 장기투자할 기업을 잘 고르는 것이 핵심입니다.*

초보 투자자는 주식 투자를
어떻게 해야 할까?

앞서 살펴본 내용을 정리하면 다음과 같습니다.

첫째, 주가를 결정짓는 것은 기업의 가치이다.

둘째, 그런데 기업 가치는 보이지 않고 주가만 보이기 때문에 손해를 보는 투자자들이 많다.

셋째, 기업 가치와 무관한 테마주 투자는 초보 투자자 입장에서 위험하다.

넷째, 건전한 투자 방법인 장기투자도 무작정 오래 보유하는 것보다 우량주를 잘 고르는 것이 핵심이다.

즉, 초보 투자자로서는 '가치가 장기적으로 상승할 우량주'를 잘 고르는 것이 주식 투자 성공의 지름길입니다. 이를 위해 꼭 알아야 할 투자 스킬은 다음과 같습니다.

재무제표 스크리닝하기

재무제표는 기업의 이력서와도 같습니다. 기업의 이력서를 보고 함께할 기업인지 파악하는 것입니다. 더불어 재무제표에서 가치가 오를 만한 '투자 포인트'가 있는 기업을 고를 수 있습니다.

사업보고서 읽어보기

재무제표에서 발견한 투자 포인트를 사업보고서를 통해 구체화합니다. 실적이 좋아질 때 '왜 좋아지는지', 최근에 과감한 투자를 했는데 '어디에 투자한 것인지' 등 해당 기업의 가치가 장기적으로 성장할 수 있을지 판단하는 것입니다.

기업 가치 평가하기

아무리 우량한 기업이라도 가치 대비 주가가 비싸게 거래되면 좋은 투자처가 될 수 없습니다. 따라서 본인이 관심 있는 종목의 현재 주가 수준을 판단하는 법을 알고 상대 가치 평가법, 절대 가치 평가법의 장단점과 이를 알맞게 적용하는 법을 알아야 합니다.

전자 공시로 종목 발굴하기

초보 투자자도 **바텀업** 방식으로 투자할 종목을 고르는 법을 배워야 합니다. 투자자 누구나 접할 수 있는 '전자공시시스템'

바텀업(bottom-up) 기업 분석부터 해당 기업이 속한 산업과 향후 전망, 경제 분석으로 확장하는 방식

탑다운(top-down) 거시 경제를 보고 성장 가능한 산업을 예상하여 한두 군데 기업에 집중 투자하는 방식

은 기업의 실적 및 주요 이슈가 최초로 공개되는 사이트입니다. 기업의 크고 작은 이벤트가 모두 공시되기 때문에 해당 사이트를 통해 종목을 발굴하는 방법을 공부만 하면 알 수 있습니다.

"

미래의 가치는
과거의 실적에서 드러난다

"

2장

주식 초보도
활용하는 재무제표

재무제표에서
투자 포인트 찾는 방법은?

알바도 이력서 보고 뽑는다

"주가는 미래 가치를 반영해서 움직이는데, 과거 실적을 기록한 재무제표가 얼마나 의미 있을까요?"

강의나 세미나에서 간혹 듣는 질문입니다. 그럴 때 저는 다음과 같이 반문합니다.

"*인사 담당자가 이력서를 보지도 않고 직원을 뽑을 수 있을까요?*"

인사 담당자가 직원을 뽑을 때 지원자의 이력서를 살펴보는 것은 당연합니다. 전공은 무엇인지, 학점은 얼마인지, 외국어 능력은 탁월한지, 기타 과외 활동으로 어떤 장점을 갖고 있는지 말이죠. 투자도 마찬가지입니다. 투자자는 기업을 선정함에 있어서 그 기업의 실적 성장률이 어떤지, 안전한 회사인지, 얼마나 이익을 실현하는지, 등을 재무제표를 통해 파악할 수 있습니다. 단기 아르바이트 직원을 뽑더라도 이력서를 요구하기 마련입니다. 하물며 여러분의 소중한 돈을 투자할 기업의 재무제표를 꼼꼼히 보는 것은 당연합니다.

학교에서 배운 '회계 원리'는 잊어라

가치투자를 지향하는 투자자들은 재무제표의 필요성을 잘 알고 있습니다. 그럼에도 불구하고 실제로 투자할 때 재무제표를 제대로 활용하는 투자자는 드뭅니다. 너무 어렵기 때문이죠. 의욕에 넘쳐 대학 전공 과목인 재무관리, 회계원론 서적을 호기롭게 펼치더라도 금방 '복식부기의 원리', '분개'와 같은 외계어 장벽에 가로막히게 됩니다. 투자자 대부분이 재무제표를 공부할 엄두도 내지 못하는 이유입니다.

재무관리, 회계원론 등의 전공 서적은 '어떻게 회사의 장부를 작성해야 할까?'라는 관점에서 쓰인 책입니다. 따라서 재무제표 작성에 관한 개념도 꼭 알아야 합니다. 그러나 투자자가 봐야 하는 재무제표는 완전히 다릅니다. 재무제표를 통해 투자해도 괜찮은 기업인지 아닌지를 판단하는 것과 더불어 재무제표에서 나타나는 기업의 변화를 잡아내고 투자 아이디어를 포착하는 데 목적이 있습니다.

기업이 돈을 벌면 장부에 어떻게 기록될까?

재무제표는 크게 재무상태표, (포괄)손익계산서, 자본변동표, 현금흐름표, 재무제표의 주석으로 구분되어 있습니다.

가계부를 한번 작성해보겠습니다. 먼저 내가 가진 재산에는 무엇이 있을까요? 집, 자동차, 냉장고, 에어컨 등 다양합니다. 이 모든 것을 내 돈으로 장만했다면 정말 좋겠지만, 그럴 수 있는 사람은 지구상에 많지 않습니다. 따라서 앞서 열거한 재산을 형성하기 위해 내 돈이 얼마나 들었는지, 은행에서 빌린 돈은 얼마인지, 가계부에 함께 기록해야 합니다. 이처럼 가계부에는 내가 갖고 있는 재산 목록과 이를 장만하기 위한 자금의 출처가 기재되어 있습니다.

기업의 재무상태표도 마찬가지입니다. 사업을 하기 위해서는 공장, 원재료, 현금 등이 필요하며 이를 장만하기 위한 자금의 출처로 내 돈과 남의 돈이 필요합니다. 내 돈을 '자본(=자본총계)'이라고 하며, 남의 돈을 '부채(=부채총계)'라고 합니다. 이렇게 조달한 자금을 앞서 언급한 공장,

원재료 마련에 사용하는데 이를 '자산'이라고 합니다. 다시 말해 재무상태표는 자산과 이 자산의 출처인 자본 및 부채로 구성됩니다. 특정 시점 기업의 재산 상태 내역을 기록한 장부라고 볼 수 있습니다.

손익계산서는 특정 기간 기업의 수입과 지출 내역을 나타냅니다. 쉽게 설명하자면 얼마를 벌었고 그중 얼마를 사용했으며, 결국 얼마가 남았는지 보여주는 장부입니다. 손익계산서와 유사한 현금흐름표는 특정 기간 현금의 입출 내역을 기록하는 장부입니다. 얼핏 들으면 손익계산서와 현금흐름표의 차이가 잘 느껴지지 않습니다. 수입·지출 내역과 현금 입출 내역의 차이는 무엇일까요?

신용카드 결제를 생각해보면 쉽습니다. 요즘 현금을 사용하는 사람은 거의 없습니다. 카드 결제의 편의성과 효용성 때문이죠. 가계부를 작성할 때 신용카드는 사용하는 즉시 지출로 잡습니다. 그러나 실제 내 통장에서 현금이 빠져나가지는 않죠. 현금은 결제일에 한꺼번에 통장에서 인출됩니다. 이처럼 손익계산서는 실제 수입과 지출이 발생했을 때 이것을 장부상에 기록하는 것이고, 현금흐름표는 현금이 유입되고 유출되는 내역을 보여주는 것입니다. 손익계산서와 현금흐름표의 차이는 투자자 입장에서 매우 중요한 정보입니다.

'흑자부도'라는 용어를 들어보셨나요? 언뜻 보기에는 문제없이 경영활동을 하고 있는 기업이 부채를 상환하지 못해 예상치 못하게 부도가 나는 것을 말합니다. 이유는 여러 가지겠지만 핵심 원인은 현금이 없어서입니다. 이런 기업은 손익계산서상의 실적은 좋은데 현금흐름표에 문제가 있는 경우가 많습니다. *따라서 투자자는 만에 하나 있을 수 있는 이런 기업을 거르기 위해 손익계산서와 현금흐름표를 꼭 비교해야 합니다.*

이 밖에 자본변동표는 특정 기간 중 기업의 자본이 변동된 내역을, 재무제표의 주석은 앞서 설명한 재무상태표, 손익계산서, 현금흐름표, 자본변동표의 추가적인 내용을 상세하게 기록합니다. 초보 투자자 입장에서 중요한 것은 재무상태표, 손익계산서, 현금흐름표입니다.

그렇다면 기업의 경영활동이 재무제표에 어떻게 기록될까요? 간단하게 재무상태표와 손익계산서를 통해 살펴보겠습니다.

[그림] 기업의 경영활동과 재무제표의 관계

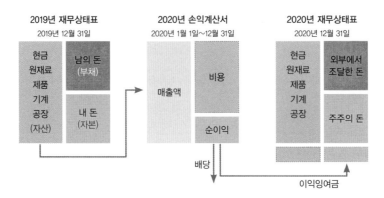

2019년 12월 31일 A회사의 자산은 공장, 기계 장치, 원재료, 제품, 현금 등으로 구성되어 있습니다. 이는 먼저 주주의 돈(자본)과 외부에서 조달한 돈(부채)으로 마련한 것입니다. 해당 자산으로 2020년 1월 1일부터 2020년 12월 31일까지 영업활동을 합니다. 이 기간 판매 실적이 매출액으로 잡힙니다. 여기에서 원재료 매입비, 광고 선전비, 인건비 등이 지출되고 최종적으로 이자와 세금까지 내면 마지막으로 순이익이 남습니다.

순이익은 2020년 12월 31일 재무상태표 자본의 이익잉여금으로 쌓입니다. 이익잉여금이란 이익이 나서 남은 자금이란 뜻입니다. 이에 따라 A회사의 자본이 늘어나고, 늘어난 자본만큼 자산도 증가합니다. 한편 벌어들인 순이익에서 주주들에게 얼마를 배당하느냐에 따라 이익잉여금으로 쌓이는 정도는 달라집니다.

지금까지 재무제표의 필요성, 구성, 기업의 경영활동과의 관계 등을 알아봤습니다. 이제부터 본격적으로 재무제표를 활용해 투자할 주식을 어떻게 고르는지 알아볼 차례입니다.

재무제표는 1년에 몇 번 나올까?

상장 기업의 재무제표는 1년에 총 4번 작성됩니다. 금융감독원 전자공시시스템(http://dart.fss.or.kr/)에서 상장 기업들의 재무제표 원문을 검색할 수 있습니다. 전자공시시스템 메인 페이지 상단에 회사명을 입력하고 검색할 수 있는 곳이 있습니다. 여기에서 종목명이나 종목코드를 입력한 후 검색 버튼을 클릭합니다. 삼성전자를 예로 들어 진행해보겠습니다.

1단계: 회사명에 종목명 또는 종목코드 입력 후 검색 버튼 클릭

출처 : 전자공시시스템

2단계: 정기 공시 〉 사업보고서 네모박스 체크 후 검색 버튼 클릭

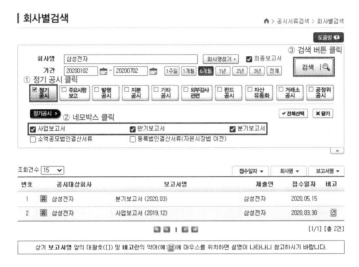

출처 : 전자공시시스템

1단계를 진행하면 삼성전자 최근 공시 내역이 시간 순으로 나옵니다. 이번에는 정기 공시 버튼 클릭 후 사업보고서, 반기보고서, 분기보고서 앞의 네모박스를 클릭합니다. 정기 공시는 기업이 경영활동이 담긴 보고서를 정기적으로 제출하는 것을 말합니다. 사업보고서, 반기보고서, 분기보고서를 통틀어 정기보고서 또는 사업보고서라고 말합니다. 시기에 따라 용어가 다른데 분기보고서는 1분기와 3분기 경영활동을 다룬 보고서이고 반기보고서는 반기 경영활동, 사업보고서는 연간 경영활동을 다룬 것입니다. 재무제표는 이들 사업보고서에서 하나의 하위 항목으로 포함되어 있습니다. 네모박스가 체크된 상태에서 검색 버튼을 클릭합니다.

검색 창 아래로 삼성전자의 최근 분기보고서와 사업보고서가 나옵니다. 기간이 2020년 1월 2일부터 2020년 7월 2일까지로 설정되어 있기 때문에 2개의 보고서만 나왔습니다. 가장 최근에 제출된 분기보고서를 클릭하면 문서가 열리는데 문서 목차 Ⅲ. 재무에 관한 사항에서 삼성전자의 재무제표를 확인할 수 있습니다.

3단계: 분기보고서 〉 문서 목차의 Ⅲ. 재무에 관한 사항 경로로 접근

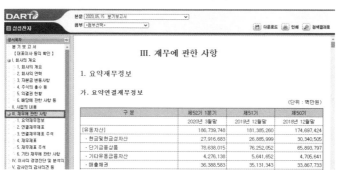

출처 : 전자공시시스템

재무제표는 요약 재무 정보 이후 재무제표 상세 항목으로 구성되어 있습니다. 그리고 크게 연결재무제표와 재무제표로 나뉘어 있는데요. 이 재무제표는 삼성전자 입장에서만 작성한 것이고 연결재무제표는 삼성전자의 자회사까지 합산하여 작성한 것입니다. 참고로 자회사가 없는 기업이 작성한 재무제표를 개별재무제표라고 하며, 자회사가 있지만 모기업 입장에서만 작성한 재무제표를 별도재무제표라고 합니다.

재무제표가 나오는 정확한 시점은 전자공시시스템 메인 화면에서 조회가 가능합니다. 전자공시시스템 메인 페이지 좌측 하단에 정기보고서 제출 기한이 있습니다. 옆에 조그마한 글씨로 표기된 '더보기'를 클릭하면 결산월별 정기보고서 제출 기한이 나옵니다.

[그림] 전자공시시스템 메인 페이지

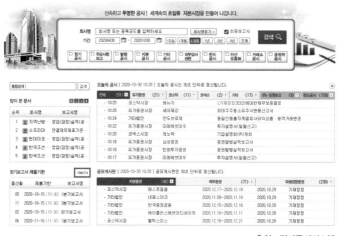

출처 : 전자공시시스템

참고로 결산월이란 결산 기준이 되는 월이며 결산월에 따라서 사업연도가 결정됩니다. 가령 12월 결산 법인이라면 1월부터 12월까지가 하나의 사업연도가 됩니다. 11월 결산 법인이라면 12월부터 다음 해 11월까지가 사업연도입니다. 우리나라 상장 기업은 12월 결산 법인이 98% 이상을 차지하고 있기 때문에 12월 결산 법인의 정기보고서 제출 기한을 참조하면 됩니다.

[그림] 전자공시시스템 결산월별 정기보고서 제출 기한 페이지

정기보고서 제출기한

제출년도 : 2020*

결산월	1/4분기보고서**	반기보고서**	3/4분기보고서**	사업보고서***
01월	06/15 (06/29)	09/14 (09/29)	12/15 (12/30)	05/04
02월	07/15 (07/30)	10/15 (10/30)	01/14 (01/29)	05/29
03월	08/14 (08/31)	11/16 (11/30)	02/14 (03/02)	06/29
04월	09/14 (09/29)	12/15 (12/30)	03/16 (03/31)	07/29
05월	10/15 (10/30)	01/14 (01/29)	04/14 (04/29)	08/31
06월	11/16 (11/30)	02/14 (03/02)	05/15 (06/01)	09/28
07월	12/15 (12/30)	03/16 (03/31)	06/15 (06/29)	10/29
08월	01/14 (01/29)	04/14 (04/29)	07/15 (07/30)	11/30
09월	02/14 (03/02)	05/15 (06/01)	08/14 (08/31)	12/29
10월	03/16 (03/31)	06/15 (06/29)	09/14 (09/29)	01/29
11월	04/14 (04/29)	07/15 (07/30)	10/15 (10/30)	02/28
12월	05/15 (06/01)	08/14 (08/31)	11/16 (11/30)	03/30

출처 : 전자공시시스템

분기보고서와 반기보고서의 경우 분·반기 마감 후 45일까지 제출할 수 있습니다. 때문에 12월 결산 법인의 1분기보고서(1/4분기보고서) 제출 기한은 5월 15일, 반기보고서 제출 기한은 8월 14일, 3분기보고서(3/4분기보고서) 제출 기한은 11월 16일까지입니다. 다만 4분기 마감 후 제출하는 사업보고서의 경우 90일까지 제출 기한을 두고 있으므로 이듬해 3월 30일까지 제출하면 됩니다. 1분기부터 3분기까지의 제출 기한 옆 괄호 안에 또 다른 날짜가 보입니

다. 각각 원래의 제출 기한보다 15일씩 연장된 날짜인데요. 최초로 연결재무제표를 작성하는 기업의 편의를 봐주는 것입니다. 해당 기업은 연결재무제표를 작성하는 사업연도와 그다음 사업연도까지 제출 기한을 15일 연장해줍니다.

한편 분·반기보고서 제출 기한이 45일, 사업보고서 제출 기한이 90일까지기는 하나 실제 정기보고서는 대부분 기한 마지막 날 제출됩니다. 이날 1,000개가 넘는 정기보고서가 쏟아져 나오기 때문에 증권가는 매우 분주합니다.

재무제표 계정 과목을 살펴보기에 앞서
꼭 알아두어야 할 부분에 대해 짚고 넘어가겠습니다.

재무제표와 연결재무제표 둘 다 있는 경우 무엇을 봐야 하나요?

일반적으로 연결재무제표를 보는 것이 좋습니다. 아무리 부모님이
훌륭하더라도 자식이 말썽이면 그 가족은 화목하다고 볼 수 없겠
죠? 따라서 이 책에서 다루는 재무제표는 연결재무제표를 기본으
로 합니다.

**연결재무제표 작성 기업의 경우, 손익계산서를 보면 순이익의 종류
가 여러 가지입니다. 무엇을 봐야 하나요?**

사업보고서에 기재된 삼성전자의 손익계산서를 보면 연결순이익
밑에 '지배기업의 소유주에게 귀속되는 당기순이익', '비지배 지분
에 귀속되는 당기순이익'으로 구분되며, 현대자동차의 연결순이익
하단에는 '지배기업 소유주 지분', '비지배 지분'으로 나뉘어 있습니
다. 중요한 것은 순이익에 '지배'가 들어 있느냐, '비지배'가 들어 있
느냐인데요. 용어의 통일을 위해 '네이버 금융' 사이트에 기재된 당
기순이익(지배)과 당기순이익(비지배)으로 보겠습니다.

연결재무제표가 있는 기업은 연결당기순이익의 하위 항목으로 당
기순이익(지배)과 당기순이익(비지배)이 있습니다. 당기순이익(지

배)은 회사의 순이익에 자회사들의 순이익을 지분율만큼 반영한 것입니다. 가령 A회사는 B회사의 지분을 50% 보유하고 있으며, A 회사와 B회사의 순이익은 각각 100억 원입니다. 두 회사 간 거래가 없다는 가정하에 A회사 입장에서 연결재무제표를 작성하면 A회사 의 연결순이익은 200억 원입니다. 그런데 A회사는 B회사 지분을 50%만 보유하고 있습니다. 실제 지배력이 50%이기 때문에 순이 익도 100억 원의 50%인 50억 원만 반영하는 것이 합당합니다. 따 라서 A회사 연결재무제표 당기순이익(지배) 값은 150억 원이 됩니 다. 나머지 A회사가 지배하고 있지 않은 B회사의 순이익 50억 원 은 당기순이익(비지배)이 됩니다. 즉 투자자가 참조해야 하는 순이 익은 당기순이익(지배) 값입니다.

순이익과 마찬가지로 연결재무제표를 작성하는 기업의 자본도 지 배 지분 자본과 비지배 지분 자본으로 나뉩니다. 이 책에서 사례로 소개한 연결재무제표 작성 기업의 순이익과 자본은 '지배' 값을 사 용했습니다.

[그림] 삼성전자의 요약 손익계산서

단위 : 억 원

주요 재무 정보	연간			
	2017/12 (IFRS연결)	2018/12 (IFRS연결)	2019/12 (IFRS연결)	2020/12(E) (IFRS연결)
매출액	2,395,754	2,437,714	2,304,009	2,330,954
영업이익	536,450	588,867	277,685	325,283
영업이익(발표기준)	536,450	588,867	277,685	
세전계속사업이익	561,960	611,600	304,322	343,565
당기순이익	421,867	443,449	217,389	248,568
당기순이익(지배)	413,446	438,909	215,051	246,388
당기순이익(비지배)	8,422	4,540	2,338	
자산총계	3,017,521	3,393,572	3,525,645	3,709,454
부채총계	872,607	916,041	896,841	914,326
자본총계	2,144,914	2,477,532	2,628,804	2,795,128
자본총계(지배)	2,072,134	2,400,690	2,549,155	2,712,561
자본총계(비지배)	72,780			

출처 : 네이버 금융

2016년부터 2020년까지 최근 5년 치 실적 추이를 확인하고자 하는데, 올해는 아직 반기밖에 지나지 않았습니다. 현재 시점에서 올해 실적을 어떻게 연간 값으로 보정할 수 있을까요?

반기 기준으로 연환산(최근 4개 분기 합산 또는 최근 12개월 합산) 값을 사용합니다. 2020년 2분기 기준 연환산 매출액을 구해본다면 2020년 2분기와 1분기, 2019년 4분기와 3분기 값을 더하면 됩니다. 이렇게 계산하면 실적의 계절성을 고려한 연간 매출액을 계산할 수 있습니다.

[표] 2020년 2분기 기준 연환산 개념

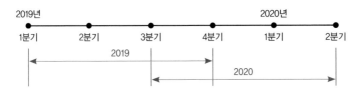

기업마다 계정 과목을 마음대로 적어놓아 헷갈립니다. 같은 기준에
따라 정리해놓은 정보는 없나요?

기업들은 재무제표 계정 과목을 각자 다른 용어로 표기하고 있습
니다. 국제회계기준(IFRS)의 도입으로 표기해야 할 최소한의 항목
만 있을 뿐 나머지는 기업 재량이기 때문입니다. 그러나 이 점이
오히려 초보 투자자 입장에서 혼선을 야기할 수 있는데요. 따라서
증권사 HTS나 각종 금융 포털에서는 통일된 기준의 계정 과목을
사용하고 있습니다. '네이버 금융 〉 종목 검색 〉 종목 정보 〉 재무
분석' 경로로 접근하면 같은 기준으로 정리된 계정 과목을 확인할
수 있습니다. 이 책에서 다루는 재무제표도 통일된 계정 과목을 사
용합니다.

재무상태표:
10년 성장할 기업 후보는?

커피 전문점을 오픈하다

커피 전문점을 개업한다고 가정해보겠습니다. 필요한 것은 무엇일까요? 먼저 가게가 있어야 합니다. 자신의 건물이 있다면 그곳에서 개업하고, 아니면 건물주와 임차 계약을 체결한 뒤 영업을 시작하면 됩니다. 계약을 체결했다면 커피 머신, 손님들이 앉을 테이블, 의자를 포함한 다양한 집기를 마련해야 합니다. 그다음에는 원두, 우유 등 커피 제조에 필요한 다양한 원재료를 갖추어야 합니다. 테이크아웃 잔도 필요하죠. 혹시 거스름돈이 필요할 수 있으니 현금도 두둑이 들고 있어야 합니다.

만반의 준비를 갖추고 드디어 커피 전문점을 오픈했습니다. 가게 안으로 손님들이 몰려듭니다. 그런데 요즘 현금으로 결제하는 사람은 거의 없습니다. 정부의 신용카드 사용 장려 정책, 결제의 편의성, 전자상거래 발달 등으로 대부분 카드 결제나 모바일 결제를 선호합니다.

시간이 지나고 이제 자리를 잡았습니다. 그동안 쌓은 재산도 어느 정도 됩니다. 요즘 고민은 사업을 통해 모은 돈을 안전하게 은행에 맡기느냐, 아니면 추가로 사업을 확장하느냐입니다. 은행에 맡긴다면 그나마 이율이 높은 3년 만기 정기 예금에 가입할 예정입니다. 그런데 시중 은행 이자율이 너무 낮아 망설여집니다. 차라리 다른 지역에 2호점을 내는 것이 나을 수도 있습니다.

지금까지 커피 전문점을 열어 운영하면서 필요한 것들, 일어날 수 있는 일들을 알아보았습니다. 사실 여기에 재무상태표 대표 자산의 종류가 다 나와 있습니다. 커피 머신, 테이블, 의자, 잔은 유형자산에 속합니다. 원두, 우유, 테이크아웃 잔, 빨대 등은 재고자산입니다. 손님들이 카드로 결제한 것은 커피 전문점 입장에서는 외상 매출이나 다름없습니다. 판매하고 아직 돈으로 받지 않았기 때문입니다. 실제 돈은 결제가 발생하고 나서 일정 기간 후에 카드사에서 사업주의 통장으로 지급합니다. 이처럼 판매하고 아직 돈으로 받지 않은 것 등을 매출채권 및 기타 채권이라고 합니다. 또한 혹시 모를 사태에 대비하기 위해 보유한 현금, 그리고 수시입출금 통장에 넣어놓은 돈 등을 현금 및 현금성자산이라고 부릅니다. 그 밖에 만기가 1년 미만인 금융 상품에 가입하거나 단기 보유할 목적의 주식 등은 단기금융자산으로 분류합니다. 이 책에서는 편의상 현금 및 현금성자산과 단기금융자산을 합쳐 현금 및 기타금융자산 이라고 표현하겠습니다. 마지막으로 3년 만기 정기 예금에 가입하거나, 2호점 확장을 위해 투자한 금액은 투자자산이라고 볼 수 있습니다.

한편 커피 전문점 시나리오에 등장하지 않는 자산도 있는데, 대표적 으로 무형자산입니다. 기업의 특허권, 연구 개발비, 산업 재산권 등을 무형자산으로 구분합니다. 커피 전문점의 무형자산이라고 한다면 권리 금을 들 수 있습니다.

[그림] 커피 전문점과 자산

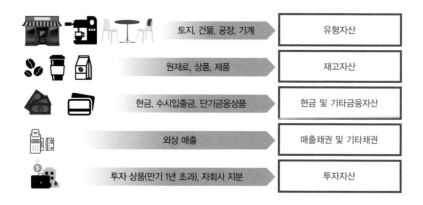

토지, 건물, 공장, 기계	유형자산
원재료, 상품, 제품	재고자산
현금, 수시입출금, 단기금융상품	현금 및 기타금융자산
외상 매출	매출채권 및 기타채권
투자 상품(만기 1년 초과), 자회사 지분	투자자산

급전이 필요해!

다시 커피 전문점 시나리오로 돌아오겠습니다. 갑자기 급전을 마련해야 할 상황이 생겨 보유하고 있는 자산을 현금화하려고 합니다. 빨리 현금화할 수 있는 자산 순으로 나열한다면 어떻게 될까요?

가장 빨리 현금화할 수 있는 것은 현금 및 기타금융자산입니다. 이 자산은 그냥 현금이기 때문에 통장에서 출금하기만 하면 됩니다. 두 번째는 재고자산과 매출채권 및 기타채권 중 하나일 것입니다. 커피가 제조 판매된 뒤 돈으로 회수되는 프로세스를 생각해보면 매출채권 및 기타채권이 재고자산보다 빨리 현금화가 가능하다는 것을 알 수 있습니다. 매출채권 및 기타채권은 판매 완료된 상태에서 받을 돈이며 재고자산은 아직 판매도 하지 않은 원재료이기 때문입니다. 네 번째로는 투자자산과 유형자산 중에서 고민해야 합니다. 자회사 지분을 팔 것인가, 커피 머신을 팔 것인가에 대한 문제인데요. 사실 커피 머신이나 테이블을 판다면 사업을 접겠다는 것과 다름없습니다. 때문에 유형자산보다는 투자자산을 먼저 현금화하는 편이 나아 보입니다. 마지막 무형자산(권리금)은 커피 전문점을 옮기거나 접지 않는 이상 회수할 수 없는 돈입니다.

정리하자면 현금 및 기타금융자산, 매출채권 및 기타채권, 재고자산, 투자자산, 유형자산, 무형자산 순으로 빠르게 현금화가 가능합니다. 자산은 크게 유동자산과 비유동자산으로 나열할 수 있는데요. 이 역시 현금화가 가능한 속도에 따른 분류입니다. 1년 안에 현금화가 가능하다면 유동자산이라고 표현합니다. 반대로 1년 안에 현금화하지 않을 자산은 비유동자산으로 분류합니다. 따라서 현금 및 기타금융자산이나 매출채권 및 기타채권 그리고 재고자산은 일반적으로 유동자산으로, 투자자산과 유형자산 그리고 무형자산은 비유동자산으로 분류합니다.

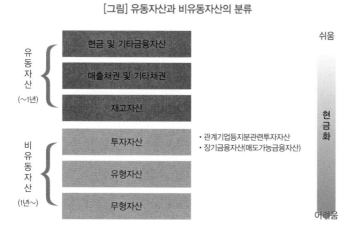

[그림] 유동자산과 비유동자산의 분류

빨리 현금화가 가능하다는 의미는 팔았을 때 제값을 받을 확률이 높다는 의미로도 해석할 수 있습니다. 현금 및 기타금융자산은 어차피 현금이기 때문에 장부에 기록된 수치대로 즉시 현금화가 가능합니다. 그러나 매출채권 및 기타채권은 채권에 적힌 금액에서 돈을 받기로 한 날까지 이자를 뗀 금액으로 은행에 매각할 수 있습니다. 즉, 장부상에 기재된 금액보다 약간 적은 금액으로 현금화하는 것입니다.

유형자산의 경우는 더욱 차이가 납니다. 경기가 불황이면 인테리어 사업자가 돈을 많이 번다고 합니다. 가게가 자주 바뀌기 때문에 인테리어 수요도 그만큼 늘어난다는 것이죠. 분식집의 인테리어를 커피 전문점에서 그대로 사용할 수 있을까요? 불가능합니다. 즉 분식집 인테리어에 수천만 원이 들었다 하더라도 이를 현금화한다면 아주 적은 금액만이 회수 가능합니다.

사업 모델에 따라서 현금 및 기타금융자산이 잘 쌓이는 기업이 있고, 유형자산에만 계속해서 돈을 쏟아부어야 하는 기업도 있습니다. *장기적으로 현금 및 기타금융자산이 꾸준히 쌓이는 기업이 투자하기 좋은 우량 기업일 가능성이 높습니다.*

우량 기업 골라내기

그렇다면 실제 사례를 통해 우량 기업의 자산 구성은 어떻게 되어 있는지 파악해보겠습니다. 먼저 카카오의 5년 동안의 자산 구성입니다.

[그림] 카카오의 자산 구성

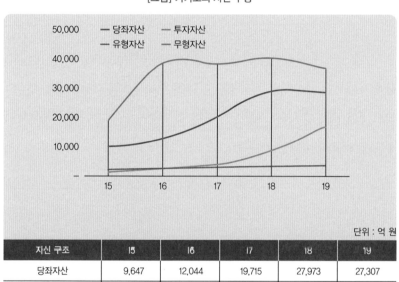

단위 : 억 원

지산 구조	15	16	17	18	19
당좌자산	9,647	12,044	19,715	27,973	27,307
투자자산	1,328	2,555	3,726	8,161	16,277
유형자산	2,191	2,539	2,710	3,148	3,498
무형자산	18,556	37,332	36,896	38,653	35,484

* 그래프 세로축의 최솟값은 가로축 수치와의 혼선을 방지하고자 0을 '—'로 표기
* 그래프 가로축의 수치는 20XX년을 의미함

출처 : 카카오

카카오의 자산 중 가장 많은 것은 무형자산입니다. 제약·바이오 기업도 아닌데 왜 이렇게 무형자산이 많은 것일까요? 카카오 무형자산의 대부분은 영업권으로 이루어져 있습니다. 영업권은 기업을 장부 가액(자

본)보다 비싸게 인수할 때 발생하는 자산입니다. A회사가 B회사를 인수한다고 가정해보겠습니다. B회사의 자본은 100억 원입니다. 그런데 실제 기업을 인수할 때는 그 기업의 미래 가치를 보고 인수 가격을 책정합니다. 따라서 A회사는 B회사를 200억 원에 인수하기로 했습니다. 그렇다면 A회사의 재무상태표에는 B회사의 자본 금액을 넘어서는 100억 원이 영업권으로 잡히는 것입니다.

자산 구성에서 알 수 있는 것은 카카오가 M&A(인수·합병)로 큰 회사라는 것입니다. M&A를 하기 위해서는 충분한 자금이 필요합니다. 카카오의 무형자산 다음으로 큰 비중을 차지하고 있는 것은 당좌자산입니다. **당좌자산**은 즉시 현금화가 가능한 자산으로 현금 및 기타금융자산에 매출채권 및 기타채권 등을 더

해 구합니다. 중요한 것은 카카오의 당좌자산이 지난 5년간 지속적으로 증가하고 있다는 점입니다.

> 당좌자산 현금 및 기타금융자산, 매출채권 및 기타채권 외에도 선급 비용, 이연법인세자산, 미수수익 등을 포함합니다.

카카오는 온라인에서 다음, 모바일에서는 카카오톡 서비스를 운영하고 있습니다. 별다른 설비 투자 없이 온라인과 모바일 플랫폼을 통해 광고 수익이 꾸준히 유입됩니다. 사업 모델상 현금이 치곡치곡 쌓이는 모델이죠. 현금이 충분하니 알짜 기업이 시장에 매물로 나오면 과감한 M&A를 시도할 수 있습니다. 결국 카카오 성장의 근간이 되는 것은 캐시카우가 꾸준히 유입되는 사업 모델이며, 이것이 재무상태표에서는 당

좌자산이 증가하는 형태로 나타나는 것입니다. 카카오는 본사 사옥, 데이터 센터 외에는 유형자산이 필요 없습니다. 실제 자산 구성상 유형자산의 비중은 매우 낮은 것을 확인할 수 있습니다.

[그림] K사의 자산 구성

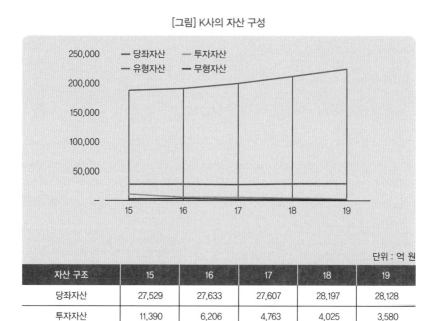

단위 : 억 원

자산 구조	15	16	17	18	19
당좌자산	27,529	27,633	27,607	28,197	28,128
투자자산	11,390	6,206	4,763	4,025	3,580
유형자산	178,507	178,733	189,073	200,985	213,104
무형자산	2,947	4,050	3,635	3,008	2,949

출처 : K사

이번엔 K사의 자산 구성입니다. 카카오와 달리 유형자산 비중이 압도적이며 꾸준히 증가하고 있습니다. 당좌자산은 유형자산에 비해 매우 적으며 5년간 변화가 거의 없습니다. 자산 구성만 본다면 K사가 돈을 잘 버는지 못 버는지는 알 수 없습니다. 확실한 것은 벌어들이는 돈을 계속해서 유형자산에 쏟아붓고 있다는 점입니다. 기업이 성장을 위해 투자를 지속하는 것은 당연합니다. 그러나 장기적으로 투자금 대비 유입되는 현금이 더 많아야 합니다. 그래야 주주들에게 배당을 줄 수 있으며, 신사업에도 진출하면서 장기적으로 기업 가치를 올릴 수 있습니다. K사는 자산 구성만 본다면 생존을 위해서는 계속해서 설비 투자에 돈을 쏟아부을 수밖에 없는 기업처럼 보입니다. 이런 기업에 **주주 환원**과 신사업 진출은 꿈같은 이야기입니다.

> **주주 환원** 주주들에게 배당을 하거나 주식 시장에서 자사주를 매입함으로써 주식 가치를 올리는 행위

[그림] 삼성전자 자산 구성

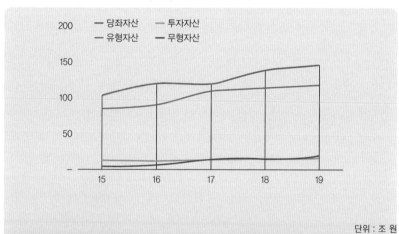

단위 : 조 원

자산 구조	15	16	17	18	19
당좌자산	106	122	122	141	149
투자자산	14	13	15	16	18
유형자산	86	91	112	115	120
무형자산	5	5	15	15	21

출처 : 삼성전자

마지막으로 삼성전자의 자산 구성입니다. 삼성전자는 당좌자산이 가장 많으며 장기적으로 늘고 있는 추세입니다. 유형자산 역시 당좌자산과 비슷한 정도로 많습니다. 절대적인 규모만 본다면 앞서 살펴본 K사의 5배 정도입니다. 삼성전자는 반도체, 스마트폰, 가전 등을 만드는 기업이기 때문에 핵심 설비가 공장, 기계 장치 등 유형자산입니다. 특히 메모리 반도체는 소품종 대량 생산을 통해 원가 절감을 꾀해야 하기 때문에 공장 라인 1개를 짓는 데 수조 원이 투입됩니다.

K사와 삼성전자의 자산 구조상 결정적인 차이점은 당좌자산입니다. K사는 돈을 벌어들이는 족족 유형자산에 투입하고 있는 반면, 삼성전자는 유형자산을 늘리면서도 당좌자산 역시 꾸준히 쌓이고 있습니다. 업종 특성상 제조업은 유형자산이 많을 수밖에 없습니다. *그러나 생존하기 위해서 유형자산에만 돈을 쏟아부어야 하는 기업과, 설비 투자를 하면서도 현금이 차곡차곡 쌓이는 기업 사이에는 매우 큰 차이가 있습니다.*

투자자의 꿀TIP

실제 자산 들여다보기

[그림] 삼성전자의 재무상태표 자산 구성

단위 : 억 원

항목	2015/12 (IFRS연결)	2016/12 (IFRS연결)	2017/12 (IFRS연결)	2018/12 (IFRS연결)	2019/12 (IFRS연결)
자산총계	2,421,795.2	2,621,743.2	3,017,520.9	3,393,572.4	3,525,645.0
유동자산	1,248,147.3	1,414,297.0	1,469,824.6	1,746,974.2	1,813,852.6
⊞ 재고자산	188,117.9	183,535.0	249,833.6	289,847.0	267,664.6
유동생물자산					
당기손익-공정가치측정금융…				20,019.5	17,274.4
기타포괄손익-공정가치측정…					
상각후원가측정유가증권					
상각후원가측정금융자산				27,036.9	39,142.2
⊞ 단기금융자산	488,563.3	560,708.7	526,390.7	658,938.0	762,520.5
⊞ 매출채권및기타채권	285,206.9	278,004.1	318,049.6	369,484.7	393,104.6
당기법인세자산(선급법인세)					
계약자산					
반품(환불)자산					
배출권					
⊞ 기타유동자산	59,121.0	62,576.7	70,099.5	78,243.1	65,286.3
현금및현금성자산	226,367.4	321,114.4	305,451.3	303,405.1	268,860.0
⊞ 매각예정비유동자산및처분…	770.7	8,358.1			
비유동자산	1,173,648.0	1,207,446.2	1,547,696.3	1,646,598.2	1,711,792.4
⊞ 유형자산	864,771.1	914,730.4	1,116,656.5	1,154,167.2	1,198,254.7
⊞ 무형자산	53,963.1	53,440.2	147,604.8	148,916.0	207,035.0
비유동생물자산					
⊞ 투자부동산					
⊞ 투자자산	136,088.3	126,421.6	146,612.8	156,282.9	175,613.3
⊞ 장기매출채권및기타채권	2,094.4	399.5	21,208.8	12,644.8	7,576.2
이연법인세자산	55,891.1	53,214.5	50,616.9	54,680.0	45,050.5
장기당기법인세자산					

계약자산					
반품(환불)자산					
배출권					
⊞ 기타비유동자산	60,840.0	59,240.0	64,996.5	119,907.2	78,262.6
기타금융업자산					

출처 : 네이버 금융

'네이버 금융 〉 종목 분석 〉 재무 분석' 항목에서 제공하는 삼성전자의 재무상태표 자산 계정 과목입니다. 앞서 언급한 계정 과목보다 훨씬 많고 복잡합니다. 그러나 겁먹을 필요는 없습니다. 네모박스로 표시한 것만 보면 됩니다. 재고자산, 단기금융자산, 매출채권 및 기타채권, 현금 및 현금성자산, 유형자산, 무형자산, 투자자산 등 모두 살펴본 것들입니다. 당좌자산은 현금 및 현금성자산에 매출채권 및 기타채권을 더한 값에 기타유동자산, 당기법인세자산을 합산하여 구합니다. 그 밖의 자산은 굳이 신경 쓸 필요가 없습니다. 네모박스 안에 포함되어 있지 않아서가 아니라 전체 자산 대비 비중이 미미하기 때문입니다. 자산의 구성을 볼 때 중요한 것은 최근 5년간의 추이와 해당 자산이 전체에서 차지하는 비중입니다.

달란트
투자와 10초 만에 이해하기

1 자산 구성을 보면 해당 기업의 성장 전략, 사업 모델을 파악할 수 있다.

2 장기간 다른 자산 증가 없이 유형자산만 증가하고 있다면 부실한 기업일 가능성이 있다.

원래 유튜브는 구글 것이 아니다?

앞서 자산 구성에서 당좌자산이 차곡차곡 쌓이는 사업 모델을 가진 기업에 주목하라고 했습니다. 당좌자산은 현금화하기 쉬운 자산으로, 당좌자산이 많은 기업은 현금이 많은 기업이라고 볼 수 있습니다. 그렇다면 현금이 많은 기업은 과연 무엇을 할 수 있을까요? 현금이 충분한 기업에는 주식의 가치를 올리기 위한 두 가지 선택지가 있습니다. 바로 성장을 위한 투자와 주주 환원입니다. 투자는 다시 본업의 성장을 위한 투자와 신사업에 진출하기 위한 투자로 나뉩니다. 기업은 이를 위해 지속적으로 설비 투자를 단행하거나 M&A를 시도할 수 있습니다.

세계적인 기업 구글은 포털 서비스를 중심으로 스마트폰의 운영체제인 안느로이드, 글로벌 최대의 동영상 플랫폼인 유튜브, 자율주행 소프트웨어, 클라우드 등 수많은 서비스를 제공하거나 테스트하고 있습니다. 그런데 우리가 잘 알고 있는 구글의 서비스 중에서 처음부터 구글이 만든 것은 많지 않습니다. 대부분은 M&A로 해당 기업을 인수하고 나서 키운 서비스들입니다. 실생활에서 가장 밀접하게 접하고 있는 안드로이드, 유튜브도 원래 주인은 구글이 아니었습니다. 구글이 해당 서비스 기업을 인수한 것이죠.

구글이 M&A의 공룡이 될 수 있었던 배경 역시 구글의 자산 구성에서 찾을 수 있습니다. 구글의 모회사인 '알파벳'은 포털 서비스를 활용하여 막대한 광고수익을 올렸습니다. 매출을 늘리기 위한 설비 투자도 필요치 않아 벌어들이는 돈이 당좌자산으로 꾸준히 쌓였습니다. 그 결과 2019년 알파벳의 당좌자산은 1,515억 달러(약 181조 원, 원·달러 환율 1,200원 적용)에 달합니다. 정리하면 구글은 우량한 사업 모델 덕분에 현금을 차곡차곡 쌓을 수 있었으며, 좋은 서비스를 제공하는 기업들을 인수하여 지금까지 성장하고 있는 것입니다. 물론 구글이 인수한 제품, 서비스가 모두 성공한 것은 아닙니다. 구글의 대표적인 M&A 실패작으로는 '모토로라'를 들 수 있습니다. 구글은 모토로라를 128억 달러에 인수했지만, 결국 레노버에 29억 달러로 매각했습니다. 그럼에도 지속적인 M&A가 구글의 성장 동력임은 부인할 수 없는 사실입니다.

[그림] 구글이 인수한 주요 기업 목록

단위 : 달러

회사명	사업 분야	인수 금액
안드로이드	모바일 소프트웨어	5억
유튜브	비디오 플랫폼	16억 5,000만
더블클릭	온라인 광고	31억
포스티니	e메일 보안	6억 2,500만
애드몹	모바일 광고	7억 5,000만
ITA소프트웨어	여행 소프트웨어	6억 7,600만

회사명	사업 분야	인수 금액
슬라이드닷컴	소셜 게임	2억 2,800만
모토로라	휴대폰 제조 및 특허	125억
웨이즈	소셜 맵 앱	9억 6,600만
딥마인드 테크놀로지	인공지능	6억 5,000만
스카이박스 이미징	인공위성	5억
드롭캠	홈모니터링	5억 5,500만

자료 : 구글

[그림] 구글의 모회사 알파벳의 자산 구성

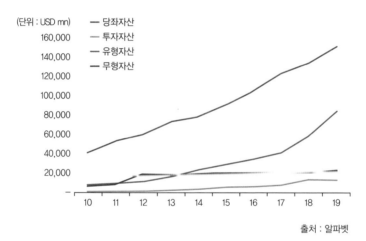

출처 : 알파벳

주주 환원은 주주들에게 보상을 해주는 것입니다. 배당을 지급하
거나 주식 시장에서 자사주를 매입하여 소각하는 행위가 대표적입
니다. 자사주를 매입한 뒤 소각하면 주식 수가 줄어듭니다. 그 결
과 기업의 순이익을 주식 수로 나눈 주당순이익(EPS)과 배당총액

을 주식 수로 나눈 주당배당금(DPS)이 상승합니다. 1주당 주식 가치가 상승한다는 뜻이죠.

미국 기업들은 주주 환원에 적극적인 것으로 유명합니다. 미국 증시에 상장된 미국 기업 중에서 지난 2010년부터 2019년까지 매년 배당금을 인상한 곳이 전체의 10%가 넘습니다. 그러나 같은 기간 매년 배당금을 인상한 한국 기업은 리노공업 하나뿐입니다. 미국 대표 지수인 S&P 500은 지난 10년간 200%가량 올랐지만, 코스피 지수는 박스피라는 오명을 안고 있습니다. 미국 증시가 한국 증시에 비해 월등한 성과를 낸 요인은 여러 가지가 있겠지만 주주 환원도 빼놓을 수 없는 부분입니다.

흑자부도 기업은 거른다

직장 생활을 하다 보면 매번 식당을 바꾸며 메뉴를 선택하기가 번거롭습니다. 그래서 회사 인근 식당 몇 군데를 선정하여 장부를 만들어 정기적으로 이용하기도 합니다. 방문할 때마다 식대를 기록하고 매월 정해진 날짜에 정산하는 방식이죠. 그런데 정산 날이 훌쩍 지났는데도 회사에서 이런저런 핑계로 결제를 계속 미룹니다. 식당 사장님은 점점 불안해집니다. 회사에 무슨 문제라도 생긴 것은 아닐까요?

식당 입장에서는 회사 직원들이 식사를 하고 식대를 기록할 때 매출로 인식합니다. 하지만 실제 돈은 정산 날짜에 들어옵니다. 따라서 직원들이 식당에서 식사를 하면 매출액으로 인식함과 동시에 자산에 '매출채권'으로 기록합니다. 매출채권은 매출이 발생했지만 아직 받지 못한 돈이라는 뜻입니다. 문제는 앞선 식당의 사례처럼 고객사가 결제를 미루는 상황입니다. 이 경우 매출액은 발생해도 현금으로 회수가 되지 않기 때문에 매출채권이 늘어납니다.

매출채권이 늘어나는 경우는 또 있습니다. 회사가 실적이 좋아 보이도록 하기 위해 외상 판매 비중을 높이는 경우입니다. 고객사에 문제가 생겨 대금 지급을 미루거나, 회사가 매출을 부풀리기 위해 외상 판매를 늘리는 것은 모두 매출채권의 증가로 나타납니다.

물론 매출채권은 매출액이 늘어나면 자연스럽게 증가합니다. 따라서 단순히 매출채권이 늘어나는 것이 문제가 아닙니다. 매출액에 비해 매출채권이 급증하는 것이 문제입니다. 경제 기사를 보면 간혹 흑자부도가 난 기업의 사례를 접할 수 있습니다. 장부상으로는 순이익 흑자를 내고 있는데 자금을 상환하지 못해 부도가 나는 경우입니다. 흑자인데 왜 유동성 위기를 맞을까요? 결과적으로 현금이 부족해서입니다. *꾸준히 흑자임에도 불구하고 유동성 위기를 맞았다면 매출채권에서 문제가 발생했을 가능성이 큽니다.*

갑작스레 흑자부도가 나는 황당한 상황을 맞닥뜨리지 않기 위해서 투자자들은 매출채권이 돈으로 잘 회수되고 있는지를 확인해야 합니다. 이를 판단하는 지표가 매출채권 회전 일수입니다. 매출채권 회전 일수는 기업이 제품이나 서비스를 제공하고 현금으로 회수하기까지 걸리는 기간입니다.

$$(\text{매출채권 회전 일수}) = \frac{365\text{일}}{(\text{매출액}/\text{매출채권 및 기타채권})}$$

삼성전자의 매출채권 회전 일수는 최근 5년간 50일 내외를 유지하고 있습니다. 제품을 팔고 현금으로 회수하는 데 2개월 정도면 충분하다는 뜻이죠. 반면 R사는 매출채권 회전 일수가 2018년 한때 1,200일을 넘어

섰습니다. 매출액이 발생한 이후 현금으로 회수하는 데까지 3년이 넘는 시간이 걸린 셈입니다. 결국 R사는 2019년 7월 법원에 파산 신청을 했고 현재까지 거래가 정지되어 있습니다.

한편 매출채권 회전 일수는 기업의 사업 모델에 따라 다릅니다. 소비자에게 직접 제품과 서비스를 제공하는 B2C 기업의 경우 매출채권 회전 일수가 1~2개월로 짧은 편입니다. 반면 대기업의 협력사로 B2B 매출이 주력인 회사의 매출채권 회전 일수는 3~4개월로 긴 편입니다. 따라서 매출채권 회전 일수는 절대적인 수치보다 추이가 중요합니다. 30일이라고 해서 안전하다든가, 120일이니까 위험하다고 판단할 수는 없다는 뜻이죠. 투자하는 기업의 매출채권 회전 일수가 추세적으로 높아지고 있다면 원인이 무엇인지 꼭 확인해야 합니다.

[그림] 삼성전자 매출채권 회전 일수

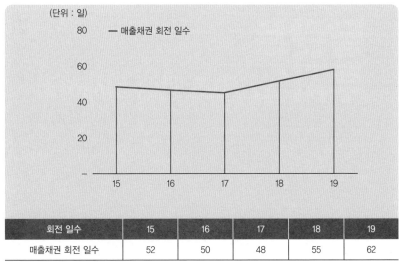

(단위 : 일)

회전 일수	15	16	17	18	19
매출채권 회전 일수	52	50	48	55	62

출처 : 삼성전자

[그림] R사 매출채권 회전 일수 (파산 신청)

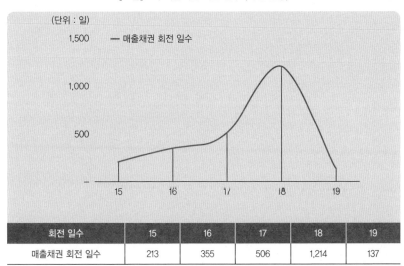

(단위 : 일)

회전 일수	15	16	17	18	19
매출채권 회전 일수	213	355	506	1,214	137

출처 : R사

달란트
투자 와 10초 만에 이해하기

1 매출채권 회전 일수는 사업 모델에 따라 다르다. 절대적인 수치가 아닌 추세가 중요하다.

2 매출채권 회전 일수가 높아지고 있다면 원인이 무엇인지 꼭 확인한다.

많을수록 좋은 부채

부채라고 하면 가장 먼저 떠오르는 것이 바로 '빚'입니다. 부채는 갚아야 할 돈이라고 생각하는 것이죠. 맞는 말이지만 부채에도 여러 종류가 있습니다. 이자 발생 여부에 따라 크게 차입금과 차입금이 아닌 것으로 구분할 수 있습니다. 또한 상환 시기, 즉 부채를 갚아야 하는 시기에 따라 유동부채와 비유동부채로 나뉩니다.

차입금은 기업이 발행한 회사채 또는 은행에서 빌린 돈을 말합니다. 기업의 신용도에 따라 이율이 책정되며 주기적으로 이자비용이 발생하는 부채입니다. 반면 이자가 발생하지 않는 부채도 있습니다. 매입채무 및 기타채무가 대표적입니다. 원재료나 상품 구입, 서비스를 이용하고 아직 대금을 지급하지 않았을 때 기록하는 부채입니다.

NHN한국사이버결제의 2020년 1분기 말 부채는 1,764억 원으로 자본(1,292억 원)보다 많습니다. 자본보다 부채가 많다니 혹시 위험하지 않을까 걱정입니다. 그런데 그중에서 가장 큰 비중을 차지하고 있는 것이 매입채무 및 기타채무로 1,375억 원에 달합니다. NHN한국사이버결제의 매입채무 및 기타채무는 무엇일까요? 해당 기업이 1분기보고서에서 '연결재무제표의 주석 〉 16. 매입채무 및 기타채무'의 경로로 접근해서 확인해보면 대부분이 미지급금이라는 것을 알 수 있습니다.

[표] NHN한국사이버결제의 매입채무 및 기타채무(연결)

단위 : 천 원

구 분	당분기 말		전기 말	
	유동	비유동	유동	비유동
매입채무	4,119,259	–	4,275,919	–
미지급금	133,424,755	–	143,762,341	–
임대보증금	–	1,129,415	–	1,129,415
합 계	137,544,014	1,129,415	148,038,260	1,129,415

출처 : NHN한국사이버결제 2020년 1분기보고서

NHN한국사이버결제는 전자결제 대행(PG, Payment Gateway) 업체입니다. PG사는 소비자가 온라인 쇼핑몰에서 결제하면 해당 결제 정보를 카드사에 전달하는 역할을 합니다. 그러면 카드사는 판매 대금을 직접 온라인 쇼핑몰에 전달하지 않고 PG사를 통해 지급합니다. PG사가 소비자와 온라인 쇼핑몰, 카드사를 연결해주는 다리 역할을 하는 셈입니다. PG사는 카드사로부터 받은 대금을 온라인 쇼핑몰에 지급하기 앞서 잠깐 보관하는데, 이 부분이 미지급금으로 잡히는 것입니다. PG사 입장에서는 잠깐이지만 미지급금을 CMA 통장에 예치하는 것으로 이자수익도 얻게 되니 여간 고마운 부채가 아닐 수 없습니다.

하나투어의 고마운 부채는 관광수탁금입니다. 여행 상품은 대표적으로 돈을 먼저 지불하고 나중에 이용하는 몇 안 되는 상품입니다. 소비자는 홈 쇼핑, 온라인 쇼핑 등을 통해 짧게는 3개월에서 길게는 6개월 이후 이용할 여행 상품을 결제합니다. 여행사는 소비자가 여행을 떠날 때 이들이 결제한 금액을 매출액으로 인식합니다. 그전까지는 그냥 돈만 들어온 셈이고 그 현금은 여행 전까지 부채의 관광수탁금 항목으로 잡습니다. 따라서 관광수탁금은 매출액의 선행 지표라고 볼 수 있습니다. 그러나 관광수탁금이 무조건 향후 매출로 전환되는 것은 아닙니다. 2019년 12월 발생한 코로나19 사태로 많은 소비자들이 여행 상품을 취소했으며, 하나투어를 포함한 여행사들의 관광수탁금이 크게 감소하고 실적에도 영향을 미쳤습니다.

[표] 하나투어 부채의 관광수탁금(연결)

단위 : 원

	제28기 1분기 말	제27기 말
부채		
유동부채	270,457,322,005	407,502,162,976
매입채무	15,717,787,611	66,698,743,169
기타채무	30,137,092,707	40,764,796,322
당기법인세부채	1,401,733,950	3,784,024,852
관광수탁금	24,913,200,533	104,370,542,164
선수금	24,349,482,202	22,300,071,802
단기차입금	98,731,124,256	90,837,504,682
유동성장기부채	3,237,585,716	3,389,706,569
리스부채	42,326,285,893	47,131,157,615
충당부채	961,803,476	490,585,683
기타금융부채	8,228,682,804	3,774,507,741
기타유동부채	20,452,542,857	23,960,522,377

출처 : 하나투어 2020년 1분기보고서

이처럼 특정 부채가 반가운 업종은 전자결제 사업자, 여행사, 교육업체 등이 있습니다.

실제 부채 들여다보기

[그림] 삼성전자의 재무상태표 부채 구성

단위 : 억 원

항목	2015/12 (IFRS연결)	2016/12 (IFRS연결)	2017/12 (IFRS연결)	2018/12 (IFRS연결)	2019/12 ➕ (IFRS연결)
부채총계	631,197.2	692,112.9	872,606.6	916,040.7	896,840.8
유동부채	505,029.1	547,041.0	671,751.1	690,815.1	637,827.6
단기사채					
단기차입금	111,554.3	127,467.9	157,676.2	135,866.6	143,934.7
➕ 유동성장기부채	2,215.5	12,328.2	2,786.2	333.9	8,460.9
당기손익-공정가치측정금융…					
상각후원가측정금융부채					
➕ 유동금융부채					
➕ 매입채무및기타채무	276,731.4	312,232.8	377,734.0	404,823.9	409,777.1
유동종업원급여충당부채					
단기충당부채	64,206.0	45,974.2	42,948.2	43,840.4	40,686.3
당기법인세부채(미지급법인…	34,016.3	28,373.5	74,083.5	87,200.5	13,877.7
계약부채					
반품(환불)부채					
배출부채					
➕ 기타유동부채	16,305.7	17,100.5	16,523.1	18,749.8	21,090.9
➕ 매각예정으로분류된처분자…		3,563.9			
비유동부채	126,168.1	145,072.0	200,855.5	225,225.6	259,013.1
➕ 사채	12,304.5	585.4	9,533.6	9,619.7	9,753.0
장기차입금	1,936.0	11,791.1	17,569.1	349.6	21,971.8
당기손익-공정가치측정금융…					
상각후원가측정금융부채					
➕ 비유동금융부채	729.4	651.3	575.4	501.2	
➕ 장기매입채무및기타채무	30,416.9	33,170.5	20,437.3	31,940.4	21,842.5
비유동종업원급여충당부채	3,588.2	1,736.6	3,899.2	5,040.6	4,707.8
장기충당부채	5,223.8	3,581.3	4,643.2	6,636.2	6,111.0

이연법인세부채	51,547.9	72,935.1	117,107.8	151,625.2	170,538.1
장기당기법인세부채(미지급…					
계약부채					
반품(환불)부채					
버출부채					
⊞ 기타비유동부채	20,421.4	20,620.7	27,089.9	19,512.5	24,089.0
기타금융업부채					

출처 : 네이버 금융

네이버 금융에 기재된 삼성전자의 부채 항목입니다. 매입채무 및 기타채무는 바로 눈에 띕니다. 다만 차입금은 단기차입금, 장기차입금에 단기사채, 장기사채, 유동성장기부채까지 더해 계산해야 합니다. 유동성장기부채는 원래 장기차입금이었는데 만기가 1년 이내로 도래한 것을 말합니다. 직접 2019년 차입금을 계산해보면 다음과 같습니다.

> 2019년 총 차입금 = 단기차입금(14조 3,935억 원) + 단기사채(없음) + 유동성장기부채(8,461억 원) + 사채(9,753억 원) + 장기차입금(2조 1,971억 원)
>
> ∴ 18조 4,120억 원

*소수점 첫째 자리에서 반올림

나머지 부채 항목은 비중이 낮아 중요도가 떨어집니다.

재무 안전성을 점검하는 4가지 지표

앞서 언급한 전자결제 사업자, 여행사, 교육업체 몇 군데를 제외하고 기업 대부분은 부채가 달갑지 않습니다. 어쨌거나 부채는 남의 돈이기 때문입니다. 따라서 부채가 많은 기업은 위험할 수 있는데요. 부채를 통해 기업의 재무 안전성을 점검하는 지표는 유동비율, 부채비율, 순차입금비율, 이자보상배율이 대표적입니다.

[그림] 재무 안전성을 점검하는 4가지 지표

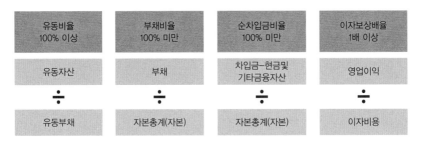

유동비율은 유동자산을 유동부채로 나눈 값입니다. 유동자산은 1년 안에 현금화할 수 있는 자산이며, 유동부채는 1년 안에 지급해야 할 돈(이연수익, 예수금, 선수금, 관광수탁금 등 일부 기타채무처럼 돈을 먼저 받고 재화나 서비스를 제공하는 경우는 제외)입니다. 안전한 회사라면 1년 안에 남에게 지급해야 할 돈보다 1년 안에 현금화할 수 있는 돈이 많아야 합니다. 따라서 유동자산이 유동부채와 최소 같거나 많아야 안전하다고 볼 수 있습니다. 유동비율이 100% 이상인 기업에 주목해야 하는 이유입니다.

부채비율은 부채를 자본으로 나눠 구합니다. 부채비율은 유동비율과 반대로 100% 미만인 기업을 골라야 합니다. 부채는 남의 돈, 자본은 내 돈입니다. 당연히 사업을 할 때 남의 돈보다 내 돈이 많아야 안전하겠죠?

그러나 단순히 유동비율과 부채비율만으로 기업의 재무 상태가 안전하다 또는 위험하다고 판단하기는 애매합니다. 앞서 말했듯 전자결제 사업자나 여행사, 교육업체 등 사업 모델상 돈을 먼저 받고 나중에 재화나 서비스를 제공하는 기업도 있기 때문입니다. 이 경우 미리 받은 돈이 이연수익, 예수금, 선수금 등의 명목으로 부채에 잡힙니다. 해당 부채는 향후 재화나 서비스를 제공하면 매출액으로 둔갑하는 반가운 부채인데도 말입니다. 이처럼 부채도 부채 나름인지라 실질적으로 많으면 많을수록 기업에 부정적인 영향을 미치는 차입금을 따로 살펴봐야 합니다. 순차입금비율을 보는 이유가 여기에 있습니다.

순차입금은 차입금에서 현금 및 기타금융자산을 차감하고 자본총계로 나눈 값입니다. 유동비율이나 부채비율보다 식이 복잡한데요. 차근차근 설명해보겠습니다. 회사가 은행에 5억 5천만 원을 빚졌습니다. 급한 대로 회사가 보유한 현금 5천만 원으로 은행 빚의 일부를 상환했습니다. 그렇다면 남은 차입금, 즉 순차입금은 5억 원이겠죠. 그러나 현재 회사의 자본도 5억 원이기 때문에 회사의 재무 상태만 보면 위태위태한 상황입니다. 순차입금도 5억 원, 자본도 5억 원으로 순차입금비율은 100%가

됩니다. 이처럼 순차입금비율은 100% 이상이면 위험하다고 판단합니다.

이자보상배율은 영업이익을 이자비용으로 나누어 계산합니다. 재무관리 서적을 보면 일반적으로 이자보상배율은 1배 이상이어야 된다고 합니다. 이자보상배율이 1배라는 것은 영업이익과 이자비용이 똑같다는 의미입니다. 달리 말하면 돈을 벌어서 남는 돈으로 이자만 갚으면서 살아야 한다는 뜻입니다. 따라서 이자보상배율은 단순히 1배가 아니라 높으면 높을수록 좋습니다. 한편 경기민감형 기업처럼 실적이 들쑥날쑥한 기업은 흑자와 적자를 반복하곤 합니다. 이런 기업은 이자보상배율이 때때로 마이너스가 나올 수 있습니다. 따라서 이자보상배율과 순차입금비율을 함께 참조하는 것이 좋습니다.

S사는 유동비율이 2016년 72%에서 2019년 50%로 하락했습니다. 원래 절대적인 수준도 낮았는데 시간이 지날수록 더 하락한 것입니다. 반대로 부채비율은 같은 기간 166%에서 무려 401%로 급증했습니다. 내 돈보다 남의 돈이 3배나 많은 상황입니다. 순차입금은 2019년 말 2,940억 원으로 자본 대비 73%까지 확대되었습니다. S사는 2016년부터 영업적자를 지속해온 터라 이자보상배율이 마이너스 값을 나타내고 있습니다. S사의 사례에서 알 수 있는 것은 재무 안전성을 나타내는 4가지 지표가 대개 이구동성의 목소리를 낸다는 점입니다. 유동비율은 안전한데 부채비율과 순차입금까지 높은 경우는 드뭅니다.

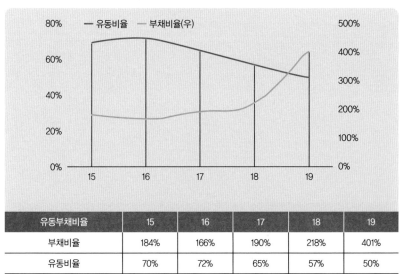

[그림] S사 유동비율과 부채비율

유동부채비율	15	16	17	18	19
부채비율	184%	166%	190%	218%	401%
유동비율	70%	72%	65%	57%	50%

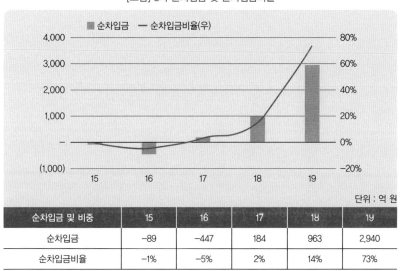

[그림] S사 순차입금 및 순차입금비율

단위 : 억 원

순차입금 및 비중	15	16	17	18	19
순차입금	−89	−447	184	963	2,940
순차입금비율	−1%	−5%	2%	14%	73%

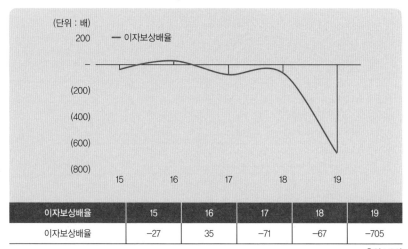

[그림] S사 이자보상배율

이자보상배율	15	16	17	18	19
이자보상배율	−27	35	−71	−67	−705

출처 : S사

　NICE평가정보의 재무 지표는 S사와 대조적인 모습입니다. 유동비율은 2015년 181%에서 차츰 높아지더니 2019년 215%까지 올랐습니다. 같은 기간 부채비율은 30~40% 수준을 유지하고 있습니다. 재미있는 것은 순차입금 및 순차입금비율입니다. NICE평가정보의 순차입금은 줄곧 마이너스를 기록하고 있습니다. 순차입금이 마이너스라는 것은 무슨 의미일까요? 순차입금의 식을 다시금 상기해봅시다. 순차입금은 차입금에서 현금 및 기타금융자산을 차감한 값입니다. 즉 차입금보다 현금 및 기타금융자산이 크면 순차입금은 마이너스가 됩니다. 이처럼 순차입금이 마이너스인 상태를 순현금이라고 부릅니다. 은행의 빚을 다 갚고도 현금이 남아 있다는 의미입니다. NICE평가정보의 순현금은 2019년 1,293억 원으로 자본의 58%입니다. 그만큼 재무 구조가 안전하다는 의미입니다.

　　이자보상배율은 2015년 2,008배에서 2019년 127배로 낮아졌습니다. 이자보상배율이 2,008배에서 120배 수준으로 하락했으니 재무 안전성이 악화된 것은 아닐까요? 그럴 가능성은 매우 낮습니다. 정확하게 확인하기 위해서는 NICE평가정보의 같은 기간 영업이익을 확인해봐야 합니다. 2015년 NICE평가정보의 영업이익은 281억 원이었으며, 2019년에는 513억 원까지 상승합니다. 그럼에도 불구하고 이자보상배율이 크게 하락한 것은 2015년에 차입금이 거의 없어 이자비용이 매우 적게 발생한 까닭입니다. 이처럼 이자보상배율이 수천 배에서 수백 배로 하락한 것은 별문제가 안 됩니다. 반면 10배에서 1배로 하락한 것은 문제가 될 수 있죠.

[그림] NICE평가정보 유동비율과 부채비율

유동부채비율	15	16	17	18	19
부채비율	42%	41%	37%	35%	42%
유동비율	181%	189%	197%	210%	215%

[그림] NICE평가정보 순차입금 및 순차입금비율

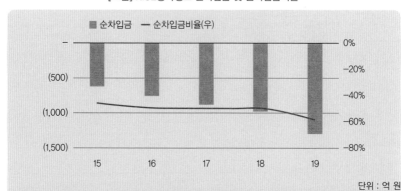

단위 : 억 원

순차입금 및 비중	15	16	17	18	19
순차입금	-616	-769	-857	-983	-1,293
순차입금비율	-46%	-49%	-50%	-50%	-58%

[그림] NICE평가정보 이자보상배율

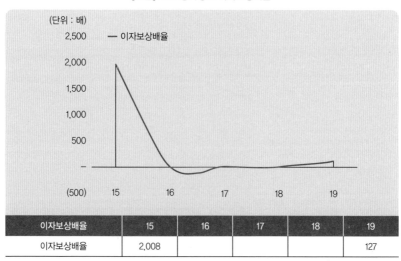

이자보상배율	15	16	17	18	19
이자보상배율	2,008				127

출처 : NICE평가정보

앞서 재무 안전성을 평가하는 4가지 지표로 유동비율, 부채비율, 순차입금비율, 이자보상배율을 꼽았습니다. 그리고 유동비율은 일반적으로 100% 이상, 부채비율은 100% 미만이어야 하며, 순차입금비율은 100% 이상이면 위험하고, 이자보상배율은 최소 1배 이상은 되어야 한다고 언급했습니다. 그러나 여기서 핵심은 수치를 달달 외우는 것이 아니라, 이것이 '일반적'이라는 말입니다.

가령, A회사의 부채비율이 100%입니다. B회사의 부채비율은 90%입니다. 앞서 언급한 수치대로라면 안전한 회사는 B이며, A회사는 다소 위험하다고 판단할 수 있습니다. 실제로도 과연 그럴까요? 3년 전 A회사는 부채비율이 200%에 달했습니다. 그러나 영업활동으로 현금이 꾸준히 유입되면서 차입금을 차차 상환했고, 이에 따라 3년 만에 부채비율이 절반으로 줄었습니다. 같은 기간 B회사는 부채비율이 50%에서 90%로 오른 상황입니다. 원래는 재무 구조가 안전한 회사였지만 지속되는 경영난으로 차입금이 늘어 부채비율이 높아진 것입니다. 이러한 상황을 감안한다면 안전한 회사는 A가, 위험한 회사는 B가 될 수 있습니다.

'유동비율은 100% 이상이어야 한다', '부채비율은 100% 미만이어야 한나'라는 것은 단순히 일반직인 기준입니다. 정말 *중요한* 것은 기업이 어떻게 변화하고 있느냐입니다. 따라서 기업의 재무제표나 재무비율을 살펴볼 때 최소 5년 추이는 확인해야 합니다. *차트보다도 추세가 중요한 것이 바로 기업의 재무제표입니다.*

달란트
투자↗와 10초 만에 이해하기

1 부채는 이자 발생 여부에 따라 크게 차입금과 매입채무 및 기타채무로 분류할 수 있다.

2 재무 안전성을 평가하는 4가지 지표는 유동비율, 부채 비율, 순차입금비율, 이자보상배율이다.

3 재무비율은 단순 수치보다 최근 5년간의 추이가 중요 하다.

부모님 찬스는 그만!

기업의 자본은 크게 자본금과 잉여금으로 구분할 수 있습니다. 자본금은 기업의 최초 설립 시 주주들이 출자한 돈으로 사업의 밑천이 되는 금액입니다. 주주들은 그 대가로 액면 금액이 기재된 주식을 받습니다. 따라서 자본금은 (액면가) × (발행 주식 수)로 계산됩니다.

잉여금은 다시 두 가지로 나뉘는데 바로 이익잉여금과 자본잉여금입니다. 이익잉여금은 회사가 사업을 통해 번 돈에서 세금을 납부하고 주주들에게 배당까지 지급한 뒤 남는 돈이 회사의 자본에 쌓이는 항목입니다. 자본잉여금은 회사가 주주와의 거래를 통해 남기는 돈입니다. 대표적으로 유상증자를 들 수 있습니다. 유상증자는 투자자들에게 돈을 받고 새로운 주식을 발행해주는 것입니다. 한 마디로 회사가 돈을 받고 주식을 파는 것이죠. 가령 유상증자로 발행되는 **신주**의 가격이 1만 | 신수 증자, 합병 등으로 발행되는 기업의 새로운 주식

원입니다. 해당 주식의 액면가는 1천 원입니다. 만약 1주를 팔았다면 액면가에 해당하는 1천 원은 자본금으로 잡힙니다. 1만 원에서 액면가를 차감한 9천 원은 자본잉여금으로 들어갑니다. 즉, 액면가 이상으로 유상증자를 하는 기업은 자본잉여금이 증가하게 됩니다.

그런데 정상적인 기업이라면 유상증자가 아닌 사업을 통해 회사의

자본을 늘려야 합니다. 반복적인 유상증자는 사업에 실패한 자식이 부모님에게 도와달라고 손을 벌리는 것과 크게 다르지 않습니다. *우량 기업은 자본잉여금이 아닌 이익잉여금을 통해 자본을 꾸준히 늘리는 기업입니다.*

[그림] 자본의 개념과 주요 구성 항목

LG생활건강의 자본 구성이 바로 우량 기업의 표본입니다. 먼저 이익잉여금을 통해 자본을 꾸준히 증가시키고 있습니다. 자본잉여금과 자본금은 최근 5년간 변화 없이 유지 상태입니다. 주주들을 대상으로 유상증자를 진행하지 않았다는 의미입니다.

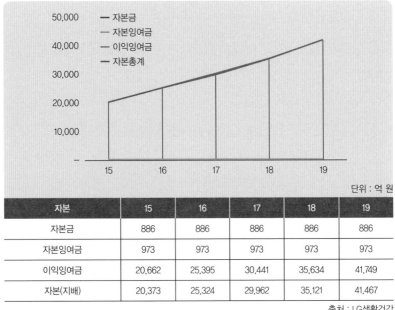

[그림] LG생활건강 자본 구성

단위 : 억 원

자본	15	16	17	18	19
자본금	886	886	886	886	886
자본잉여금	973	973	973	973	973
이익잉여금	20,662	25,395	30,441	35,634	41,749
자본(지배)	20,373	25,324	29,962	35,121	41,467

출처 : LG생활건강

반면 상장 폐지 사유가 발생한 R사의 이익잉여금은 꾸준히 감소하며 매년 마이너스 폭을 키우고 있습니다 이익잉여금을 까먹고 있다는 것은 그만큼 순이익 적자를 기록하고 있다는 의미입니다. 같은 기간 계속해서 증가하는 항목도 있습니다. 바로 자본잉여금입니다. R사의 자본잉여금은 2015년 1,070억 원에서 2019년 1,595억 원까지 늘었습니다. 사업으로 적자를 지속하다 보니 주주들에게 계속 손을 벌리는 부모님 찬스를 쓴 것입니다. 결국 R사는 지속적인 유상증자에도 불구하고 자본의 대부분을 까먹었습니다. 이렇듯 사업으로 돈을 못 버는 기업은 애초에 관심을 두지 않는 것이 좋습니다.

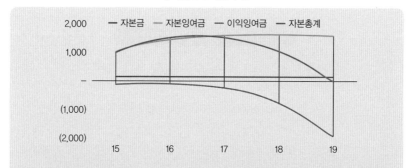

[그림] R사 자본 구성

단위 : 억 원

자본	15	16	17	18	19
자본금	170	213	222	238	278
자본잉여금	1,070	1,463	1,560	1,613	1,595
이익잉여금	−144	−137	−243	−743	−1,722
자본	1,006	1,448	1,437	1,014	58

출처 : R사

실제 자본 들여다보기

[그림] 삼성전자의 재무상태표 자본 구성

항목	2015/12 (IFRS연결)	2016/12 (IFRS연결)	2017/12 (IFRS연결)	2018/12 (IFRS연결)	2019/12 (IFRS연결)
자본총계	1,790,598.1	1,929,630.3	2,144,914.3	2,477,531.8	2,628,804.2
지배주주지분	1,728,767.7	1,864,243.3	2,072,134.2	2,400,689.9	2,549,154.7
자본금	8,975.1	8,975.1	8,975.1	8,975.1	8,975.1
신종자본증권					
자본잉여금	44,038.9	44,038.9	44,038.9	44,038.9	44,038.9
기타자본	-135,921.1	-97,063.0	-62,221.5	598.8	604.3
기타포괄이익누계액	-39,645.4	-22,571.0	-76,770.4	-79,912.5	-50,292.6
이익잉여금	1,851,320.1	1,930,863.2	2,158,112.0	2,426,989.6	2,545,828.9

출처 : 네이버 금융

네이버 금융에 기재된 삼성전자의 자본 항목입니다. 자본총계 밑에 있는 지배주주 지분은 자본(지배) 값입니다. 기타자본과 기타포괄이익누계액은 자본에 대해 가산하거나 차감하는 계정 과목입니다. 차이가 있다면 기타자본은 자사주 취득 등 주주와의 거래인 자본 거래가 포함되는 반면, 기타포괄이익누계액은 순이익 계산에 포함되지 않는 수익, 비용까지 포함한다는 점이죠. 기타자본과 기타포괄이익누계액은 초보 투자자 입장에서 크게 신경 쓰지 않아도 됩니다.

달란트 투자와 10초 만에 이해하기

1 우량 기업의 자본 구조는 이익잉여금을 통해 자본이 꾸준히 증가한다.

2 자본잉여금과 자본금이 늘어난 기업은 주주들에게 손을 벌린 경우이다.

3 회사가 순이익 흑자를 지속하면 이익잉여금이 꾸준히 증가한다. (단, 순이익 이상의 배당이나 자사주 매입을 하지 않을 경우)

4 이익잉여금이 수년간 제자리걸음이거나 마이너스인 경우에는 투자하지 않는다.

손익계산서:
꾸준히 벌고, 많이 남기는 기업은?

실적의 3요소 중 가장 중요한 것

기업은 영업활동을 통해 매출을 발생시킵니다. 벌어들인 매출액에서 종업원들에게 인건비도 지급해야 합니다. 원재료 구입에도 비용을 지출해야 하죠. 제품이나 서비스를 홍보하기 위해 광고비를 사용해야 합니다. 이렇게 영업활동과 관련된 비용은 크게 매출원가와 판관비(판매비와 관리비)로 구분할 수 있습니다. 매출원가는 제품이나 서비스를 제공하거나 상품 매입 등에 들어가는 비용이며, 판관비는 말 그대로 광고 선전비나 판매 촉진비와 같이 판매와 관련된 비용과 관리에 들어가는 비용을 말합니다.

그렇다면 커피 전문점에서 일하는 바리스타의 인건비는 매출원가일까요? 판관비일까요? 일반적으로 인건비라고 하면 판관비가 아닐까? 하고 생각하기 쉽습니다. 그러나 바리스타는 커피를 내리는 일을 합니다. 커피를 내리는 것은 제품을 만드는 일에 포함되기 때문에 결론적으로 바리스타의 인건비는 매출원가로 잡힙니다. 반면 주문 및 계산을 담당하는 카운터 직원의 인건비는 판관비로 들어갑니다. 카운터 업무가 판매와 관리에 해당하는 내용이기 때문이죠.

매출액에서 매출원가와 판관비를 제외하면 영업이익이 남습니다. 영업이익은 영업을 통해 발생한 이익입니다. 영업이익에서 영업외손익(유형자산처분손익, 투자자산처분손익, 임대료 등 영업과 관련 없는 손익)과 금융손익(이자손익, 외환 관련 손익, 파생 상품 관련 손익 등 금융과 관련된 손익), 법인세를 제외하면 최종적으로 순이익이 남습니다.

그렇다면 매출액, 영업이익, 순이익까지 실적의 3요소 중 가장 중요한 항목은 무엇일까요? 얼핏 순이익이라고 생각할 수 있습니다. 순이익은 투자 지표인 주가수익비율(PER)과 자기자본이익률(ROE) 계산에 들어가며 기업의 가치를 평가함에 있어서 중요한 항목이기 때문입니다.

그러나 순이익은 왜곡될 가능성이 큽니다. 순이익은 수많은 변수를 거쳐 최종적으로 산출되는 항목입니다. 기업이 자산을 처분해서 일시적으로 영업외이익이 발생했다면 순이익은 부풀려질 것입니다. 반면 세무조사를 당해 법인세 추징금이 발생한다면 영업이익은 멀쩡한데 순이익은 적자를 낼 수도 있습니다. 따라서 기업의 이익이라고 한다면 일반적으로 순이익보다는 영업이익을 봅니다.

이제 매출액과 영업이익이 남았습니다. 둘 중 중요한 것은 무엇일까요? 정답은 기업의 라이프 사이클에 따라 다릅니다. 성장기 기업의 경우 영업이익보다 매출액이 중요할 수 있습니다. 쿠팡, 마켓컬리, 야놀자 등 소위 유니콘(기업 가치 1조 원 이상의 비상장 기업을 일컫는 말) 반열에 오른 기업들 중 영업이익이 흑자인 경우는 드뭅니다. 성장기 기업의 전략은 과감한 투자로 빠르게 시장을 잠식하는 것이죠. 이 과정에서 대대적인 비용 지출로 흑자를 내기는 힘듭니다. 급속도로 성장하는 성장기 기업을 평가할 때는 그보다 매출액 성장률이 중요합니다.

성장 기업이 의미 있는 수준으로 시장 점유율을 끌어올리면 그때부터 비용 관리에 나섭니다. 이 시기부터는 얼마나 팔아서 얼마나 남기는지, 즉 영업이익이 중요합니다. 한편 상장사 중에서 이익이 적자면서 급속도로 성장하는 성장주에 해당하는 종목은 많지 않습니다. 그러므로 일반적으로 실적을 평가할 때 영업이익을 중점적으로 보면 됩니다.

영업이익이 중요하기 때문에 영업이익을 매출액으로 나눈 값인 영업이익률도 중요합니다. 영업이익률은 얼마나 팔아서 얼마나 남겼는지를 직관적으로 보여주는 지표입니다. 영업이익률이 중요하기 때문에 영업이익률이 나오기 위한 변수인 매출원가율(매출원가/매출액)과 판관비율(판관비/매출액)도 더불어 중요합니다.

[그림] 손익계산서 주요 항목

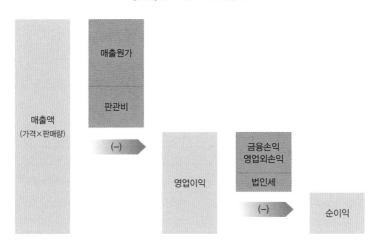

실제 손익계산서 들여다보기

[그림] 삼성전자의 손익계산서 구성

항목	2015/12 (IFRS연결)	2016/12 (IFRS연결)	2017/12 (IFRS연결)	2018/12 (IFRS연결)	2019/12 (IFRS연결)
⊞ 매출액(수익)	2,006,534.8	2,018,667.5	2,395,753.8	2,437,714.2	2,304,008.8
+내수	208,278.2				2,304,009.0
+수출	1,798,256.6				
⊞ 매출원가	1,234,821.2	1,202,777.2	1,292,906.6	1,323,944.1	1,472,395.5
매출총이익	771,713.6	815,890.3	1,102,847.2	1,113,770.0	831,613.3
⊞ 판매비와관리비	507,579.2	523,483.6	566,396.8	524,903.4	553,928.2
영업이익	264,134.4	292,406.7	536,450.4	588,866.7	277,685.1
⊞ +기타영업손익					
영업이익(발표기준)			536,450.4	588,866.7	277,685.1
+[구K-IFRS]영업이익					
⊞ 금융수익	105,148.8	113,856.5	97,373.9	99,993.2	101,616.3
⊞ 금융원가	100,317.7	107,066.1	89,789.1	86,089.0	82,748.7
⊞ 기타영업외손익	-20,374.9	7,744.5	15,910.1	3,430.2	3,639.6
⊞ 종속기업,공동지배기업및관…	11,019.3	195.0	2,014.4	5,398.5	4,129.6
법인세비용차감전계속사업…	259,610.0	307,136.5	561,959.7	611,599.6	304,321.9
법인세비용	69,008.5	79,875.6	140,092.2	168,151.0	86,933.2
종속회사매수일전순손익					
처분된종속회사순손익					
계속사업이익	190,601.4	227,260.9	421,867.5	443,448.6	217,388.7
중단사업이익					
+중단사업법인세효과					
⊟ 당기순이익	190,601.4	227,260.9	421,867.5	443,448.6	217,388.7
(지배주주지분)당기순이익	186,946.3	224,156.6	413,445.7	438,908.8	215,050.5
(비지배주주지분)당기순이익	3,655.2	3,104.4	8,421.8	4,539.8	2,338.1

출처 : 네이버 금융

네이버 금융에 기재된 삼성전자의 손익계산서입니다. 맨 위 항목 '매출액'은 사업보고서 재무제표 원문에서 간혹 '수익' 또는 '영업수익'이라고 되어 있는데 같은 뜻이니 당황할 필요는 없습니다. 매출액에서 매출원가를 차감하면 매출총이익이 나오고, 여기에서 다시 판관비를 빼면 영업이익이 나옵니다. 영업이익률은 네이버 금융에서 종목명을 검색하면 하단 '기업 실적 분석'에서 확인할 수 있지만 매출원가율과 판관비율은 투자자가 직접 계산해야 합니다.

금융수익은 이자수익, 외환 관련 이익 등으로 구성되고 금융원가에는 이자비용, 외환 관련 손실 등이 포함됩니다. 금융원가와 금융수익을 합치면 금융손익이 됩니다. 기타영업외손익에는 유형자산처분손익, 투자자산처분손익, 임대료 등 금융손익 및 영업과 관련 없는 손익이 포함됩니다.

기타영업외손익 바로 아래 항목에서 삼성전자는 2019년 기준 4,129.6억 원의 이익이 발생했는데요. 지분법이익 때문입니다. '지분법이익'이란 모회사가 관계기업의 지분율만큼 그 순이익을 인식하는 것입니다. 가령 삼성전자가 A회사의 지분을 20% 보유하여 관계기업으로 분류합니다. A회사의 연간 순이익이 100억 원이라면 삼성전자가 인식하는 지분법이익은 두 회사 간 거래가 없을 경우 20억 원이 됩니다.

지분법이익이 순이익에서 차지하는 비중이 큰 기업은 드물기 때문에 초보 투자자는 상식적인 선에서만 알면 됩니다. 삼성전자는 자회사가 있어서 연결재무제표를 작성하며, 순이익도 지배와 비지배 값으로 구분합니다. *투자자가 주목해야 할 순이익은 바로 지배 순이익입니다.*

실적 우량주와 실적 부실주

본격적으로 손익계산서를 통해 우량 기업을 찾는 방법에 대해 알아보겠습니다. 먼저 매출액과 영업이익이 꾸준히 증가하는 기업에 주목해야 합니다. 케이아이엔엑스는 인터넷 인프라 서비스를 제공하는 업체입니다. KT, SK브로드밴드, LG유플러스 등 국내에 다양한 '인터넷 서비스 제공자'들이 있는데, 케이아이엔엑스는 이들 사이의 인터넷 회선을 연결해주는 역할을 합니다. 케이아이엔엑스는 2015년부터 2019년까지 매출액과 영업이익이 꾸준히 증가한 것을 알 수 있습니다. 전형적인 우량 기업의 손익계산서라고 볼 수 있습니다.

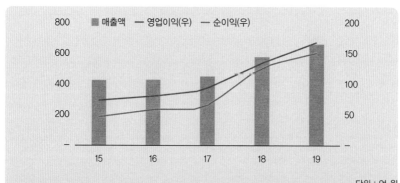

[그림] 케이아이엔엑스 실적 추이

단위 : 억 원

실적	15	16	17	18	19
매출액	421	442	473	563	646
영업이익	71	78	92	132	165
순이익(지배)	46	58	65	122	150

출처 : 케이아이엔엑스

반면 상장 폐지 사유가 발생한 R사의 손익계산서는 케이아이엔엑스와 정반대의 모습입니다. 2017년부터 매출액이 감소했으며 영업이익과 순이익은 계속해서 적자를 벗어나지 못했습니다. 이런 기업은 아무리 화끈한 테마에 엮여 주가가 고공 행진을 한다 해도 쳐다보지 말아야 합니다. 언젠가 턴어라운드를 할 수 있지 않을까? 하는 기대감에 이런 종목을 붙들고 고민하는 시간 낭비도 하지 않는 것이 좋습니다. *그럴 시간에 매출액과 이익이 꾸준히 증가하는 우량주를 찾는 것이 더 효율적입니다.*

[그림] R사 실적 추이

단위 : 억 원

실적	15	16	17	18	19
매출액	386	419	357	123	121
영업이익	-26	19	-40	-240	-413
순이익	-89	7	-106	-499	-979

출처 : R사

마지막으로 통신 장비를 만드는 케이엠더블유라는 기업을 보겠습니다. 5G 시대가 도래하면서 케이엠더블유가 만드는 RRH, RF 부품 수요도 덩달아 증가했습니다. 이에 따라 2019년 실적이 과거에 비해 폭발적으로 증가한 것을 알 수 있습니다. 그렇다면 케이엠더블유는 실적 우량주라고 볼 수 있을까요? 사실 투자자 입장에서 가장 투자하기 어려운 유형 중의 하나가 바로 케이엠더블유 같은 기업입니다. 케이엠더블유는 대표적인 경기민감형 기업입니다. 경기민감형 기업이란 해당 기업이 속한 업황에 따라 실적 변동성이 큰 기업을 말합니다.

케이엠더블유는 통신 장비 업종에 속해있습니다. 통신 장비는 통신사가 인프라에 대한 투자를 집행할 때 수요가 발생합니다. 이외에는 유지 보수 중심의 수요만 발생합니다. 따라서 통신 장비를 만드는 업체는 고객사의 투자 계획에 따라 실적 변동성이 큽니다. 특히 통신 기술의 세대가 변할 때(4G→5G) 실적이 크게 증가하는 경향이 있습니다. 실제 2015년부터 2017년까지 케이엠더블유는 적자를 기록했습니다. 그러다가 5G 투자가 집중된 2019년에는 매출액이 130% 늘었으며, 영업이익은 262억 원 적자에서 1,367억 원 흑자로 탈바꿈했습니다.

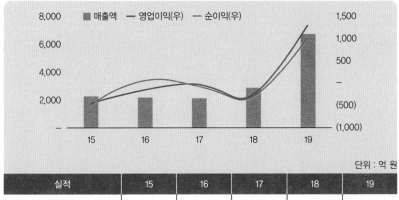

[그림] 케이엠더블유 실적 추이

단위 : 억 원

실적	15	16	17	18	19
매출액	2,198	2,105	2,037	2,963	6,829
영업이익	−449	−145	−30	−262	1,367
순이익(지배)	−479	39	−87	−313	1,027

출처 : 케이엠더블유

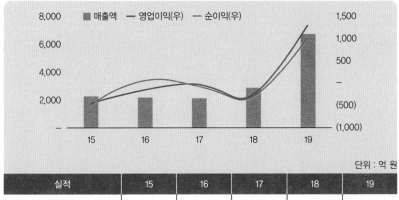

문제는 5G 투자 사이클이 끝나면 다시 예전처럼 보릿고개를 맞을 가능성이 있다는 것입니다. 투자자들도 이 점을 알고 있기 때문에 케이엠더블유 같은 기업은 주가 변동성도 큽니다. 실적 파티가 끝날 시점을 항상 준비하고 있는 것이죠.

초보 투자자는 이런 기업에 투자해서 수익을 내기 어렵습니다. 경기 민감형 기업에 투자해서 성공하기 위해서는 보릿고개 시절에 매수를 해야 하는데 이 시기의 기업은 적자를 내고 있으며 뉴스에서는 '망할 수도 있다'고 공포 분위기를 조성합니다. 섣불리 손이 나가지 않습니다. 반면에 실적이 폭발적으로 증가하고 이에 따라 주가도 크게 오르면 여기저기에서 긍정적인 뉴스를 쏟아 냅니다. 그러나 이때부터 투자자들은 슬

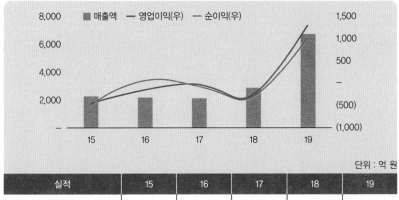

슬 조심해야 합니다. 실적의 고점이 점차 다가오고 있다는 신호이기 때문입니다.

꾸준하게 많이 남기는 기업 찾기

LG생활건강의 2019년 영업이익률은 15.3%입니다. 2019년 코스피 상장사의 영업이익률 4.7%(2020년 4월 1일 한국거래소와 한국상장회사협의회가 유가증권 시장 12월 결산 법인 684개사의 실적을 취합한 결과)보다 무려 3배가량 높습니다. 최근 5년간 추이를 살펴봐도 높은 수준을 꾸준히 유지하고 있습니다. 남들보다 확실히 많이 남기는 기업입니다.

[그림] LG생활건강 영업이익률 추이

이익률	15	16	17	18	19
영업이익률	12.8%	14.5%	15.2%	15.4%	15.3%

출처 : LG생활건강

이번에는 리노공업을 보겠습니다. 리노공업은 무려 40%에 육박하는 영업이익률을 기록하고 있습니다. 리노공업은 시스템 반도체 테스트용 소켓을 만드는 기업입니다. 바이오 기업이 아님에도 상당한 수준의 마진을 남기고 있는 셈입니다.

[그림] 리노공업 영업이익률 추이

이익률	15	16	17	18	19
영업이익률	36.2%	34.9%	34.7%	38.3%	37.7%

출처 : 리노공업

케이엠더블유의 영업이익률도 높은 편입니다. 2019년 기준 20%를 기록하고 있습니다. 그러나 LG생활건강이나 리노공업과는 결정적인 차이가 있습니다. 케이엠더블유의 영업이익률은 변동성이 심하다는 것입니다. 케이엠더블유의 영업이익률은 2015년 −20.4%를 기록하기도 했습니다. 날씨로 치면 화창한 날과 뇌우를 동반한 호우가 쏟아지는 날이 반복되는 것이죠. 앞서 '실적 우량주와 실적 부실주' 목차에서 다루었듯이 이런 기업은 주가 변동성이 크고 초보 투자자가 투자해서 성공하기는 다소 어렵습니다.

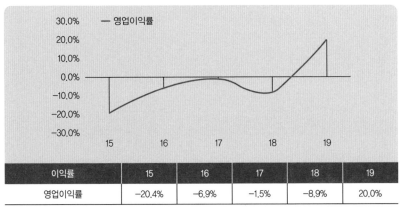

[그림] 케이엠더블유 영업이익률 추이

이익률	15	16	17	18	19
영업이익률	−20.4%	−6.9%	−1.5%	−8.9%	20.0%

출처 : 케이엠더블유

마지막으로 B사의 영업이익률입니다. 2017년부터 영업이익률이 마이너스로 전환되었고 5년간 꾸준히 하락하는 모습입니다. 마찬가지로 이런 기업은 걸러야 합니다. '영업이익률이 극적으로 플러스 전환될 수 있지 않을까?'에 대해 고민할 필요가 없습니다. *그 시간에 높은 수준의 영업이익률을 꾸준히 유지하는 기업을 찾는 것이 훨씬 낫습니다.*

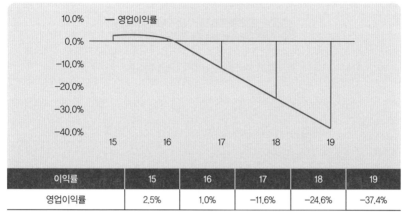

[그림] B사 영업이익률 추이

이익률	15	16	17	18	19
영업이익률	2.5%	1.0%	−11.6%	−24.6%	−37.4%

출처 : B사

　한편 영업이익률이 너무 낮은 기업은 피하는 것이 좋습니다. 가령 A 회사의 영업이익률이 10%, B회사의 영업이익률은 2%입니다. 경쟁이 과열되면서 두 기업 모두 영업이익률이 각각 1%p 하락했습니다. 이에 따라 A회사의 영업이익률은 9%, B회사의 영업이익률은 1%가 됩니다. 영업이익 규모로 본다면 A회사는 10% 감소했지만, B회사는 반토막이 난 것이죠. 이처럼 영업이익률이 낮은 기업은 마진이 조금만 하락해도 영업이익이 급감할 수 있습니다. 물론 반대의 경우 영업이익이 급증할 수도 있습니다. 그러나 외부 환경에 따라 실적이 크게 변동하는 기업은 역시 주가 변동성이 커서 초보 투자자에게 어렵습니다.

경기 주기는 5년마다 돌아온다

2019년 LG생활건강의 영업이익률은 15.3%, 리노공업의 영업이익률은 37.7%입니다. 두 기업 모두 높은 수준을 기록하고 있습니다. 그러나 더 중요한 것은 꾸준함입니다. LG생활건강과 리노공업 둘 다 높은 수준의 영업이익률을 5년간 유지하고 있습니다. 왜 5년이라는 기간이 중요할까요? 통계청에 따르면 우리나라의 경기 순환 주기는 평균 4년 1개월입니다. 4~5년이라는 기간 동안 호황과 불황이 한 번씩 발생한다는 뜻이죠. 따라서 호황기와 불황기를 겪으면서도 꾸준히 높은 수준의 영업이익률을 기록했다는 것은 외부 환경에 흔들리지 않는 경쟁력을 보유했다는 의미로도 해석할 수 있습니다.

반면 영업이익률이 높다고 무조건 투자하기 좋은 기업이라고 볼 수 없습니다. 영업이익률이 높은 이유가 해당 기업이 속한 시장에 있다면 향후 경쟁이 과열될 가능성도 염두에 두어야 합니다. 현대경제연구원 발표 자료에 따르면 2019년 국내 성인 1인당 커피 소비량은 353잔입니다. 그만큼 우리나라 사람들은 커피를 많이 섭취하고 이에 따라 커피 전문점 시장도 꾸준히 성장했는데요. 성장 초기에 브랜드 커피 전문점은 소수에 불과했지만, 시장이 커지면서 우후죽순 생겨났습니다. 시장 참여자들이 많아지면서 일어난 대표적인 변화는 바로 단가 경쟁입니다. 밥값을 호가하던 커피 한 잔의 가격은 저가 브랜드들의 등장으로 꾸준히 낮아졌는데요. 급기야 아메리카노 1잔을 1,000원이 안 되는 가격에 판매하는 브랜드도 등장했습니다.

이런 이유로 현재 블루오션*(유망하지만 현재 잘 알려지지 않은 시장으로, 경쟁자가 적어 부가가치가 매우 높은 시장)*에 먼저 진입하여 높은 영업이익률을 기록하고 있는 기업은 향후 경쟁 과열에 따라 수익성이 악화될 가능성이 있습니다. 지금 당장 절대적으로 높은 영업이익률을 내는 기업보다 수년간 꾸준한 영업이익률을 기록한 기업에 주목해야 하는 이유입니다.

영업이익률의 높고 낮은 수준은 업종별로 다릅니다. 라면이나 과자를 만드는 음식료 기업과 데이터를 기반으로 신용인증 서비스를 제공하는 기업의 영업이익률은 당연히 차이가 날 수밖에 없겠죠? 영업이익률은 같은 업종에 속한 기업끼리 비교하는 것이 좋습니다.

이익률이 좋아진 2가지 이유

불닭볶음면 시리즈로 유명한 삼양식품은 최근 5년간 영업이익률이
꾸준히 높아지고 있습니다. 2015년 2.5%에서 2019년에는 무려 14.4%까
지 상승했는데요. 반짝하고 마는 변화가 아니라 수년간 지속된다면 그
원인을 확인해야 합니다. 이 같은 변화가 앞으로도 이어지면 좋은 투자
포인트가 될 수 있기 때문입니다. 영업이익률이 좋아지는 원인은 크게
두 가지인데요. 바로 매출원가율과 판관비율입니다.

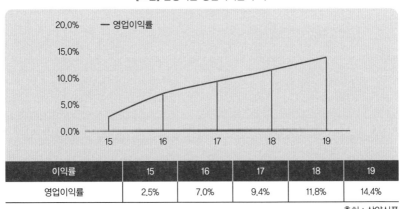

[그림] 삼양식품 영업이익률 추이

이익률	15	16	17	18	19
영업이익률	2.5%	7.0%	9.4%	11.8%	14.4%

출처 : 삼양식품

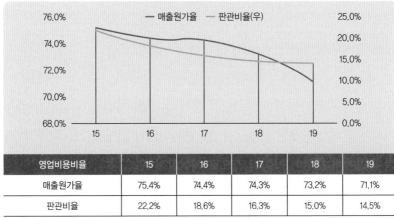

[그림] 삼양식품 매출원가율, 판관비율 추이

영업비용비율	15	16	17	18	19
매출원가율	75.4%	74.4%	74.3%	73.2%	71.1%
판관비율	22.2%	18.6%	16.3%	15.0%	14.5%

출처 : 삼양식품

　먼저 매출원가율이 개선된 원인을 살펴보겠습니다. 매출원가율은 매출원가를 매출액으로 나눈 값입니다. 매출원가율이 낮아지는 이유는 정확히 말하면 비용이 감소하는 것이 아니라 매출액에서 매출원가가 차지하는 비중이 하락하기 때문입니다. 매출원가율이 하락하는 원인에는 여러 가지가 있을 수 있습니다. 먼저 원재료 가격이 하락하여 매입 비용이 절감되는 경우입니다. 매출액은 늘었는데 공장 직원의 인건비가 덜 늘어도 매출원가율은 낮아집니다. 원재료 가격이 변동 없는 상태에서 제품 가격이 오르는 경우에도 같은 효과가 나타납니다. 마진이 높은 제품이나 사업부의 매출 비중이 커져도 매출원가율이 하락합니다.

　판관비율이 낮아지는 것도 여러 가지 이유가 있습니다. 제조업의 경우 판매수수료가 낮은 유통 채널로 변경한다면 매출원가율이 낮아질 수

105

있습니다. 유통 기업 입장에서는 판매수수료율을 인상하면 같은 효과가 발생하겠죠? 이 밖에 광고 선전비, 영업 사원의 인건비 등이 매출액에 비해 덜 증가한다면 판관비율이 낮아질 수 있습니다.

만약 매출원가율이 낮아졌다면 생산 및 상품 매입 등에 관련된 비용에서 효율화가 진행된 것입니다. 또 판관비율이 낮아졌다면 판매 및 관리 측면에서 개선이 이뤄진 것으로 해석할 수 있습니다.

삼양식품의 경우 매출원가율과 판관비율 모두가 영업이익률이 개선된 원인에 해당합니다. 삼양식품의 매출원가율은 2015년 75.4%에서 지속적으로 낮아져 2019년 71.1%를 기록했습니다. 같은 기간 판관비율 역시 22.2%에서 14.5%까지 낮아졌습니다. 투자자는 삼양식품의 매출원가율과 판관비율이 낮아진 원인을 분석하고 앞으로 이 같은 흐름이 계속될지 판단해야 합니다.

NHN한국사이버결제도 영업이익률이 2016년부터 오르고 있습니다. 2019년 영업이익률은 6.8%로 3년 전과 비교해 2.6%p 상승했습니다. 같은 기간 매출원가율이 87.8%에서 85.6%로 낮아졌기 때문입니다. 삼양식품에 비해서 드라마틱하게 개선되지는 않았지만 긍정적인 변화가 이루어지고 있는 셈입니다.

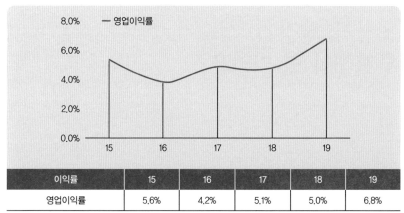

[그림] NHN한국사이버결제 영업이익률 추이

이익률	15	16	17	18	19
영업이익률	5.6%	4.2%	5.1%	5.0%	6.8%

출처 : NHN한국사이버결제

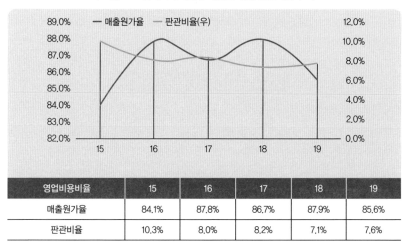

[그림] NHN한국사이버결제 매출원가율, 판관비율 추이

영업비용비율	15	16	17	18	19
매출원가율	84.1%	87.8%	86.7%	87.9%	85.6%
판관비율	10.3%	8.0%	8.2%	7.1%	7.6%

출처 : NHN한국사이버결제

현금흐름표:
초창기, 성장기, 성숙기 중
투자해야 할 기업은?

현금흐름표, 부호만 알면 끝!

현금흐름표는 크게 영업활동 현금흐름, 재무활동 현금흐름, 투자활동 현금흐름으로 나뉩니다. 현금흐름표는 부호가 중요합니다. 플러스(+)는 현금이 유입되었다는 뜻이며, 마이너스(−)는 현금이 유출되었다는 의미입니다. 그럼 영업활동, 재무활동, 투자활동 각각의 현금흐름이 의미하는 바는 무엇인지 알아보겠습니다. 영업활동 현금흐름의 부호가 플러스(+)면 '영업을 통해서 돈이 들어왔다'라는 의미입니다. 마이너스(−)면 '영업을 했지만 돈이 나갔다'라고 해석할 수 있습니다. 영업활동 현금흐름의 플러스(+), 마이너스(−)는 손익계산서상의 흑자, 적자와 비숫한 개념입니다.

재무활동 현금흐름의 부호가 플러스(+)면 외부에서 자금을 조달했다는 뜻입니다. 은행에서 돈을 빌리거나, 기업의 신용도를 바탕으로 채권을 발행하거나, 유상증자를 통해 주주들이 자금을 대준 경우가 대표적입니다. 재무활동 현금흐름의 부호가 마이너스(−)면 반대로 은행에서 빌린 돈을 갚거나, 주주들에게 배당을 지급했다는 뜻입니다.

투자활동 현금흐름의 부호가 플러스(+)면 투자활동으로 현금이 유입되었다는 의미입니다. 계열회사의 지분을 매각하거나, 가입했던 투자상품의 만기에 도래하여 현금이 들어오는 것도 투자활동으로 현금이 유입되는 경우입니다. 회사의 사옥이나 공장을 매각하는 경우에도 투자활동 현금흐름이 플러스(+)로 잡힙니다. 반대로 투자활동 현금흐름의 부호가 마이너스(−)면 공장을 짓거나 주식을 사거나 다른 회사를 인수하는 과정에서 현금이 유출되는 경우를 뜻합니다.

그렇다면 투자자 입장에서 각 현금흐름별 부호가 어떤 기업에 투자하는 것이 좋을까요? 영업활동에서는 현금흐름이 플러스(+)를 기록하는 기업에 주목해야 합니다. 당연히 영업활동으로 현금이 나가는 것보다 들어오는 기업이 좋겠죠? 재무활동에서는 현금흐름이 마이너스(−)인 기업이 좋습니다. 외부에서 돈을 빌리거나 주주들의 돈을 받는 것보다는 돈을 갚거나 주주들에게 배당을 지급하는 편이 낫습니다. 투자활동 현금흐름은 마이너스(−)인 기업에 주목해야 합니다. 계열회사 지분을 팔거나 공장을 매각하는 것은 현금이 부족하다는 신호입니다. 현금이 여유로운 기업은 시설 투자를 하거나 성장을 위해 M&A를 시도하는 기업이죠. *이처럼 우량 기업의 현금흐름은 영업활동 (+), 재무활동 (−), 투자활동 (−)로 나타납니다.*

투자자의 꿀TIP

실제 현금흐름표 들여다보기

[그림] 삼성전자의 현금흐름표 구성

항목	2015/12 (IFRS연결)	2016/12 (IFRS연결)	2017/12 (IFRS연결)	2018/12 (IFRS연결)	2019/12 (IFRS연결)
영업활동으로인한현금흐름	400,617.6	473,856.4	621,620.4	670,318.6	453,829.2
당기순이익	190,601.4	227,260.9	421,867.5	443,448.6	217,388.7
법인세비용차감전계속사업…					
현금유출이없는비용등가산	352,420.7	367,816.9	413,191.0	484,356.1	424,268.5
현금유입이없는수익등차감	56,311.0	60,272.1	51,078.7	48,310.4	49,841.7
영업활동으로인한자산부채…	-46,820.3	-11,809.5	-106,205.5	-99,243.7	-25,457.6
투자활동으로인한현금흐름	-271,677.9	-296,586.8	-493,852.2	-522,404.5	-399,481.7
투자활동현금유입액	74,010.7	83,881.8	47,433.8	9,212.6	63,007.8
투자활동현금유출액	345,688.6	380,468.5	541,285.9	531,617.1	462,489.5
재무활동으로인한현금흐름	-65,735.1	-86,695.1	-125,608.7	-150,902.2	-94,845.1
재무활동현금유입액	33,979.2	24,060.1	37,346.6	116.5	8,657.9
재무활동현금유출액	68,418.9	79,607.8	94,912.3	49,081.8	7,111.0

출처 : 네이버 금융

네이버 금융에 기재된 삼성전자의 현금흐름표 항목입니다. 재무제표 작성자가 아닌 이상 세부 내용을 일일이 알아야 할 필요는 없습니다. 영업, 투자, 재무 각각의 부호와 영업활동 현금흐름이 꾸준히 유입되고 있는지를 중심으로 확인하면 됩니다. 만약 기업의 투자활동 현금흐름의 마이너스(-) 폭이 크게 확대되었다면 어딘가에 대규모 투자를 한 것임이 분명합니다. 이때 세부 항목을 확인하여 유형자산인지, 금융 상품에 가입했는지, 다른 회사 주식을 사들였는지 등을 알아보면 됩니다.

기업의 라이프 사이클과 현금흐름

태어날 때부터 우량 기업은 없습니다. 치열한 경쟁을 이겨내고 시장을 평정해야만 비로소 우량 기업으로 거듭나는 것입니다. 따라서 현금흐름은 기업의 라이프 사이클에 따라 다르게 나타납니다. 막 사업을 시작한 스타트업의 경우 대부분 적자 상태입니다. 영업활동 현금흐름 역시 마이너스(−)를 기록합니다. 부족한 현금을 충당하기 위해 외부에서 자금을 조달해야 하므로 재무활동 현금흐름은 플러스(+)를 기록할 수밖에 없습니다. 이 시기 가장 중요한 것은 성장을 위한 투자이기 때문에 투자활동 현금흐름은 마이너스(−)를 나타냅니다.

> 이처럼 초창기 기업의 현금흐름은
> 영업활동 (−), 재무활동 (+), 투자활동 (−)입니다.

수년간 고생 끝에 드디어 흑자 전환을 했습니다. 영업활동 현금흐름도 마이너스(−)에서 플러스(+)로 전환되었습니다. 하지만 현금이 충분한 것은 아닙니다. 여전히 외부에서 자금이 조달되어야 합니다. 은행에서 돈을 빌리거나 추가 투자를 유치해야 하죠. 재무활동 현금흐름이 플러스(+)를 기록하는 이유입니다. 본격적으로 성장하기 위해서는 과감한 투자도 지속해야 합니다. 이에 따라 투자활동 현금흐름은 마이너스(−)를 기록합니다.

이 시기의 기업을 성장기 기업이라고 하며 현금흐름은
영업활동 (+), 재무활동 (+), 투자활동 (−)입니다.

과감한 투자가 성공하면서 기업은 이익 회수기를 맞습니다. 이 시기 기업의 영업활동으로 인한 현금은 대거 유입됩니다. 곳간에 현금이 충분히 쌓이면서 그간 은행에서 빌린 돈을 갚기 시작합니다. 주주들을 대상으로 배당을 지급하거나 자사주를 매입하면서 주주 환원에도 적극 나섭니다. 이에 따라 재무활동 현금흐름은 마이너스(−)를 나타냅니다. 이익 회수기를 맞았다 하더라도 투자를 하지 않을 수는 없습니다. 기업이 영속하기 위한 투자는 필요합니다. 투자활동 현금흐름은 여전히 마이너스(−)를 기록합니다.

이 시기는 성숙기 기업으로 현금흐름은
영업활동 (+), 재무활동 (−), 투자활동 (−)로 나타납니다.

그렇다면 투자자는 초창기, 성장기, 성숙기 기업 중 어디에 투자해야 할까요? 초창기 기업에 투자히어 성공한다면 엄청난 부를 축적할 수 있습니다. 그러나 성공 확률은 그만큼 낮습니다. 따라서 원금의 안전성과 투자수익, 이 두 마리의 토끼를 잡기 위해서는 성장기 기업과 성숙기 기업에 투자하는 것이 좋습니다.

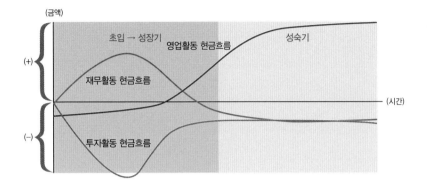

[그림] 기업의 라이프 사이클과 현금흐름표의 관계

현금흐름을 보면 주가가 보인다!

　LG생활건강의 최근 5년간 현금흐름을 보면 성숙기 기업임을 알 수 있습니다. 영업활동 (+), 재무활동 (−), 투자활동 (−)를 기록하고 있습니다. 특히 영업활동 현금흐름은 최근 들어 꾸준히 확대되고 있습니다. 전형적인 우량 기업의 현금흐름입니다.

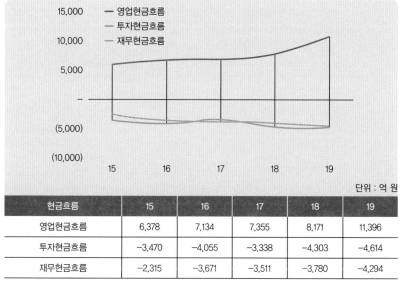

[그림] LG생활건강 현금흐름표 추이

단위 : 억 원

현금흐름	15	16	17	18	19
영업현금흐름	6,378	7,134	7,355	8,171	11,396
투자현금흐름	−3,470	−4,055	−3,338	−4,303	−4,614
재무현금흐름	−2,315	−3,671	−3,511	−3,780	−4,294

출처 : LG생활건강

　　다음은 산업용 및 공조용 여과지 제조 업체 크린앤사이언스의 현금
흐름표입니다. 영업활동으로 꾸준히 현금이 유입되고 있지만 재무활동
현금흐름 역시 플러스(+)를 나타내고 있습니다. 그리고 영업활동으로
유입된 현금에 재무활동으로 조달한 현금을 합쳐 투자활동에 사용하고
있습니다. 영업에서 번 돈도 모자라 외부에서 들어온 자금까지 더해 투
자를 지속하고 있는 것입니다.

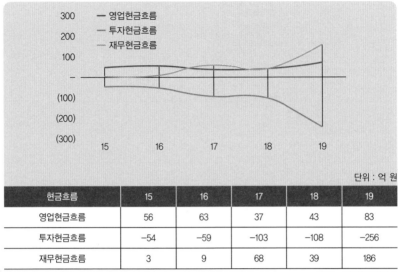

[그림] 크린앤사이언스 현금흐름표 추이

- 영업현금흐름
- 투자현금흐름
- 재무현금흐름

단위 : 억 원

현금흐름	15	16	17	18	19
영업현금흐름	56	63	37	43	83
투자현금흐름	−54	−59	−103	−108	−256
재무현금흐름	3	9	68	39	186

출처 : 크린앤사이언스

크린앤사이언스의 투자가 성공한다면 클래시스와 같은 현금흐름이 나타날 것입니다. 미용 의료기기 제조 업체 클래시스는 2017년 영업활동으로 86억 원의 현금을 벌었지만, 재무활동으로 194억 원을 조달했으며, 206억 원을 투자에 사용했습니다. 과감한 투자가 성공하면서 클래시스의 2019년 영업활동으로 유입된 현금은 무려 390억 원까지 성장했습니다. **스팩(SPAC)**과 합병 상장한 클래시스의 주가는 2,600원 수준에서 거래되었지만 2019년 11월 한때 1만 8,650원까지 상승하기도 했습니다.

스팩(SPAC) Special Purpose Acquisition Company. 비상장 기업과 합병을 목적으로 상장된 일종의 페이퍼 컴퍼니

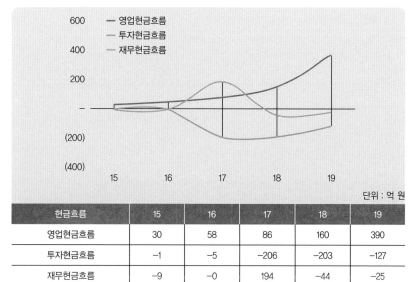

[그림] 클래시스 현금흐름표 추이

단위 : 억 원

현금흐름	15	16	17	18	19
영업현금흐름	30	58	86	160	390
투자현금흐름	-1	-5	-206	-203	-127
재무현금흐름	-9	-0	194	-44	-25

출처 : 클래시스

　그러나 모든 투자가 성공하는 것은 아닙니다. I사는 2017년 영업활동으로 670억 원이 넘는 현금을 벌어들였지만, 외부에서 추가로 자금을 들여온 뒤 투자활동에 753억 원을 과감히 지출했습니다. 기대와 달리 2018년 매출액이 급감하면서 적자를 기록했고, 영업현금도 마이너스(-)로 전환되었습니다. 이에 따라 차입금을 통해 유동성을 확보해야 하는 상황에 직면했습니다. I사의 과감한 투자는 사실상 실패한 것입니다.

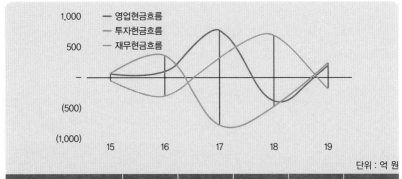

[그림] I사 현금흐름표 추이

단위 : 억 원

현금흐름	15	16	17	18	19
영업현금흐름	35	64	670	-369	145
투자현금흐름	62	333	-753	-482	223
재무현금흐름	-63	-295	301	645	-168

출처: I사

현금흐름표 관점에서 성장기 기업을 발굴했다면 해당 기업이 어디에 투자하고 있는지, 투자 이후 확실한 매출처가 있는지, 결과적으로 성공할 수 있을지를 잘 따져봐야 합니다.

재무제표에서
우량주 캐내는 투자 포인트는?

사례① 이크레더블

　지금까지 재무제표를 통해 투자할 만한 기업과 투자하지 말아야 할 기업을 가리고 투자 포인트를 찾는 방법에 대해 알아봤습니다. 그렇다면 이번에는 실제 기업의 재무제표를 보고 투자할 만한 기업인지, 투자 포인트는 무엇인지 판단해보겠습니다. 다음은 기업 신용인증 서비스 제공 업체 이크레더블의 재무제표입니다.

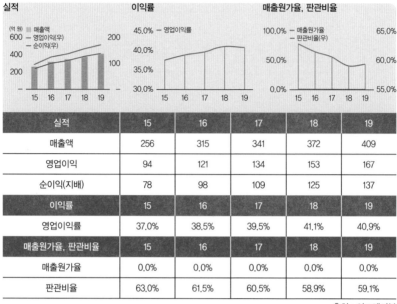

실적	15	16	17	18	19
매출액	256	315	341	372	409
영업이익	94	121	134	153	167
순이익(지배)	78	98	109	125	137
이익률	15	16	17	18	19
영업이익률	37.0%	38.5%	39.5%	41.1%	40.9%
매출원가율, 판관비율	15	16	17	18	19
매출원가율	0.0%	0.0%	0.0%	0.0%	0.0%
판관비율	63.0%	61.5%	60.5%	58.9%	59.1%

출처 : 이크레더블

먼저 이크레더블의 실적을 살펴보겠습니다. 최근 5년간 매출액은 꾸준히 성장하고 있으며, 같은 기간 영업이익 역시 늘고 있습니다. 연평균 매출액 성장률은 12%, 영업이익 성장률은 15%입니다. 실적도 실적이지만 더 눈에 띄는 것은 영업이익률입니다. 장기간 40% 수준의 영업이익률을 꾸준히 유지하고 있습니다. 높은 영업이익률이 오래 유지된다는 것은 경기에 둔감한 업종에 속해있는 독점 사업자일 가능성이 높습니다. 이크레더블의 매출원가율은 0%이며, 판관비율은 50~60%대입니다. 생산에 들어가는 비용이 없다는 뜻으로, 제조업이 아닌 서비스 기업이라는 것을 알 수 있습니다.

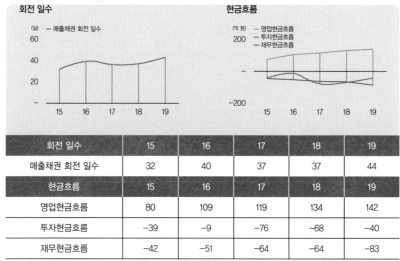

회전 일수	15	16	17	18	19
매출채권 회전 일수	32	40	37	37	44
현금흐름	15	16	17	18	19
영업현금흐름	80	109	119	134	142
투자현금흐름	−39	−9	−76	−68	−40
재무현금흐름	−42	−51	−64	−64	−83

출처 : 이크레더블

　장부상 이익이 현금으로 잘 회수되고 있는지도 파악해야 합니다. 이크레더블의 매출채권 회전 일수는 30~45일을 유지하고 있습니다. 매출채권이 현금으로 회수되는 데 1개월 남짓 걸린다는 의미입니다. 최근 5년간 매출채권 회전 일수는 유지되고 있습니다. 벌어들인 돈이 현금으로 잘 회수되는 것은 현금흐름에도 나타나 있습니다. 순이익 증가에 따라 영업현금 역시 잘 유입되는 것을 확인할 수 있습니다. 부호는 영업활동 (+), 재무활동 (−), 투자활동 (−)입니다. 전형적인 성숙기 기업의 현금흐름입니다.

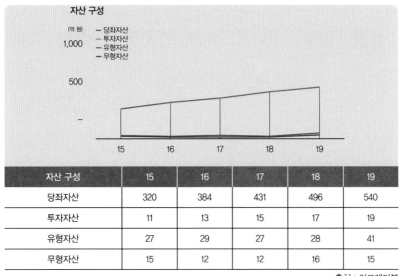

자산 구성	15	16	17	18	19
당좌자산	320	384	431	496	540
투자자산	11	13	15	17	19
유형자산	27	29	27	28	41
무형자산	15	12	12	16	15

출처 : 이크레더블

자산 구성을 살펴보면 당좌자산 비중이 압도적이며 꾸준히 늘어나고 있습니다. 반면 유형자산 비중은 낮습니다. 벌어들인 돈이 현금 및 기타 금융자산 등으로 차곡차곡 잘 쌓이고 있다는 의미입니다. 현금은 계속 늘어나는데 유형자산의 변화는 거의 없습니다. 앞서 살펴본 것처럼 이 크레더블은 제조업이 아니기 때문에 유형자산에 투자할 필요가 없어 보입니다. 투자자산, 무형자산 역시 비중이 매우 낮습니다. 벌어들인 돈으로 다른 기업을 인수하거나 투자하지 않고 현금으로만 쌓고 있습니다.

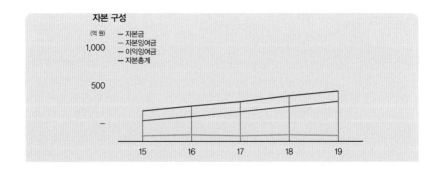

자본 구성	15	16	17	18	19
자본금	61	61	61	61	61
자본잉여금	62	62	62	62	62
이익잉여금	219	267	312	373	429
자본(지배)	327	375	420	481	537

출처 : 이크레더블

　　자본 구성은 이크레더블이 전형적인 우량 기업임을 잘 보여줍니다. 이익잉여금의 증가를 통해 자본을 꾸준히 성장시키고 있기 때문입니다. 반면 자본금과 자본잉여금은 변화가 없습니다. 주주들에게 손을 벌리지 않았다는 증거입니다.

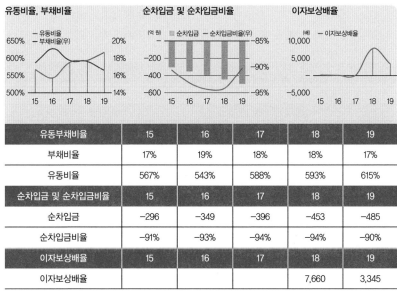

유동부채비율	15	16	17	18	19
부채비율	17%	19%	18%	18%	17%
유동비율	567%	543%	588%	593%	615%
순차입금 및 순차입금비율	15	16	17	18	19
순차입금	−296	−349	−396	−453	−485
순차입금비율	−91%	−93%	−94%	−94%	−90%
이자보상배율	15	16	17	18	19
이자보상배율				7,660	3,345

출처 : 이크레더블

　　마지막으로 재무 안전성을 점검해보겠습니다. 20% 미만의 부채비율을 유지하고 있으며, 유동비율은 2019년 615%로 매우 높은 수준을 기록하고 있습니다. 게다가 유동비율이 상승하고 있습니다. 순차입금은 2019년 −485억 원입니다. 순차입금이 마이너스(−)면 그만큼 순현금을 보유하고 있다는 의미입니다. 순현금은 자본의 90% 수준입니다. 이자보상배율은 2019년 3,345배를 기록하고 있습니다. 영업이익이 이자비용의 3,000배가 넘는 상황입니다. 실적뿐만 아니라 재무 안전성도 매우 높습니다.

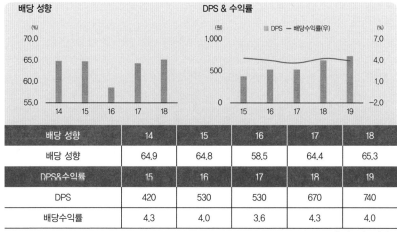

배당 성향	14	15	16	17	18
배당 성향	64.9	64.8	58.5	64.4	65.3
DPS&수익률	15	16	17	18	19
DPS	420	530	530	670	740
배당수익률	4.3	4.0	3.6	4.3	4.0

출처 : 이크레더블

　그런데 재무재표를 꼼꼼히 본 투자자라면 한 가지 의문이 생깁니다. 바로 현금흐름표 부문에서 말이죠. 순현금이 자본의 90%에 달하고 이자보상배율도 3,000배가 넘는다면 빌린 돈이 거의 없다는 뜻입니다. 그런데 왜 재무활동 현금흐름은 매년 수십 억씩 유출이 되는 것일까요? 이유는 배당에 있습니다. 이크레더블의 **배당 성향**은 2016년을 제외하고

65% 수준을 유지하고 있습니다. 순이익의 65%를 매년 배당으로 지급한다는 뜻입니다. 이에 따라 이크레더블의 **주당배당금(DPS)**은 2019년 740원, 배당수익률은 4.0%

| 배당 성향 (배당총액/순이익) 즉 순이익에서 몇 %를 배당하는지 보여주는 지표
| 주당배당금(DPS) Dividend Per Shares. 주주에게 지급할 배당금을 발행 주식 수로 나눈 금액

입니다. 한편 이크레더블은 매년 배당 성향이 65%대를 기록하고 있기 때문에 순이익이 증가하면서 주당배당금 역시 꾸준히 상승했습니다.

이크레더블의 재무제표를 살펴본 결과, 투자할 만한 기업임을 알 수 있습니다. 투자 포인트는 ① 매년 실적이 계단식으로 성장하고 있고 무엇보다도 40%에 달하는 영업이익률이 어떻게 가능한 것인지? 경쟁자의 진입이 이루어지고 있지는 않은지? 구체적인 사업 모델과 시장 상황을 파악해볼 필요가 있습니다. ② 벌어들인 순이익의 65%를 배당하고 있는데, 고배당을 지속하는 이유가 무엇인지? 앞으로도 지속할 것인지에 대한 확인이 필요합니다. 또, ③ 배당을 지급하고도 잉여현금이 계속 쌓이고 있는데 주주 가치를 올리기 위해 신사업 진출이나 M&A를 할 의향이 있는지? 이 부분에 대해서도 알아봐야 합니다.

사례② 서흥

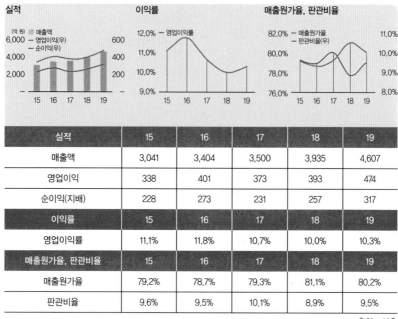

실적	15	16	17	18	19
매출액	3,041	3,404	3,500	3,935	4,607
영업이익	338	401	373	393	474
순이익(지배)	228	273	231	257	317
이익률	15	16	17	18	19
영업이익률	11.1%	11.8%	10.7%	10.0%	10.3%
매출원가율, 판관비율	15	16	17	18	19
매출원가율	79.2%	78.7%	79.3%	81.1%	80.2%
판관비율	9.6%	9.5%	10.1%	8.9%	9.5%

출처 : 서흥

이번에는 서흥의 재무제표를 보겠습니다. 먼저 서흥의 매출액은 꾸준히 증가하고 있습니다. 2015년 3,041억 원에서 2017년 3,500억 원으로 15% 늘었지만, 이후 성장률이 가팔라지면서 2017년부터 2019년까지 32% 증가했습니다. 같은 기간 영업이익은 다소 굴곡이 있지만, 전반적으로 성장세입니다. 2016년 401억 원을 기록했지만, 2017년 373억 원으로 감소 이후 다시 2019년 474억 원으로 늘었습니다. 영업이익률은 2015년과 2016년보다 다소 낮아졌지만, 여전히 10% 이상을 유지하고 있습니다. 영업이익률이 소폭 하락한 것은 매출원가율의 영향입니다.

매출원가율은 2015년 79.2%에서 2019년 80.2%로 올랐습니다.

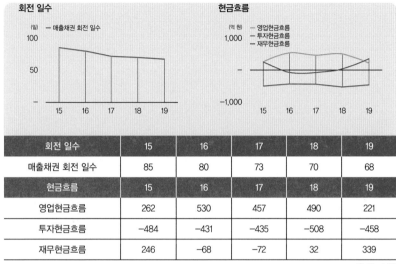

회전 일수	15	16	17	18	19
매출채권 회전 일수	85	80	73	70	68
현금흐름	15	16	17	18	19
영업현금흐름	262	530	457	490	221
투자현금흐름	−484	−431	−435	−508	−458
재무현금흐름	246	−68	−72	32	339

출처 : 서흥

　　매출채권 회전 일수는 2개월 내외를 유지하고 있는 가운데 차츰 낮아지고 있습니다. 벌어들인 돈이 현금으로 잘 회수가 되고 있습니다. 주목해야 할 부분은 현금흐름인데요. 투자로 지출되는 현금이 영업으로 유입되는 현금을 지속적으로 초과하고 있습니다. 이에 따라 재무활동으로 자금을 꾸준히 조달하고 있습니다.

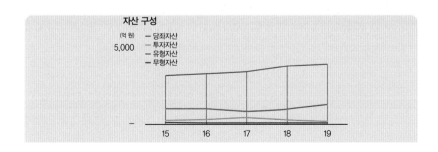

자산 구성	15	16	17	18	19
당좌자산	985	1,005	854	978	1,236
투자자산	266	296	426	293	168
유형자산	3,173	3,295	3,449	3,816	3,920
무형자산	69	80	75	108	81

출처 : 서흥

자산 구성을 보면 현금이 어디에 투자되고 있는지 알 수 있습니다. 바로 유형자산입니다. 서흥은 비용에서 매출원가가 큰 비중을 차지하고 있는 만큼 이 기업의 유형자산은 생산 시설일 가능성이 높습니다. 제조업에 속한 기업이 유형자산에 꾸준히 투자한다는 것은 ① 유형자산 투자가 없으면 영속하기 힘든 기업이거나 ② 전체 시장 규모의 성장 또는 점유율 확대를 노린다는 의미입니다. 서흥이 어떤 품목을 생산하길래 이 같은 증설을 단행하는지, 향후 전망은 어떤지 확인해볼 필요가 있습니다.

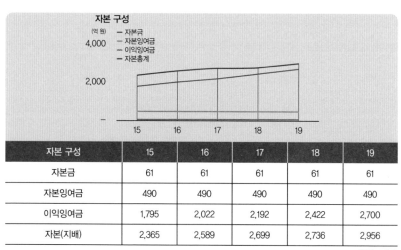

자본 구성	15	16	17	18	19
자본금	61	61	61	61	61
자본잉여금	490	490	490	490	490
이익잉여금	1,795	2,022	2,192	2,422	2,700
자본(지배)	2,365	2,589	2,699	2,736	2,956

출처 : 서흥

자본 구성을 살펴보면 이익잉여금의 증가로 자본이 꾸준히 성장하고 있습니다. 자본금과 자본잉여금의 변화가 없는 것을 보면 최근 부모님 찬스를 쓴 적이 없고 자력으로 성장한 기업이라는 것을 알 수 있습니다.

유동부채비율	15	16	17	18	19
부채비율	112%	103%	98%	107%	115%
유동비율	157%	134%	97%	110%	135%
순차입금 및 순차입금비율	15	16	17	18	19
순차입금	2,320	2,282	2,328	2,584	2,905
순차입금비율	88%	79%	77%	84%	88%
이자보상배율	15	16	17	18	19
이자보상배율	6	7	6	5	22

출처 : 서흥

부채비율은 다소 높은 편입니다. 최근 5년간 98~115% 정도를 유지하고 있습니다. 순차입금 규모 역시 상당합니다. 2019년 2,905억 원으로 자본총계의 98%를 차지하고 있습니다. 앞서 서흥의 영업활동현금은 꾸준히 유입되고 있었습니다. 그러나 공격적인 증설을 위해 영업으로 벌어들인 돈이 부족한 나머지 차입금을 대거 조달한 것으로 해석됩니다. 이런 기업의 경우 성공하면 크게 성장할 수 있지만, 실패하면 과도한 차입금이 부메랑이 될 수 있습니다. 따라서 투자자는 서흥의 성공 가능성을 면밀히 검토해봐야 합니다. 서흥의 이자보상배율은 22배로 영업이익을 통해 이자를 감당하기 충분한 상황입니다. 실제 돈을 잘 벌고 있기 때문에 차입금 수준이 높다 하더라도 당장은 큰 문제가 없어 보입니다.

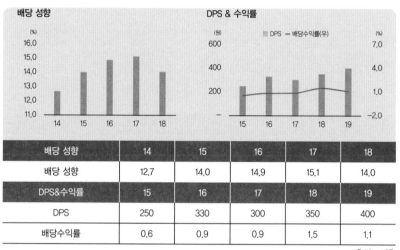

배당 성향	14	15	16	17	18
배당 성향	12.7	14.0	14.9	15.1	14.0
DPS&수익률	15	16	17	18	19
DPS	250	330	300	350	400
배당수익률	0.6	0.9	0.9	1.5	1.1

출처 : 서흥

시흥의 배딩 싱향은 14~15% 내외입니다. 2019년 코스피 싱장사 평균 배당 성향인 41.25%(2020년 4월 23일 한국거래소가 발간한 '최근 5년간 현금배당 법인의 시가배당률, 배당 성향 및 주가등락률 현황' 참조)보다 낮습니다. 주당배당금은 2019년 400원을 책정했으며, 배당수익률은 1%대입니다. 서흥처럼 과감히 증설에 나서는 기업은 배당이 크게 중요하지 않습니다. 차라리 배당을 줄 돈으로 기업 성장을 위해 투자하는 편이 주식 가치를 올리는 데 더 도움이 되니까요.

정리하자면 서흥은 재무 안전성 측면에서 다소 불안한 부분이 있지만, 성공한다면 주식 가치가 크게 오를 수 있는 기업임을 알 수 있습니다. 투자자는 ① 서흥이 어떤 산업에 속해있고, 왜 과감한 증설을 단행하는지, 성공 가능성이 있는지 파악해야 하며 ② 혹시라도 차입금이 더 늘어날 여지가 있는지, 자금 조달을 위해 유상증자에 나서지는 않을지 점검해봐야 합니다.

"

스스로 만드는
투자 리포트가 곧 자산이다

"

3장

쉽게 읽고 해석하는
사업보고서

워런 버핏도
꼭 챙겨 보는 사업보고서

투자자들이 가장 많이 찾는 투자 정보는 무엇일까요? 뉴스, 증권사 리포트, 종목 토론방, 기업 탐방이 대표적입니다. 이들의 정보로서의 가치를 하나하나 점검해보겠습니다.

① 먼저 뉴스입니다. 개인적으로 증시 관련 뉴스는 너무 참조하지 않는 편이 낫다고 생각합니다. 특히 '특징주'라는 타이틀을 달고 나오는 뉴스를 보고 투자하면 오히려 상투를 잡을 가능성이 큽니다. 대개 그런 것들은 주가가 오를 만한 기업을 골라서 작성된 것이라기보다는, 주가가 이미 오른 기업을 찾아 왜 주가가 올랐는지에 대해 작성된 기사입니다. 따라서 해당 기사를 보고 투자한다면 이미 오른 주식에 투자하는 것이

기 때문에 단기적으로 수익을 내기 어렵습니다. 대신 산업, 경제 전반, 소비 트렌드 관련 기사는 중장기투자에 큰 도움이 됩니다.

② 다음은 증권사 리포트입니다. 증권사 리포트는 뉴스에서 접할 수 없는 깊이 있는 내용이 많습니다. 그러나 투자자들이 가장 궁금해하는 목표 주가와 투자 의견은 어느 정도 걸러서 봐야 합니다. 그 이유는 애널리스트와 투자자, 기업 간 이해관계 때문입니다. 만약 애널리스트가 특정 기업의 주가가 너무 고평가되었다고 목표 주가를 낮추거나 매도 의견을 낸다면 해당 종목의 주가는 영향을 받을 수 있습니다. 이 경우 애널리스트는 해당 기업 IR 담당자(기업의 경영활동 및 이와 관련된 정보를 제공하는 기업의 공시 책임자)나 주주들에게 항의 전화를 받을 수 있습니다. 특히 IR 담당자는 해당 리포트를 작성한 애널리스트에게 앞으로 회사에 대한 정보를 주지 않을 수 있습니다. 이처럼 애널리스트는 여러 이해관계 때문에 자유롭게 목소리를 내기 어렵습니다.

③ 각종 사이트의 종목 토론방은 어떨까요? 검증되지 않은 수많은 정보로 가득 차 있습니다. 종목 토론방은 대중들의 심리를 읽기에는 좋으나 양질의 정보를 찾는다면 '하늘의 별 따기'입니다.

④ 마지막으로 기업 탐방입니다. 투자깨나 하는 투자자라면 기업 탐방에 대한 로망이 있을 것입니다. 직접 회사를 방문하여 IR 담당자로부터 회사의 사업, 비전 등에 대한 이야기를 듣고 공장까지 둘러본다면 해

당 기업에 대해 더 잘 알 수 있습니다. 그러나 기업 탐방은 어쨌거나 해당 기업의 IR 담당자와 만나는 자리입니다. 팔은 안으로 굽는다고 당연히 좋은 이야기 위주로 들을 가능성이 큽니다. 기업 탐방을 가더라도 해당 기업에 대해 잘 알고 가서 예리한 질문을 던져야 합니다. 투자자가 사업보고서를 꼭 읽어야 하는 이유입니다. 재무제표가 기업의 이력서라고 한다면 사업보고서는 자기소개서입니다. 재무제표에 기재된 숫자가 어떻게 나온 것인지 사업보고서에 상세히 기술되어 있습니다.

뉴스, 증권사 리포트, 종목 토론방 등 다양한 정보의 원출처가 바로 사업보고서입니다. 사업보고서에는 산업의 현황, 경쟁 상황, 회사의 개요, 사업 부문별 매출액, 주주에 관한 사항 등 기업의 A부터 Z까지 기재되어 있습니다. 따라서 투자자는 남이 작성한 정보에만 의존하지 말고 사업보고서에 기재된 팩트를 기반으로 스스로 해석하고 판단하는 힘을 길러야 합니다. 세계적인 투자자 워런 버핏의 주된 일과는 사업보고서를 읽는 것이라고 합니다. *버핏은 10년 치 사업보고서를 읽고 나면 회사의 미래 모습을 예측하는 데 큰 도움이 된다고 언급하기도 했습니다.*

200페이지 넘는 사업보고서, 핵심만 파악하기

사업보고서, ★표 친 것만 보자!

사업보고서에 대한 접근 경로는 앞서 목차 '2장 주식 초보도 활용하는 재무제표'에서 다룬 바 있습니다. 사업보고서를 열면 'Ⅰ. 회사의 개요'부터 'XI. 그 밖에 투자자 보호를 위하여 필요한 사항'까지 총 11개의 목차와 그 밑에 수많은 세부 항목이 등장합니다. 목차 형식은 모든 상장 기업이 동일합니다. 다만 분량의 차이가 있는데, 분량이 많은 기업이 경우 거의 책 한 권 수준입니다. 바쁜 직장인이 몇백 페이지를 꼼꼼히 읽는 것은 시간도 오래 걸리고 어렵습니다. 따라서 중요한 부분만 골라 보는 지혜가 필요합니다. 아래 이미지는 사업보고서 목차를 나열한 것인데 중요도에 따라 ★표의 개수가 다릅니다. ★표가 많을수록 중요한 부분이겠죠? ★표에 따라 사업보고서를 보는 요령은 다음과 같습니다.

[그림] 사업보고서의 목차 구성

Ⅰ. 회사의 개요
 1. 회사의 개요
 2. 회사의 연혁 ★
 3. 자본금 변동사항 ★★
 4. 주식의 총수 ★★
 5. 의결권 현황
 6. 배당에 관한 사항 등 ★★
Ⅱ. 사업의 내용 ★★★
Ⅲ. 재무에 관한 사항 ★★★
 1. 요약재무정보
 2. 연결재무제표
 3. 연결재무제표 주석 ★★
 4. 재무제표
 5. 재무제표 주석 ★★
 6. 기타 재무에 관한 사항
Ⅳ. 감사인의 감사의견 등

Ⅴ. 이사의 경영진단 및 분석의견 ★
Ⅵ. 이사회 등 회사의 기관에 관한 사항
 1. 이사회에 관한 사항
 2. 감사제도에 관한 사항
 3. 주주의 의결권 행사에 관한 사항
Ⅶ. 주주에 관한 사항 ★★
Ⅷ. 임원 및 직원 등에 관한 사항
 1. 임원 및 직원의 현황 ★
 2. 임원의 보수 등
Ⅸ. 계열회사 등에 관한 사항 ★
Ⅹ. 이해관계자와의 거래내용
Ⅺ. 그 밖에 투자자 보호를 위하여 필요한 사항 ★

★: 시간이 날 때 읽어보면 좋음

★★: 알아야 하지만 대부분 증권 정보 사이트나 HTS 등에서도 확인할 수 있음

★★★: 투자에 앞서 꼭 읽어봐야 함

　재무제표는 이미 앞에서 다루었기 때문에 제외하고 ★표가 두 개 이상인 것들 중 몇 가지를 살펴보겠습니다. 먼저 'Ⅰ. 회사의 개요 〉 6. 배당에 관한 사항 등' 항목에는 회사의 3년 치 배당에 관한 정보가 나옵니

다. 여기에서 중요한 정보는 현금배당 성향, 현금배당수익률, 주당현금배당금입니다. 배당은 현금배당과 주식배당으로 나뉘는데요. 투자자들에게 익숙한 배당은 주주들에게 현금을 주는 현금배당입니다. **주식배당**은 주주들에게 신주를 발행해줍니다. 무상으로 주식을 주는 무상증자와 비슷한 성격입니다.

> **주식배당** 배당으로 현금이 아닌 주식을 주는 것. 다만 배당으로 지급된 주식 수만큼 주가는 하향 조정되어 배당 전후 주주들의 지분 가치는 동일하다.
>
> **우선주** 의결권은 없지만 잔여이익에 대해 우선적으로 배당을 받을 수 있는 주식

현금배당 성향은 현금배당총액을 순이익으로 나눈 값입니다. 즉 순이익에서 얼마를 배당하느냐를 나타내는 지표입니다. 삼성전자의 경우 2020년 1분기(제52기 1분기) 49.2%의 현금배당 성향을 기록했습니다. 주당현금배당금은 삼성전자 주식 1주당 지급되는 배당금을 말합니다. 삼성전자는 보통주와 **우선주** 둘 다 있기 때문에 두 주식에 모두 현금배당금이 기재되어 있습니다. 현금배당수익률은 현금배당금을 주가로 나눈 값입니다. 보통주 0.8%, 우선주 0.9%로 기재되어 있는데요. 우선주 현금배당수익률이 높은 것은 우선주의 주가가 보통주보다 더 낮기 때문입니다.

한편 사업보고서에는 현금배당 성향, 현금배당수익률, 주당현금배당금 등 '현금'이라는 단어를 붙여 주식배당과 구분하고 있지만, 보통 '현금'이라는 단어를 제외하고 사용합니다. 주식배당에 비해 현금배당이 일반적이기 때문입니다. 배당 성향, 배당수익률, 주당배당금에 대한 정보

는 네이버 금융 및 각종 HTS에 기재되어 있습니다.

[표] 삼성전자 사업보고서 '6. 배당에 관한 사항 등'

구분	주식의 종류	당기	전기	전전기
		제52기 1분기	제51기	제50기
주당액면가액(원)		100	100	100
(연결)당기순이익(백만 원)		4,889,599	21,505,054	43,890,877
(별도)당기순이익(백만 원)		2,305,931	15,353,323	32,815,127
(연결)주당순이익(원)		720	3,166	6,461
현금배당금총액(백만 원)		2,404,605	9,619,243	9,619,243
주식배당금총액(백만 원)		–	–	–
(연결)현금배당 성향(%)		49.2	44.7	21.9
현금배당수익률(%)	보통주	0.8	2.6	3.7
	우선주	0.9	3.1	4.5
주식배당수익률(%)	보통주	–	–	–
	우선주	–	–	–
주당현금배당금(원)	보통주	354	1,416	1,416
	우선주	354	1,417	1,417
주당주식배당(주)	보통주	–	–	–
	우선주	–	–	–

출처: 삼성전자 2020년 1분기보고서

다음으로 'Ⅶ. 주주에 관한 사항'입니다. 주주에 관한 사항은 회사의 최대주주 및 **특수관계인**이 누군지, 보유 지분은 얼마나 되는지를 보여줍니다. 삼성전자의 최대주주는 이건희 회장으로 보통주 기준 지분 4.18%를 보유하고 있습니다. 일반

특수관계인 최대주주의 배우자 및 친인척, 최대주주가 30% 지분을 출자한 법인 등

적으로 최대주주 보유 지분이라고 한다면 특수관계인 보유분까지 포함합니다. 삼성전자의 경우 특수관계인까지 포함하면 최대주주 보유 지분은 21.21%입니다.

투자 대상을 선정할 때 최대주주가 누구인지, 또 최대주주가 충분한 지분을 보유하고 있어 경영권이 안정되어 있는지를 확인하는 것이 중요합니다. 최대주주 보유 지분이 적어 지배력이 약하다면 적대적 M&A 등 경영권 분쟁이 일어날 가능성이 있기 때문입니다. 최대주주가 너무 많은 주식을 들고 있는 것도 좋지 않습니다. 소액주주들의 의견을 반영하지 않고 독단적으로 회사를 운영할 가능성이 있기 때문이죠. 적절한 최대주주 보유 지분율은 일반적으로 20~50%입니다.

[표] 삼성전자 사업보고서 'Ⅶ. 주주에 관한 사항'

단위 : 주, %

성명	관계	주식의 종류	소유 주식 수 및 지분율				비고
			기 초		기 말		
			주식 수	지분율	주식 수	지분율	
이건희	최대주주 본인	보통주	249,273,200	4.18	249,273,200	4.18	–
이건희	최대주주 본인	우선주	619,900	0.08	619,900	0.08	–
삼성물산㈜	계열회사	보통주	298,818,100	5.01	298,818,100	5.01	–
삼성복지재단	출연 재단	보통주	4,484,150	0.08	4,484,150	0.08	–
삼성문화재단	출연 재단	보통주	1,880,750	0.03	1,880,750	0.03	–
홍라희	최대주주의 배우자	보통주	54,153,600	0.91	54,153,600	0.91	–
이재용	최대주주의 자	보통주	42,020,150	0.70	42,020,150	0.70	–
삼성생명보험㈜	계열회사	보통주	508,157,148	8.51	508,157,148	8.51	–

성명	관계	주식의 종류	소유 주식 수 및 지분율				비고
			기 초		기 말		
			주식 수	지분율	주식 수	지분율	
삼성생명보험㈜	계열회사	우선주	43,950	0.01	43,950	0.01	–
삼성생명보험㈜ (특별계정)	계열회사	보통주	18,286,593	0.31	18,368,844	0.31	장내매매
삼성생명보험㈜ (특별계정)	계열회사	우선주	1,352,563	0.16	816,154	0.10	장내매매
삼성화재 해상보험㈜	계열회사	보통주	88,802,052	1.49	88,802,052	1.49	–
김기남	발행회사 임원	보통주	200,000	0.00	200,000	0.00	–
김현석	발행회사 임원	보통주	99,750	0.00	99,750	0.00	–
고동진	발행회사 임원	보통주	75,000	0.00	75,000	0.00	–
한종희	발행회사 임원	보통주	0	0.00	5,000	0.00	신규선임
안규리	발행회사 임원	보통주	800	0.00	1,200	0.00	장내매매
김한조	발행회사 임원	보통주	2,175	0.00	2,175	0.00	–
이상훈	발행회사 임원	보통주	16,000	0.00	0	0.00	이사사임
계		보통주	1,266,269,468	21.21	1,266,341,119	21.21	–
		우선주	2,016,413	0.25	1,480,004	0.18	–

출처 : 삼성전자 2020년 1분기보고서

'Ⅱ. 사업의 내용'은 ★표가 무려 3개나 표시되어 있습니다. 재무제표와 통틀어 사업보고서에서 가장 중요한 항목입니다. 사업의 내용에는 해당 기업이 속한 산업의 현황, 경쟁 강도, 규제와 관련된 사항, 시장 점유율, 사업 부문별 매출, 제품 가격 등 무수히 많은 정보가 존재합니다. *투자자는 사업의 내용을 통해 재무제표에서 발견했던 투자 포인트를 확인하고 앞으로 기업의 가치가 오를 수 있을지 판단해야 합니다.*

체크 포인트로 재구성한 사업보고서

'사업의 내용' 항목으로 접근하면 사업보고서 우측 상단의 스크롤 바가 매우 작아지는 것을 볼 수 있습니다. 그만큼 방대한 내용이 담겨 있다는 뜻입니다. 그러나 겁먹을 필요는 전혀 없습니다. 투자자가 여기에서 꼭 확인해야 하는 부분은 정해져 있으니까요. 아래는 해당 항목을 목차별로 구성한 표와 주요 내용, 투자자가 확인해야 하는 체크 포인트를 정리한 표입니다.

[표] '사업의 내용' 주요 항목과 체크 포인트

번호	대분류	소분류	체크 포인트
1	사업의 개요	• 산업의 특성/성장성 (≒업계의 현황, 시장의 특성) • 경기 변동의 특성, 경쟁 요소, 자원 조달의 특성 • 관계 법령 또는 정부의 규제 등 • 시장 점유율, 회사의 현황	• 성장성은? • 경기의 영향은? • 전방 시장 및 상황은? • 경쟁 강도는? • 시장에서 회사의 위치는? • 실적의 핵심 변수는?
2	주요 제품, 서비스 등의 현황	• 주요 제품, 서비스 등의 현황 • 주요 제품, 서비스 등의 가격 변동 추이	• 주력 제품, 서비스는? • 매출이 늘어나는 제품, 서비스는? • 수익성이 좋은 제품, 서비스는? • 제품 가격 추이는? • 영향을 주는 요소는?
3	주요 원재료 등의 현황	• 주요 원재료 등의 현황 • 주요 원재료 등의 가격 변동 추이	• 원재료 가격 추이는? • 영향을 주는 요소는?
4	생산 및 설비에 관한 사항	• 생산 실적 및 가동률 • 생산 능력 / 생산 능력 산출 근거	
5	매출에 관한 사항	• 매출 실적(3개년도 수출/내수 추이) • 판매 경로 및 판매 방법 등	• 판매 경로 및 판매처는?
6	수주 상황	• 총 수주액, 기납품액, 수주 잔고	
7	시장 위험과 위험 관리		

번호	대분류	소분류	체크 포인트
8	파생 상품 거래 현황		
9	경영상 주요 계약 등		
10	연구 개발 활동	• 연구 개발 비용, 연구 개발 실적	

가장 먼저 '1. 사업의 개요'는 산업의 특성과 성장성, 경기 변동의 특성, 경쟁 요소, 자원 조달의 특성, 관계 법령 또는 정부의 규제 등과 시장 점유율, 회사의 현황 등을 다룹니다. 투자자는 사업의 개요를 읽으면서 해당 기업의 성장성은 어떤지? 경기의 영향을 많이 받는지? 전방 시장 및 상황은 어떤지? 경쟁이 치열한지? 시장 점유율은 얼마나 되는지? 실적에 영향을 주는 핵심 변수는 무엇인지? 등을 파악해야 합니다.

'2. 주요 제품, 서비스 등의 현황'에는 기업의 주요 제품 및 서비스의 매출 현황과 가격 추이에 대한 정보가 기재되어 있습니다. 투자자는 여기에서 기업의 핵심 제품 및 서비스가 무엇인지? 매출이 늘고 있는 품목은 무엇인지? 수익성이 좋은 품목은 무엇인지? 등을 체크해야 합니다. '3. 주요 원재료 등의 현황'에는 주요 원재료가 무엇인지, 또 원재료의 가격 추이에 대한 정보도 기재되어 있습니다. 원재료 가격 역시 제품 가격과 함께 기업의 수익성에 영향을 미치는 지표이니 확인해보는 편이 좋겠죠? '5. 매출에 관한 사항'은 주요 제품이나 서비스의 3개년도 매출 추이를 수출과 내수로 구분해서 보여줍니다. 판매 경로 및 판매 방법 등

を通して高객사나 자세한 유통 과정을 확인할 수 있습니다.

을 통해 고객사나 자세한 유통 과정을 확인할 수 있습니다.

이 밖에 4. 생산 및 설비에 관한 사항, 6. 수주 상황, 7. 시장 위험과 위험 관리, 8. 파생 상품 거래 현황, 9. 경영상 주요 계약 등, 10. 연구 개발 활동 등의 내용은 참고만 합니다. 투자자가 꼭 봐야 할 부분은 1, 2, 3, 5번입니다. '2. 주요 제품, 서비스 등의 현황'은 '5. 매출에 관한 사항'과 중복되는 부분이 많습니다. 또한 2번에서 나오는 제품 가격은 3번 원재료 가격과 함께 보면 좋습니다. 제품 가격에 영향을 주는 요소가 원재료 가격이기 때문이죠. 따라서 투자자의 체크 포인트별로 '사업의 내용' 항목을 재구성해보면 다음과 같습니다.

[표] 체크 포인트별 '사업의 내용' 재구성

핵심 포인트	체크 포인트	사업보고서 항목
산업의 현황 체크	성장성은? 경기의 영향은? 전방 시장 및 상황은? 경쟁 강도는? 시장에서 회사의 위치는? 실적의 핵심 변수는?	1. 사업의 개요
기업 제품, 성장 포인트 체크	주력 제품, 서비스는? 매출이 늘어나는 제품, 서비스는? 수익성이 좋은 제품, 서비스는? 판매 경로 및 판매처는?	1. 사업의 개요 2. 주요 제품, 서비스 등의 현황 5. 매출에 관한 사항
기업 수익성 포인트 체크(제조업)	제품 가격 추이는? 영향을 주는 요소는? 원재료 가격 추이는? 영향을 주는 요소는?	2. 주요 제품, 서비스 등의 현황 3. 주요 원재료 등에 관한 현황

관심 기업이 속한 산업의 현황을 체크하기 위해서는 사업보고서상 1번 항목을 확인해야 합니다. 기업이 어떤 제품 또는 서비스를 만드는지, 해당 품목이 성장할 수 있을지를 확인하기 위해서는 1, 2, 5번 항목을 살펴보면 됩니다. 기업의 수익성이 개선될지 확인하는 방법은 2번과 3번을 참조하면 됩니다. 따라서 뒤를 이어 진행될 사업보고서 분석 역시 '산업의 현황 체크', '기업 제품, 성장 포인트 체크', '기업 수익성 포인트 체크' 순서로 진행됩니다.

투자자의 꿀TIP

사업보고서는 모든 기업이 같을까?

모든 기업의 사업보고서 '사업의 내용'이 같지는 않습니다. 제조업, 유통업, 서비스업, 금융업 등 기업마다 속해있는 산업이 다르고 사업 모델에도 차이가 있으니까요. 가령 백화점, 할인마트 등 유통업의 경우 제품을 만들지 않기 때문에 '3. 주요 원재료 등에 관한 현황' 항목이 내용에서 빠져 있습니다.(단, PB 상품을 만드는 기업은 제외) 또한 신용평가, 전자결제 업체의 경우 '4. 생산 및 설비에 관한 사항'이 없습니다. 은행이나 보험 등 금융업의 경우에도 일반 제조기업과 내용이 많이 다릅니다. 다만 산업의 현황, 제품 및 서비스에 관한 사항 등 중요한 부분은 업종이 달라도 '사업의 내용'에 다 담겨 있습니다.

한편 기업마다 1번부터 10번까지 항목을 지칭하는 용어는 조금씩 다릅니다. 다만 5번의 '매출에 관한 사항'을 '매출'이라고 표현하는 정도이니 투자자들은 무엇에 관한 항목인지 쉽게 이해할 수 있습니다.

산업 현황 분석:
쉽게 투자하고 수익 내는 기업은?

투자자가 '사업의 내용'에서 가장 먼저 체크해야 할 부분은 산업의 현황입니다. 해당 정보는 대부분 1번 '사업의 개요' 항목에 다 나와 있습니다. 투자자는 아래 체크 리스트에 대한 답을 '사업의 개요'를 읽고 찾으면 됩니다.

6가지 질문에 대한 답을 찾아라! 투자자의 체크 포인트

① 성장성은 어떤가?

② 경기 영향은?

③ 전방 시장 및 상황은?

④ 경쟁 강도는?

⑤ 회사의 시장 지배력은?

⑥ 실적의 핵심 변수는?

그렇다면 불닭볶음면으로 유명한 삼양식품의 '사업의 개요'를 보면서 위의 6가지 체크 포인트에 대한 답을 찾아보겠습니다. 답에 해당하는 내용은 밑줄을 긋고 추후 한꺼번에 정리합니다.

사례① 삼양식품 – 불황에도 라면은 먹는다

삼양식품의 사업보고서 〉 Ⅱ. 사업의 내용 〉 1. 사업의 개요(면사업부)

(1) 식품 부문(삼양식품(주))

1) 면사업부

(산업의 특성) 면류 산업은 국민의 생활과 밀접한 관계가 있는 주요 산업으로 타 산업에 비해 ①경기 변동에 의한 영향이 적은 산업입니다. 그러나 원료의 대부분을 수입에 의존하므로 환율 변동과 국제 원자재 가격 변화에 민감성을 갖고 있습니다.

기업에서는 식품의 안전성과 기능성을 기본으로 한층 세밀하고 다양해진 소비자의 욕구를 충족시키고자 기존과는 다른 변화된 맛과 형태의 면류 제품을 연구 개발하는 데 힘쓰고 있습니다. 또한 국내외 업체와의 제휴 및 진출이 활발하게 이루어지고 있어

식품 생산과 유통에 대한 관리가 더욱 중요해지고 있습니다.

(산업의 성장성) 면류 산업은 안정적인 수요를 가지고 있으나, 최근 침체된 소비 분위기와 소비 심리 위축, 대형마트 주말 휴점, ②HMR 및 간편식 수요 증가 등에 따라 면류 시장이 다소 위축되어 성장 속도는 둔화된 모습이었습니다. 하지만 라면 업체들은 액상 소스, 풍미유 등 활용한 다양한 맛과 카테고리 접목, 프리미엄 라면 개발에 힘쓰고 있습니다. 또한 건강에 대한 관심이 높아짐에 따라 최근 건면 시장이 조명받고 있습니다.

실질적으로 산업 ②성장 주기상 성숙기에 접어든 면류 시장의 상황을 타개하고자 기업들은 변화된 시도를 통해 라면 트렌드를 생산하고 이끌어감으로써 둔화된 시장 타개를 위해 끊임없이 모색하고 있습니다. 또한 각 기업들은 브랜드 관리, 생산 효율성 극대화, 사업 확장, 해외 시장 개척, 설비 투자 등을 통해서도 새로운 성장 원동력 확보를 위해 노력하고 있습니다.

(경기 변동의 특성) ③면류 산업은 대표적인 필수 소비재 산업으로 다른 산업에 비해 경기 변동에 의한 총 수요의 변화는 크지 않은 편입니다.

최근에는 불황이 장기화됨에 따라 합리적인 소비 경향이 잇따라 나타나고 있으며, 이에 따른 소비자의 질적 변화 요구와 계절적 요인에 의해 매출과 수익이 변동됩니다.

(시장 여건) 면류 산업은 대기업에서부터 군소 업체 및 수입

업체에 이르기까지 수많은 기업들이 경쟁을 벌이고 있으나, ④실제적으로는 소수 업체들의 독보적인 시장 점유율이 뚜렷하게 나타납니다. 산업이 성숙기에 접어듦에 따라 업체들은 시장 점유율을 확보하기 위해 가격, 서비스 등의 경쟁이 매우 치열한 상황이며, 모방 제품 및 PB 제품이 확대되고 있습니다. 또한 대형 할인점 증가에 따른 유통 구조의 변화로 구매자의 교섭력이 더욱 강해지고 있으며 다양한 형태의 식품 등장과 서구문화 및 건강 지향적인 소비문화 확대로 인하여 동종 업계뿐만 아니라 타 업계로까지 경쟁이 확대되고 있습니다.

(회사의 경쟁 우위 요소) 당사는 "정직과 신용"이라는 기업 이념을 바탕으로 안전하고 좋은 제품을 생산 및 공급하여, 소비자로 하여금 신용 있는 기업 이미지 제고를 위해 노력해 왔습니다. 장수 브랜드인 삼양라면은 "국내 최초 원조 라면"으로서, ⑤불닭볶음면은 "화끈한 매운맛"으로서 지속적인 경쟁 우위를 유지하고 있습니다. 또한 신림동 백순대볶음면, 불타는 고추비빔면, 도전 불닭비빔면 등 참신함을 갖춘 개성 있는 제품을 지속적으로 출시 및 확대하여, 시장 경쟁력을 제고하고 있습니다.

⑥(연도별 라면류 주요 회사별 시장 점유율)

금액 기준, %

기간	구분	삼양식품(주)	기타	비고
2020년 1분기	라면	12.2%	87.8%	-
2019년	라면	11.9%	88.1%	-
2018년	라면	12.9%	87.1%	-

※ 시장 점유율은 경쟁사별 시장 점유율 관련 기사를 참고하여 작성된 자료임.

출처 : 삼양식품 2020년 1분기보고서

가장 먼저 밑줄을 그은 ①번을 확인해보겠습니다. 삼양식품이 속한 면류 산업은 '경기 변동에 의한 영향이 적은 산업'이라고 나와 있습니다. 경기가 어려워도 라면 소비량을 줄이지 않는다는 이야기입니다. 우리나라 산업화가 진행되기 전 1960년대에는 정말 힘들고 어려워서 삼시 세끼를 챙겨 먹지 못하는 사람이 많았습니다. 하지만 한강의 기적이라고 불릴 만큼 빠르게 성장한 대한민국은 2019년 기준 국가 GDP 규모로 12위이며, 1인당 국민 소득도 3만 달러가 넘습니다. 아무리 경기가 어렵다고 하더라도 하루 세 끼 먹던 것을 두 끼로 줄일 상황은 아니라는 것입니다. 오히려 다이어트나 1일 1식의 트렌드가 식품 소비량에 영향을 미칠 가능성이 높습니다. 다시 말해 삼양식품의 라면 판매량은 경기에 상관없이 꾸준하다는 것을 알 수 있습니다.

음식료 기업의 실적을 결정짓는 핵심 포인트 3

중요한 것은 바로 뒤를 이어 나오는 문구인데요. '원료의 대부분을 수입에 의존하므로 환율 변동과 국제 원자재 가격 변화에 민감성을 갖고' 있다는 부분입니다. 경기보다는 원재료 가격 변화에 실적이 영향을 받는다는 뜻입니다. 농림축산식품부에 따르면 우리나라 식량자급률은 2018년 기준 46.7%입니다. 품목별로 살펴보면 쌀은 97.3%에 이르지만 콩 25.4%, 옥수수 3.3%, 밀 1.2%입니다. 쌀을 제외한 대부분의 농산품을 수입하고 있는 것입니다. 라면의 주요 원재료는 밀가루, 콩으로 만든 유지류입니다. 90% 넘게 수입에 의존하고 있는 품목입니다. 따라서 환율이라는 변수에 영향을 받을 수밖에 없습니다. 환율이 상승, 즉 원화 가치가 낮아지면 수입 단가가 높아져 원재료 매입 비용이 높아집니다. 즉 삼양식품 실적에 영향을 미치는 주요 원인은 국제 밀가루, 유지류 가격과 환율입니다. 이는 삼양식품뿐만 아니라 음식료 기업 대다수에 해당하는 부분입니다. *음식료 기업에 투자한다면 원자재 가격과 환율이란 변수를 잘 체크해야 합니다.*

다음으로 ②번 밑줄 친 내용을 확인해보겠습니다. 먼저 'HMR 및 간편식 수요 증가 등에 따라 면류 시장이 다소 위축되어 성장 속도는 둔화된 모습'이라는 구문입니다. 최근 간단히 조리해서 먹을 수 있는 HMR(Home Meal Replacement) 등 간편식 수요가 늘고 있습니다. 1인 가구 및 맞벌이 가구가 증가하면서 일어난 현상입니다. 가정 간편식이 라면의 대체재로 인식되면서 면류 시장에도 영향을 미치고 있다는 의미로 해석할 수 있습니다. 그러나 더 중요한 것은 뒤를 이어 언급되고 있는 '성장 주기상 성숙기'에 속한 시장이라는 것입니다. HMR 및 간편식 수요의 증가와 상관없이 면류 시장은 이미 성숙기 산업이라는 것입니다. 이유는 간단합니다. 식품 소비량이 늘기 위해서는 두 가지 방법이 있습니다. 인구가 많아지거나 인구 1인당 식품 섭취량이 늘어야 합니다. 그러나 우리나라는 출생률이 OECD 국가 중에서 최하위인 만큼 장기적으로 인구 감소가 예상됩니다. 하루에 세 끼 먹던 것이 갑자기 네 끼로 바뀔 리도 만무합니다. 결국 성장이 둔화된 식품 산업의 돌파구는 해외 진출입니다. 다양한 국가에 진출해 K-푸드의 경쟁력을 알리는 것입니다. 실제 삼양식품을 포함하여 오리온, CJ제일제당이 해외 사업 영역을 넓히고 있습니다.

③번은 ①번과 동일한 내용을 언급하고 있습니다. 사업의 개요에는 중복되는 문구가 자주 나오는데, 그만큼 중요하다는 뜻입니다. ④번은 ②번과 연계해서 해석할 수 있습니다. '실제적으로는 소수 업체들의 독보적인 시장 점유율이 뚜렷하게 나타'난다는 내용인데요. 대표적인 성숙기 산업의 특징입니다. 먹거리가 풍부하고 경쟁자가 없는 시장을 블루오션이라고 합니다. 블루오션에 초기 진출한 기업은 상당한 이윤을 창출할 수 있죠. 그러나 이런 시장은 금방 경쟁자로 채워집니다. 경쟁 업체의 난립으로 시장은 포화 상태가 되죠. 결국 경쟁에서 도태된 곳은 사업을 접고 시장은 살아남은 상위 소수 기업으로 재편됩니다. 해당 산업

의 성장성도 많이 낮아졌기 때문에 신규 경쟁자의 진입도 적습니다. 이 같은 산업을 성숙기라고 표현합니다.

소수 업체들이 독보적인 시장 점유율을 유지하고 있다고 하는데, 구체적으로 시장 점유율을 살펴보면 됩니다. ⑥번 연도별 라면류 주요 회사별 시장 점유율을 보면 삼양식품은 12%대를 유지하고 있습니다. ⑤번의 밑줄 친 내용에는 삼양식품의 주력 제품 브랜드에 대해서 구체적으로 언급되어 있습니다. 화끈하게 매운 불닭볶음면이 얼마나 잘 팔리는지 소비자 입장에서 꾸준히 체크해볼 필요가 있겠죠?

사례② LG디스플레이 - 메뉴를 통일하면 요리사가 좋아한다

삼양식품을 통해 투자자가 산업의 현황에서 어떤 부분을 중점적으로 살펴봐야 하는지 알아봤습니다. 이번에는 삼양식품과 다른 사업 모델을 갖고 있는 LG디스플레이의 산업 현황을 보겠습니다.

> 당사는 현재 TFT-LCD, OLED 등의 기술을 활용한 Display 및 관련 제품을 생산, 판매하는 사업을 영위하고 있으며, Display 단일 사업 부문으로 구성되어 있습니다.

1) 산업의 특성

- Display 산업은 ①기술 및 자본 집약적인 특성과 규모의 경제를 통한 대량 생산을 필요로 하기에 상대적으로 진입 장벽이 높습니다. 시장 측면에서, ②노트북과 모니터 제품 등 전통 IT 제품 시장은 성장 정체 혹은 역성장을 보이고 있으나, 빠르게 진화 중인 e생태계 환경에 발맞춰 Smartphone 등 중소형 Display 시장이 꾸준하게 성장하고 있습니다. TV 시장은 신흥국을 중심으로 꾸준히 성장하는 동시에, 대화면으로 영상을 즐기고자 하는 소비자 욕구에 따라 빠르게 대형화되고 있습니다. 또한, Industrial, 자동차용 등 고부가가치 시장도 빠르게 성장할 것으로 기대하고 있습니다.

2) 성장성

딩사는 미래의 성장 잠재력이 큰 ③OLED로의 사업 진환이라는 전략적 기조하에 Crystal Sound OLED 및 월페이퍼 등 차별화 제품을 통하여 수익성 확보에 집중하고 있습니다. TV 사업에서는 OLED TV 및 UHD 등 프리미엄 제품군을 확대하고 있습니다. 또한 대형 OLED의 경우 8.5세대 OLED TV 생산 능력을 지속적으로 확보하고 있으며, 신제품의 성공적 라인업, 8.5세대 및 10.5세대 OLED 투자를 통하여 OLED 사업 기반을 더욱 확고히 다질 예정입니다. IT 사업에서는 IPS와 Oxide 기술에 기반하여

156

고해상도, 대화면 등 프리미엄 제품을 중심으로 비중을 확대하고 있습니다. ③Mobile 부문에서는 6세대 Plastic OLED 기반의 스마트폰을 양산하고 추가 투자를 단행하기 위한 생산성 확보를 지속 준비 중에 있으며, 중소형 OLED 사업의 본격 확대를 위한 기반을 다지고 있습니다.

3) 경기 변동의 특성

Display 업계는 ④경기 변동에 민감하게 반응하는 장치 산업의 특성을 갖고 있으며, 패널 업체들의 설비 투자 확대 및 가동률 조정으로 수요와 공급 간 불균형이 주기적으로 반복되고 있습니다. 거시 경제 요인 등 경기 변동에 따른 수요 성장 변동에 따라, 공급이 수요를 초과하는 시기에는 패널 가격이 하락할 수 있으며, 반대로 수요 증가 대비 공급이 부족할 경우에는 가격이 상승할 수 있습니다.

4) 국내외 시장 여건

– Display 패널 주요 생산 업체는 대부분 아시아 지역에 위치하고 있으며, 그 현황은 아래와 같습니다. 중국 정부 주도 및 지원으로 중국 Panel 업체 중심 신규 Fab 투자 및 공급이 지속 확대되는 가운데, LCD Industry 구조적 공급 과잉 심화가 지속될 것이 우려되고 있습니다.

한국 : 엘지디스플레이, 삼성디스플레이

대만 : AU Optronics, Innolux, CPT, Hannstar 등

일본 : Japan Display, Sharp, Panasonic LCD 등

중국 : BOE, CSOT, CEC Panda, HKC 등

- ⑤대형 Display 패널 기준(9" 이상) 당사의 세계 시장 점유율(매출액 기준)은 아래와 같습니다.

구분	제36기 1분기	제35기	제34기
TV	24.5%	28.1%	28.3%
Monitor	26.3%	27.5%	30.7%
Notebook	23.3%	22.3%	23.7%
Tablet	23.5%	24.8%	31.0%
전체	25.0%	27.2%	28.8%

5) 경쟁 요소

- ⑥경쟁의 핵심은 제품 가격, 고객과의 관계, 시기 적절한 투자, 유연한 Fab Mix 운영, 기술 선도력을 통한 신제품 및 프리미엄 제품 개발, 생산성 혁신 등을 통한 원가 경쟁력 확보, 독자 브랜드를 보유한 고객에 대한 제품 마케팅의 성공 여부, 부품 및 원재료의 가격, 환율, 전반적인 산업 및 경제 상황 등과 같은 내·외적인 요소에 의해 결정됩니다.

- 수요 공급 불일치로 인한 공급 과잉기에도 수익성을 확보할 수 있는 가격 경쟁력, 차별화된 제품 경쟁력 및 안정적인 고객 확

보 여부가 중요한 경쟁 요소입니다.

  – 매출의 상당 부분은 독자 브랜드를 보유한 한정된 수의 고객 및 그들이 지정한 시스템 조립 업체를 통하여 이루어지고 있으므로 고객과의 지속적인 관계 구축이 필요합니다. (중략)

출처 : LG디스플레이 2020년 1분기보고서

LG디스플레이의 사업 현황에서 가장 먼저 주목해야 하는 부분은 ① 번 '기술 및 자본 집약적인 특성과 규모의 경제를 통한 대량 생산을 필요로 하기에 상대적으로 진입 장벽이 높'다는 내용입니다. 이 문구 하나에 LG디스플레이가 속한 디스플레이 산업의 모든 것이 담겨 있습니다. '기술 및 자본 집약적'이라는 것은 디스플레이 패널을 만드는 데 고도의 기술이 필요하며 돈이 많이 든다는 뜻입니다. 자본 집약적 산업은 생산에 있어서 사람보다는 공장이나 기계 장치의 의존도가 큰 산업을 말합니다. LG디스플레이의 **CAPEX**는 지난 2017년부터 2019년까지 6~8조원을 기록하고 있는데요. 그만큼 디스플레이 사업을 지속하기 위해

> CAPEX Capital Expenditure. 자본적 지출로 장비, 토지, 건물 등 설비 투자 금액을 뜻함

서 설비 투자 금액이 많이 지출된다는 뜻입니다. '자본 집약적'의 반대는 '노동 집약적'입니다. 노동 집약적 산업은 생산에 사람의 손이 많이 투입되는 분야를 말합니다. 경공업, 출판업, 인쇄업 등이 대표적입니다.

159

뒤를 이어 나오는 중요한 키워드는 '규모의 경제를 통한 대량 생산'입니다. 한 가지 예를 들어보겠습니다. 요즘은 드물지만, 예전에는 특히 직장인들이 식당에 가면 약속이나 한 듯이 메뉴를 통일하여 주문했습니다. 그렇게 하면 누구한테 좋을까요? 바로 주방의 요리사한테 좋습니다. 각기 다른 메뉴를 시켰다면 메뉴의 종류대로 하나하나 요리를 해야 하지만, 전부 같은 메뉴를 주문했다면 하나의 요리를 많이 만들면 되기 때문입니다. 가령 손님 10명이 각기 다른 메뉴를 주문했다면 이 요리를 만드는 데 투입되는 요소(노동력, 시간, 재료)는 10이 발생할 것입니다. 반면 하나의 요리를 10인분 만든다면 투입되는 요소는 10에 훨씬 미치지 못할 것입니다.

기업도 마찬가지입니다. 디스플레이는 뒤에서 빛을 비추는 백 라이트 유닛(Back Light Unit)과 액정이 있는 액정 표시 장치(LCD) 패널, 전류가 흐르면 빛을 내는 유기물이 있는 유기 발광 다이오드(OLED)로 구분됩니다. 디스플레이 패널은 패널의 원장인 거대한 마더글래스를 먼저 생산한 뒤 스마트폰, TV 등 제품의 크기에 맞게 잘라서 제조합니다. 제품별로 크기의 스펙이 다를 뿐 LCD, OLED 등 패널의 종류는 제한적이기 때문에 최대한 많이 생산할수록 원가를 절감할 수 있습니다. 디스플레이 산업에서 '규모의 경제를 통한 대량 생산'이 중요한 이유입니다. 메모리 반도체 역시 규모의 경제를 통한 대량 생산으로 원가를 낮추는 것이 중요한 산업입니다. DRAM, NAND FLASH 등 제품의 종류가 제한적이기 때문입니다.

디스플레이 산업과 감가상각비

다음으로 ②번 밑줄 친 내용은 디스플레이 산업의 성장성에 대해 말하고 있습니다. '노트북과 모니터 제품 등 전통 IT 제품 시장은 성장 정체 혹은 역성장을 보이고 있으나, 빠르게 진화 중인 e생태계 환경에 발맞춰 Smartphone 등 중소형 Display 시장이 꾸준하게 성장'하고 있다고 언급했는데요. 디스플레이 패널이 채용되는 제품별로 성장성이 다르다는 것입니다. 특히 ③번을 보면 OLED 패널 사업 강화를 위해 힘쓰고 있는 것을 파악할 수 있습니다. LG디스플레이의 미래는 OLED 사업의 성공 여부에 달려 있다는 것을 알 수 있습니다.

④번 밑줄의 내용은 LG디스플레이의 경기 변동의 특성에 대한 것입니다. '경기 변동에 민감하게 반응하는 장치 산업의 특성을 갖고 있으며, 패널 업체들의 설비 투자 확대 및 가동률 조정으로 수요와 공급 간 불균형이 주기적으로 반복'된다고 기재되어 있습니다. 장치 산업은 '자본 집약적'과 비슷한 말입니다. 공장이나 기계 장치 등이 많이 필요한 산업이라는 뜻입니다. 장치가 많으면 어떤 비용이 발생할까요? 토지를 제외한 유형자산에서는 일정 수준의 감가상각비가 꾸준히 발생합니다. 장치가 많으면 감가상각비가 많이 발생하겠죠. 그런데 디스플레이 산업은 LG디스플레이 산업의 현황에 기재된 것처럼 수요와 공급 간의 불균형이 주기적으로 발생합니다. 만약 수요가 공급보다 많으면 디스플레이 패널 가격이 오를 것입니다. 반대로 공급이 수요보다 많으면 패널 가격은 하

락합니다. 제품 가격이 하락하면 패널 제조 업체들의 매출액이 감소합니다. 문제는 패널 제조 업체들은 대규모 설비를 갖고 있어 매년 고정적인 감가상각비가 발생한다는 것입니다. 따라서 공급 과잉으로 패널 가격이 하락하면 감가상각비라는 고정비 지출이 가중되어 이익이 크게 감소합니다. 디스플레이 산업이 경기 변동에 민감한 이유입니다. 경기에 따라 이익이 크게 변동한다는 것은 그만큼 주가 변동성도 심하다는 것입니다. 이런 기업은 초보 투자자들이 투자해 수익을 내기 어렵습니다.

이번에는 ⑤번 국내외 시장 여건의 시장 점유율에 대한 현황입니다. LG디스플레이 시장 점유율 표 상단에 국가별로 주요 디스플레이 패널 제조 업체에 대한 정보가 나와 있습니다. 글로벌 디스플레이 산업이 한국, 중국, 대만, 일본 등 아시아권에 집중된 것을 알 수 있습니다. 대규모 장치 산업이기 때문에 경쟁자 역시 소수에 불과합니다. 각 제품별 LG디스플레이의 점유율은 20~30%를 기록하고 있는데요. 경쟁자들의 수를 감안한다면 높은 점유율입니다. 그런데 더 중요한 것은 최근 점유율 추이입니다. 절대적으로 높은 수치를 기록하고 있지만, 최근 3년간 하락한 것을 알 수 있습니다. 현재 중화권 디스플레이 업체들은 정부의 지원을 받고 공격적으로 생산 능력을 확장하고 있습니다. 이에 따라 LCD 시장에서 LG디스플레이의 입지가 점점 좁아지고 있는 것입니다. 앞서 LG디스플레이가 성장을 위해 OLED 시장에 집중하고 있는 이유이기도 합니다.

마지막으로 5) 경쟁 요소 문단에 밑줄 친 ⑥번입니다. 디스플레이 산업 경쟁의 핵심으로 제품 가격, 고객과의 관계, 시의적절한 투자, 환율, 전반적인 산업 및 경제 상황 등 수많은 요인을 언급하고 있습니다. 과연 개인투자자가 이런 것들을 하나하나 신경 쓰면서 투자할 수 있을까요? 거의 불가능하다고 볼 수 있습니다. 즉, 디스플레이 기업은 초보 투자자 입장에서 쉽지 않은 종목입니다.

앞서 삼양식품과 LG디스플레이의 산업 현황을 보고 6가지 체크 포인트에 대한 답을 찾아 줄을 치며 투자자에게 주는 메시지를 확인해봤습니다. 해당 내용을 정리하면 다음과 같습니다.

삼양식품

① 성장성은 어떤가? → 성숙기 산업
② 경기 영향은? → 경기 변동에 영향을 적게 받음
③ 전방 시장 및 상황은? → 전방 시장이 없으므로 라면 소비량 파악
④ 경쟁 강도는? → 소수 업체들의 독보적인 시장 점유율 유지
⑤ 회사의 시장 지배력은? → 12% 내외
⑥ 실적의 핵심 변수는? → 원재료 가격, 환율, 해외 시장 개척, 불닭볶음면 등 히트 상품 판매

삼양식품이 속한 라면 시장은 성숙기 산업에 속해있습니다. 또한 경기에 따라 라면 소비량이 크게 달라지지 않기 때문에 경기에 대한 영향이 적습니다. 라면은 최종 소비재이기 때문에 전방 시장도 없습니다. 다만 라면 소비량, 삼양식품이 출시한 신상품의 판매량 등을 뉴스 검색을 통해 점검해보면 도움이 될 수 있습니다. 라면 시장은 소수 업체들의 과점 시장이며, 삼양식품은 그중에서 12% 내외의 점유율을 기록하고 있습니다. 판매량은 꾸준하지만 원재료는 대부분 수입에 의존하고 있기 때문에 원재료 가격, 환율 등에 실적이 영향을 받습니다. 또한 해외 시장 개척, 히트 상품의 출시에 따라 판매량 역시 영향을 받을 수 있습니다.

LG디스플레이가 속한 디스플레이 산업의 성장성은 전방 시장, 제품별로 다릅니다. PC, TV 등 전통 IT 제품 시장은 성장이 정체되어 있는 반면, 스마트폰 등 중소형 디스플레이 시장은 성장하고 있습니다. 디스플레이 제품별로는 LCD 시장이 경쟁 과열로 성장성이 둔화하고 있으며,

OLED 시장의 전망은 밝습니다. 삼양식품과 달리 LG디스플레이는 경기에 민감하게 반응하는 기업입니다. 장치 산업이라는 특징 때문에 대규모 감가상각비가 발생하고 패널 가격 등락에 따라 이익 변동성이 큽니다. 이는 곧 주가 변동성이 크다는 의미입니다. 디스플레이는 중간 제품이기 때문에 PC, TV, 노트북, 스마트폰 등 전방 시장이 존재합니다. 따라서 뉴스 검색을 통해 해당 제품들의 판매 현황을 확인함으로써 전방 시장 현황을 확인할 수 있습니다. 디스플레이 산업의 자본 집약적 특징 때문에 소수 업체들 간 경쟁 시장이며 주로 아시아권 업체들이 종사하고 있습니다. 이 중 LG디스플레이는 높은 시장 점유율을 기록하고 있지만 최근 3년간 꾸준히 하락하는 모습을 보이고 있습니다. 또한 디스플레이 산업의 실적 핵심 요소는 가격 경쟁력, 기술 개발 등 무수히 많이 존재합니다.

그렇다면 초보 투자자 입장에서 투자하기 좋은 기업은 삼양식품과 LG디스플레이, 둘 중 어디일까요? 바로 실적에 미치는 변수가 적고, 추정 가능하며, 실적이 꾸준한 삼양식품입니다. LG디스플레이는 실적 변동성이 크며 실적에 미치는 변수가 많기 때문에 항상 투자자가 예의 주시해야 하며 투자 타이밍이 중요합니다. *이처럼 산업의 현황을 읽고 6가지 체크 포인트 관점에서 정리하면 어떤 기업에 투자해야 할지 감을 잡을 수 있습니다.*

한편 사업의 현황에서 6가지 체크 포인트에 대한 답이 전부 나오지는 않습니다. 전방 시장 현황의 경우 삼양식품은 최종 소비재 기업이기 때문에 해당 사항이 없었으며 LG디스플레이는 기재되어 있지 않았습니다. 체크 포인트 중 일부 항목을 산업의 현황에서 찾을 수 없는 경우에는 뉴스나 리포트 검색을 통해 보완합니다.

제품 현황 분석:
히트 상품을 만들고 있는가?

기업이 속한 산업을 살펴봤다면 구체적으로 기업의 제품 및 서비스가 무엇이고 향후 매출이 증가할지 분석해야 합니다. 사업보고서뿐만 아니라 이 책의 전체 내용을 통틀어 가장 중요한 부분이라고 볼 수 있습니다. 이를 위해 사업의 내용에서 '2. 주요 제품, 서비스 등의 현황'과 '5. 매출에 관한 사항' 등을 살펴봐야 합니다. 여기에서 투자자들이 체크해야 할 포인트는 다음과 같습니다.

① 주력 제품, 서비스는?

② 매출이 늘어나는 제품, 서비스는?

③ 수익성이 좋은 제품, 서비스는?

④ 판매 경로 및 판매처는?

각종 의약품이나 건강기능식품용 캡슐을 만드는 서흥의 주요 제품 및 서비스 등에 관한 사항을 통해 체크 포인트들을 점검해보겠습니다.

사례① 특정 제품 성장형 - 서흥

서흥의 사업보고서에서 '2. 주요 제품 〉 가. 주요 제품의 내용'의 경로로 접근하면 다음과 같은 표가 나옵니다. 서흥의 사업 부문, 품목 및 용도와 매출액, 비중이 기재되어 있습니다. 참고로 해당 표에 기재된 매출액과 매출액 비중은 사업보고서가 제출된 시점의 누적 값입니다. 가령 3분기가 끝나고 나온 정기보고서에 기재된 매출액은 3분기 누적 매출액입니다. 아래 표는 2019년 4분기가 종료되고 나온 사업보고서에서 발췌한 것으로 해당 표에 기재된 매출액은 연간 값입니다.

[표] 서흥 사업보고서의 '가. 주요 제품의 내용'

단위 : 백만 원

사업 부문	품 목	용도 및 기능	매출액	비 율
캡슐 부문	하드 캡슐	의약품 등의 내용물 보관	167,118	36.3
	의약품	의약품 전 공정 수탁	56,355	12.2
	건강기능식품	건강기능식품 제조	174,901	38.0
	상품 등	원료, 건강기능식품 등	4,075	0.9
원료 부문	젤라틴 등	캡슐, 화장품 등의 원료	51,311	11.1

사업 부문	품 목	용도 및 기능	매출액	비 율
화장품 부문	화장품	화장품 전 공정 수탁 제조	6,968	1.5
합 계	–	–	460,728	100.0

출처 : 서흥 2019년 사업보고서

사업 부문은 캡슐, 원료, 화장품 부문까지 크게 3가지로 나뉩니다. 캡슐 부문은 다시 하드 캡슐, 의약품, 건강기능식품, 상품으로 구분되는데요. 하드 캡슐은 얇고 딱딱한 젤라틴 조각 2개가 서로 맞물려 있는 형태의 의약품을 말합니다. 의약품 품목은 타 제약사의 의약품 전 공정을 수탁 생산하는 것인데요. 사업보고서에 따르면 의약품 품목에서는 주로 소프트 캡슐 제형 의약품을 생산하고 있습니다. 소프트 캡슐은 기름이나 액상의 약을 감싸고 있는 부드러운 캡슐 형태입니다. 하드 캡슐처럼 캡슐만 따로 생산할 수 없기 때문에 서흥이 의약품 전 공정을 수탁 생산하고 있습니다. 건강기능식품 역시 자체 브랜드가 아닌 수탁 생산을 전문으로 하고 있습니다.

서흥의 다양한 사업 부문 중에서 주력 제품은 무엇일까요? 당연히 매출액이 가장 큰 캡슐 부문입니다. 품목으로 본다면 하드 캡슐과 건강기능식품입니다. 그렇다면 주력 품목의 매출이 증가하고 있는지 역시 확인해볼 필요가 있습니다. 아래 그래프는 사업보고서를 통해 정리한 2015년부터 2019년까지 5개년도 품목별 매출 현황입니다. 참고로 '5. 매출 〉 가. 매출 실적'에는 3개년도 사업 부문과 품목별 매출 추이가 기재되어 있기 때문에 이를 통해서도 마찬가지로 품목에 따른 매출 증가 현

169

황을 파악할 수 있습니다.

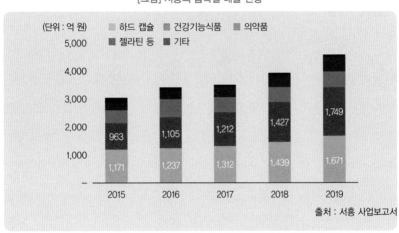

[그림] 서흥의 품목별 매출 현황

(단위 : 억 원)
- 하드 캡슐
- 건강기능식품
- 의약품
- 젤라틴 등
- 기타

출처 : 서흥 사업보고서

높은 성장률의 기준은 무엇일까?

하드 캡슐의 매출액은 지난 2015년 1,171억 원에서 2019년 1,671억 원으로 증가했습니다. 이 기간 연평균 매출액 성장률은 9%입니다. 같은 기간 건강기능식품의 매출액은 963억 원에서 1,749억 원으로 성장했습니다. 이때 연평균 매출액 성장률은 16%로 하드 캡슐의 성장률보다 높습니다.

하드 캡슐과 건강기능식품의 매출액 성장률은 직관적으로 판단하기에도 높습니다. 그러나 계량적으로 얼마 정도의 성장률을 투자자는 높다고 판단해야 할까요? 우리나라에서 생산된 재화와 용역의 시장 가치를 합한 국내총생산(GDP)의 성장률과 비교하는 방법이 있습니다. 한국의 2019년 실질 GDP 성장률은 2%로 2010년 이후 2~4%대를 유지하고 있습니다. 2020년은 코로나19로 인한 경기 침체로 마이너스 성장률을 기록할 가능성도 있습니다. 이를 감안하면 서흥의 하드 캡슐과 건강기능식품의 매출성장률은 매우 높다고 볼 수 있습니다.

[그림] 한국의 실질 GDP 성장률 추이

(단위 : %)

2010	2011	2012	2013	2014	2015	2016	2017	2018	2019
6.8	3.7	2.4	3.2	3.2	2.8	2.9	3.2	2.9	2

출처 : 한국은행

중요한 것은 서흥의 하드 캡슐과 건강기능식품 매출액이 빠르게 성장하는 이유입니다. 사업보고서는 투자자가 궁금해하는 부분의 70% 정도만 담고 있습니다. 나머지 30%는 투자자가 기사와 증권사 리포트 검색, IR 담당자와의 통화를 통해 채워야 합니다.

서흥의 주력 제품이 잘 팔리는 이유를 생각해봅시다. 먼저 인구의 증가입니다. 인구의 증가는 두 가지로 나눠볼 수가 있는데 전체 인구가 증가하는 경우와 전체 인구는 변화가 없는 상태에서 의약품 및 건강기능식품을 먹는 인구가 늘어나는 경우입니다. 우리나라 인구가 정점을 찍고 감소세에 접어든 것은 조금만 검색해봐도 알 수 있습니다. 따라서 서흥의 주력 제품 수요가 늘어난 이유는 후자 때문입니다. *그렇다면 왜 의약품 및 건강기능식품을 먹는 사람이 많아지는 것일까요?*

보건복지부가 발표한 'OECD 보건 통계 2019년' 자료에 따르면 2017년 기준으로 한국인의 기대 수명은 82.7년입니다. 84.2년인 일본에 이어 2위이며 OECD 국가 평균 기대 수명인 80.7년보다 2년 더 깁니다. 재미있는 것은 높은 기대 수명을 기록하고 있음에도 건강하다고 생각하는 사람은 매우 적다는 것입니다. 본인이 건강하다고 생각하는 한국인 비율은 전체의 29.5%로 OECD 국가 중 가장 낮았습니다. 우리나라 사람들이 의약품, 특히 건강기능식품을 챙겨 먹는 이유라고 할 수 있습니다.

실제로 조금만 주변을 둘러보면 비타민 등 각종 영양제를 섭취하는 사람들을 많이 볼 수 있습니다. 중장년층뿐만 아니라 20~30대 젊은 세대도 마찬가지입니다. 우리나라 국내 1인당 국민 소득은 2019년 기준 3만 1,430달러로 꾸준히 상승 중입니다. 소득 수준이 상승하면서 건강에 대한 관심도 고조되고 있는 것입니다.

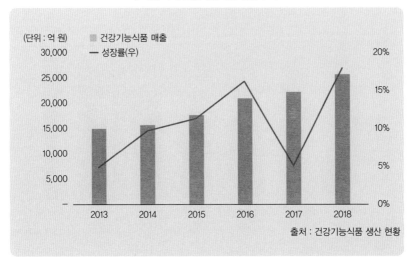

[그림] 국내 건강기능식품 매출 추이

출처 : 건강기능식품 생산 현황

그럼 앞으로도 서흥의 캡슐 수요는 늘어날 수 있을까요? 통계청에서 발표한 '2019년 고령화 통계'에 따르면 2020년 16% 수준인 국내 65세 이상 인구 비중이 2030년에 25%, 2050년에는 40%에 달할 것으로 전망됩니다. 전체 인구는 감소해도 고령 인구 비중이 확대되기 때문에 의약품 수요와 건강기능식품 수요가 증가할 수밖에 없습니다. 따라서 서흥의 캡슐 수요도 동반 성장할 것으로 기대됩니다.

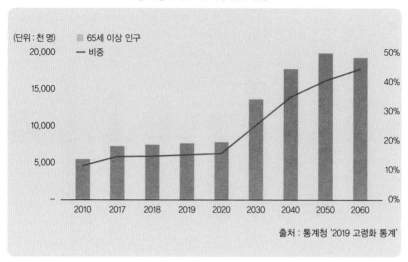

[그림] 국내 65세 이상 인구 전망

(단위 : 천 명) 65세 이상 인구 비중

출처 : 통계청 '2019 고령화 통계'

추가로 투자자가 점검해야 할 부분은 서흥의 경쟁력입니다. 캡슐을 생산하는 기업이 서흥 말고도 존재할 수 있기 때문입니다. 자칫 경쟁에서 밀린다면 의약품 및 건강기능식품 시장이 성장함에도 서흥의 성장은 더딜 수 있습니다.

사례② 고수익성 품목 개선형 – 농심

한 가지 사례를 더 보겠습니다. 국내 1위 라면 업체인 농심입니다. 아래 표는 농심의 'Ⅱ. 사업의 내용 〉 4. 주요 제품 등'의 내용입니다. 라면 매출이 1조 7,939억 원으로 전체 매출의 76.6%를 차지하고 있습니다. 나머지 스낵은 15.9%, 음료는 7.7%입니다. 매출 에누리는 판매 장려금, 물류 대행비 등으로 총 매출액에서 차감하는 항목입니다.

[표] 농심 사업보고서 내용 중 '4. 주요 제품 등'

단위 : 백만 원

사업 부문	품목	구체적 용도	주요 상표 등	매출액	비율
식품 제조 및 판매 등	라 면	주식 및 간식용	신라면, 안성탕면 외	1,793,997	76.6
	스 낵	간식 및 기호 식품	새우깡, 칩포테토, 양파링 외	372,680	15.9
	음 료	주식 및 간식용	백산수, 카프리썬 외	181,365	7.7
	기 타 (상품+반제품 등 +식음료+기타)	주간식 및 기호 식품 외	켈로그, 츄파춥스 외	259,857	11.1
	매출 에누리 등	–	–	(263,956)	–11.3
계				2,343,943	100.0

출처 : 농심 2019년 사업보고서

사실 농심의 매출액은 품목별로 살펴보면 큰 의미가 없습니다. 최근 5년간 눈에 띄게 성장한 품목이 없기 때문입니다. 다만 '4. 주요 제품 등'의 위의 내용인 '3. 사업 부문별 재무 정보'를 보면 농심의 국가별 실적이 기재되어 있는 것을 알 수 있습니다. 참고로 농심처럼 국가별로 상세한 실적을 기재하는 기업은 많지 않습니다. 그런데 농심이 이 내용을 기재한 이유는 *그만큼 투자자들에게 강조하고 싶은 부분이 아닌가 생각해볼 수 있습니다.*

[표] 농심의 '3. 사업 부문별 재무 정보'

단위 : 억 원

구분	한국	중국	미국	일본	호주	베트남	부문계	조정·제거	연결
수익									
내부거래	1,259	1,298	161	52	–	–	2,770	–2,770	–
외부고객으로 부터의 수익	18,005	1,666	2,917	532	251	68	23,439	–	23,439
합계	19,265	2,965	3,078	584	251	68	26,210	–2,770	23,439
	–	–	–	–	–	–	–	–	–
성과	–	–	–	–	–	–	–	–	–
감가상각비 및 무형자산상각비	686	195	174	2	1	1	1,058	–98	960
법인세비용	255	33	37	2	1	0	327	–3	324
부문영업손익	490	104	126	10	3	2	735	53	788
부문손익	561	61	90	9	2	2	724	–13	711

출처 : 농심 2019년 사업보고서

표에 담긴 단어가 생소합니다. 먼저 여기서 수익은 총 매출을 뜻합니다. 그리고 수익 하위에 있는 '내부거래'는 농심과 농심의 해외 법인 등 자회사 간 거래에서 발생한 매출입니다. '외부고객으로부터의 수익'이 우리가 일반적으로 아는 매출액입니다. 따라서 농심의 국가별 매출을 볼 때는 '외부고객으로부터의 수익'을 보면 됩니다. 영업이익에 해당하는 부분은 '부문영업손익'입니다.

매출액은 한국이 1조 8,005억 원으로 압도적으로 많습니다. 뒤를 이어 미국 2,917억 원, 중국 1,666억 원 순입니다. 다른 국가들은 수십, 수백억 원대를 기록하고 있습니다. 영업이익은 한국이 490억 원, 미국이

126억 원, 중국이 104억 원입니다. 매출액은 한국이 미국이나 중국보다 6배에서 10배가량 많지만, 영업이익은 그보다 적게 차이가 나는 것을 알 수 있습니다. 실제 국가별 영업이익률을 계산해보면 2019년 기준 한국이 2.7%, 미국 4.3%, 중국 6.3%입니다.

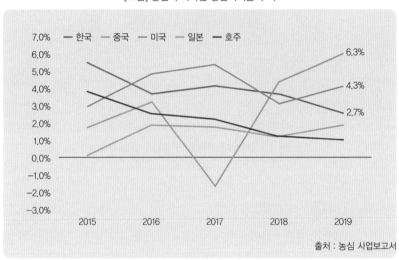

[그림] 농심의 국가별 영업이익률 추이

출처 : 농심 사업보고서

국가별 매출액을 살펴보면 미국에서 성장률이 높게 나타나는 것을 알 수 있는데요. 미국 매출액은 지난 2015년 1,744억 원이었지만, 지난해 2,917억 원까지 커졌습니다. 이 기간 연평균 성장률은 14%입니다. 미국만큼은 아니지만 중국도 매출이 확대되고 있습니다. 중국 매출액은 2015년 1,452억 원에서 2019년 1,666억 원까지 늘었습니다. 수익성이 높은 국가에서 매출이 확대되면서 농심의 사업 포트폴리오는 조금씩 단단해지고 있는 것입니다.

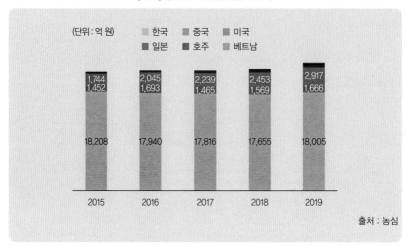

[그림] 농심의 국가별 매출액 추이

(단위 : 억 원) ■ 한국 ■ 중국 ■ 미국
            ■ 일본 ■ 호주 ■ 베트남

1,744
1,452

2,045
1,693

2,239
1,465

2,453
1,569

2,917
1,666

18,208   17,940   17,816   17,655   18,005

2015   2016   2017   2018   2019

출처 : 농심

왜 미국에서 라면이 인기일까?

그렇다면 왜 농심의 해외 매출, 그중에서도 미국 매출이 확대되고 있는 것일까요? 그 이유에 대해서는 투자자가 직접 찾아봐야 합니다. 농심에 관한 애널리스트들의 보고서를 찾다 보면 미국 내 아시아인이 원인인 것을 알 수 있습니다. 미국에는 다양한 인종이 살고 있는데요. 꾸준히 확대되고 있는 인종이 아시아계입니다. 데이터 전문 업체 Census와 하나금융투자에 따르면 2000년부터 2017년까지 아시아인의 구매력은 타 인종에 비해 월등히 증가했는데요. 미국의 라면 수요를 이끌고 있는 사람이 바로 아시아인이기 때문입니다. 미국 내 아시아인 비중은 2018년 6%에서 2050년 9%까지 확대될 것으로 전망되기 때문에 미국 라면 시장의 전망 역시 밝다고 볼 수 있습니다.

또한 2020년 2월 영화 〈기생충〉이 한국 영화 역사상 최초로 아카데미 4관왕을 휩쓸었습니다. 〈기생충〉을 통해 한국의 다양한 음식과 문화에도 세계적인 이목이 쏠렸는데요. 대표적인 것이 '짜파구리'입니다. 영화에 등장한 짜파구리가 한때 유튜브 등 SNS 사이에서 인기 먹방 소재로 쓰이기도 했습니다. 농심 입장에서는 단순 판매량 증대뿐만 아니라 농심이라는 브랜드를 알리는 계기가 된 것이죠.

따라서 농심에 관심 있는 투자자라면 해외 시장, 특히 미국 시장에서 농심의 성과를 잘 지켜봐야 합니다. 해외 시장에서 선전하고 있는 농심 외에 다른 경쟁력 있는 K-푸드 업체를 찾아보는 것도 도움이 되겠죠?

달란트
투자↗와 10초 만에 이해하기

1 성장하고 있는 제품을 찾는다. 고성장 여부는 GDP 성장률과 비교한다.

2 특정 품목이 꾸준히 성장하는 이유에 대해 끊임없이 고민한다. 앞으로도 이 같은 추세가 이어질지 파악하는 것이 핵심이다.

3 관심 기업을 분석하면서 비슷한 투자 아이디어로 접근할 만한 기업이 있는지도 살펴본다.

제품 가격 분석:
가격을 올릴 수 있는가?

기업의 매출액은 (판매량)×(가격)으로 산출됩니다. 판매량이 증가하거나 가격이 오르면 매출액이 증가합니다. 따라서 제품 가격이 언제, 어떻게 오르는지 파악할 수 있다면 투자하는 데 큰 도움이 됩니다. 이번 장에서는 먼저 제품 가격의 특징에 따라 기업을 수평적으로 구분합니다. 그리고 원재료 가격에 영향을 받는 정도에 따라 기업을 수직적으로 나눕니다. 이후 각 기업의 유형에 따라 원재료 가격과 제품 가격의 관계를 확인하고 어떠한 상황에서 수익성이 개선되는지 알아봅니다.

① 제품 가격 추이는?
② 제품 가격에 영향을 주는 요소는?

③ 원재료 가격 추이는?

④ 원재료 가격에 영향을 주는 요소는?

⑤ 업종별 제품 가격 특징은?

새우깡은 비싸지고 TV는 싸진다

기업은 제품 가격의 특징에 따라 크게 3가지 업종으로 구분할 수 있습니다. 제품 가격 계단식 상승형, 원재료 연동형, 제품 출시 후 하락형입니다.

[그림] 수평적 분류: 업종별 제품 가격 특징

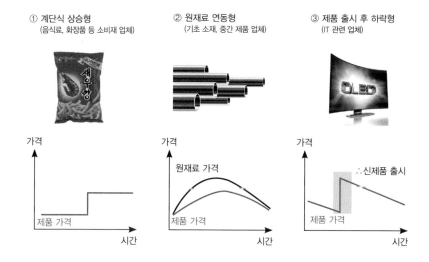

183

먼저 제품 가격이 계단식으로 상승하는 기업입니다. 대표적으로 음식료 기업과 화장품 기업이 이에 속합니다. 국민 스낵 새우깡의 첫 출시 가격은 50원이었지만, 현재는 1,300원입니다. 50년간 26배가 오른 것입니다. 재미있는 것은 한 번 오른 가격은 하락하지 않는다는 점인데요. 이는 식당에서도 마찬가지입니다. '원자재 가격 인상으로 부득이 가격을 인상한다'는 문구와 함께 식사 메뉴 가격이 바뀌어 있는 것을 한 번쯤은 경험했을 것입니다. 이처럼 음식료 등 일부 기업들은 제품 가격을 계단식으로 꾸준히 올리는 특징을 갖고 있습니다.

두 번째는 원재료 연동형입니다. 전 업종을 통틀어 원재료 연동형 기업이 가장 많습니다. 주로 기초 소재나 중간 제품을 생산하는 업체가 이에 해당하는데요. 말 그대로 원재료 가격이 오르면 제품 가격을 올리고, 반대로 원재료 가격이 떨어지면 제품 가격을 내리는 유형입니다.

마지막으로 제품 출시 후 하락형입니다. 제품을 출시하고 나서 가격이 지속적으로 하락하다니, 생각만 해도 억울할 것 같습니다. 여기에 해당하는 기업은 IT 가전제품 제조 업체입니다. 예전에 결혼을 앞두고 LG 베스트샵에서 40인치 TV를 사는 데 90만 원이 조금 넘는 금액을 지불했던 일이 있습니다. 당시 '이 정도면 싸게 잘 샀다'라고 생각했습니다. 그런데 요즘 유선 인터넷 변경 프로모션 전화를 받으면 가입의 조건으로 30만 원 상당의 상품권을 주거나 55인치 TV를 준다고 합니다. 이처럼 IT 가전제품은 시간이 지날수록 가격이 빠르게 하락하는 특징이 있습니다. 따라서 이에 속하는 업체들은 제품 가격을 유지하거나 올리기 위해서 지속적으로 신제품을 개발해야 하는 숙명을 안고 있습니다.

그렇다면 제품 가격 계단식 상승형, 원재료 연동형, 제품 출시 후 하락형까지 셋 중 투자자가 쉽게 접근할 수 있는 기업은 무엇일까요? 바로 물가 상승에 따라서 가격을 꾸준히 올릴 수 있는 계단식 상승형 기업입니다. 투자자 대부분은 계단식 상승형 기업을 재미없고 따분하다고 생각합니다. 그보다는 화려한 첨단 IT 기업을 선호하죠. 그러나 제품 가격만 본다면 계단식으로 꾸준히 올릴 수 있는 기업이 유리합니다. 만약 IT 업체에 투자하게 된다면 신제품을 지속적으로 출시하고 시장을 선도하고 있는 1등 기업에 주목해야 합니다.

앞서 제품 가격 계단식 상승형 기업의 예로 음식료 기업을 들었습니다. 여기에 밀가루를 만드는 기업과 아이스크림을 만드는 기업이 있습니다. 둘 중 장기적으로 어떤 기업에 투자하는 것이 좋을까요?

[그림] D사의 밀가루 가격 추이

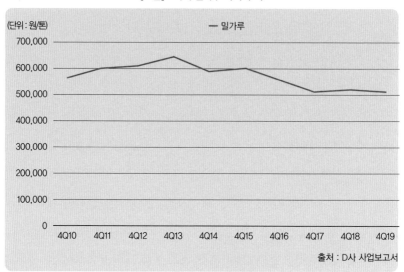

(단위 : 원/톤)
출처 : D사 사업보고서

[그림] L사의 아이스크림 가격 추이

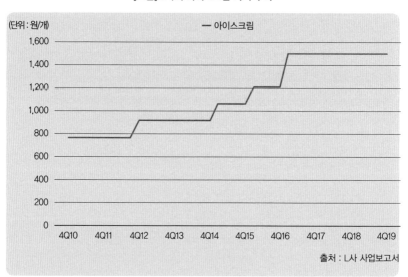

(단위 : 원/개)
출처 : L사 사업보고서

제품 가격을 보면 답을 찾을 수 있습니다. 밀가루를 만드는 기업의 2010년부터 2019년까지 제품 가격 추이를 살펴보면 2010년부터 2013년까지 꾸준히 올랐지만, 이후 다시 하락하는 것을 알 수 있습니다. 10년을 놓고 봤을 때 전반적으로 비슷한 가격을 유지하고 있는 것입니다.

반면 아이스크림을 만드는 기업의 제품 가격은 같은 기간 계단식으로 꾸준히 상승하는 것을 알 수 있습니다. 물가 상승률에 따라 제품 가격을 꾸준히 올린 결과입니다. *같은 음식료 업체라고 하더라도 기초 소재를 만드느냐, 완제품을 생산하느냐에 따라 제품 가격의 특징이 달라집니다.* 제품 가격만 놓고 본다면 밀가루를 파는 기업보다는 아이스크림을 생산하는 기업에 투자하는 것이 낫겠죠?

원재료 가격에 희비가 갈린다

이처럼 같은 업종에 속하더라도 기초 소재를 만드는지, 완제품을 만드는지에 따라 제품 가격의 특징이 다르게 나타납니다. 또한 공급 사슬에서 기업이 어디에 위치하는지에 따라 원재료 가격이 중요한 기업과 덜 중요한 기업으로 나눌 수 있습니다.

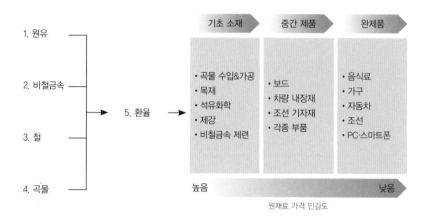

[그림] 수직적 분류: 공급 사슬에 따른 원재료 가격 민감도

'한강의 기적'이라는 말이 있습니다. 전쟁 이후 반세기 동안 가파르게 성장한 우리나라를 두고 하는 말입니다. 한강의 기적을 더욱 돋보이게 하는 것은 한국이 '기름 한 방울 안 나는 나라'라는 점입니다. 주요 원자재는 원유, 비철금속, 철, 곡물이 있습니다. 우리나라는 이 모든 것을 대부분 수입에 의존합니다. 해외에서 원자재를 매입할 때는 원화가 아닌 글로벌 기축 통화인 달러로 지불해야 합니다. 따라서 우리나라 기업의 원자재 매입 비용은 환율에 따라 달라지기도 합니다. 그렇다면 모든 기업들이 원재료 가격에 따라 수익성에 큰 영향을 받을까요? 이는 해당 기업이 공급 사슬에서 어느 곳에 위치하느냐에 따라 다릅니다.

원재료 가격에 가장 많이 영향을 받는 기업은 원자재를 수입해 기초 소재를 만드는 기업입니다. 원유를 수입해 정제하는 정유 회사, 철광석을 매입해 철강 제품을 생산하는 철강 회사, 곡물을 수입 및 가공해 판매하는 회사 등이 대표적입니다.

기초 소재 업체로부터 소재를 매입해 중간 제품을 만드는 기업도 원재료 가격에 영향을 받습니다. 그러나 기초 소재 업체만큼 민감하지는 않습니다. 석유 화학 제품으로 차량의 내장재, 화학 섬유 등을 만드는 기업, 철강 제품이나 비철금속 제품으로 전자 기기 부품, 자동차 부품, 건설 자재 등을 만드는 업체가 이에 해당합니다.

재미있는 것은 원재료 가격에 따라 두 기업의 수익성에 미치는 영향이 상반된다는 점입니다. 기초 소재 기업은 일반적으로 원재료 가격이 상승할 때 수익성이 좋아집니다. 기초 소재 기업은 석유, 농산물, 철강, 금, 비철금속 등의 원자재를 수입해 가공하여 판매하는데요. 판매 가격은 국제상품거래소에서 형성되는 기준 가격을 참조하여 책정합니다.

원유를 수입해 정제하여 판매하는 정유 업체가 있습니다. 정유 업체는 제품의 가격을 다음과 같은 방법으로 책정합니다. 먼저 판매 시점에 국제거래소에서 형성되는 기준 가격을 반영합니다. 여기에 마진을 붙여 최종적으로 판매 가격을 정합니다. 가령 정유 업체가 7월에 배럴당 20달러에 매입한 원유를 정제한 뒤 9월에 판매했습니다. 그런데 판매 시점에 국제 유가가 배럴당 40달러까지 치솟았습니다. 이 경우 정유업체는 20달러에 매입한 원유를 40달러에 추가 마진까지 더해 팔게 되어 상당한 이익을 남기게 됩니다.

반대의 경우도 있겠죠. 40달러에 매입한 원유를 정제한 뒤 판매하려고 보니 국제 원유 시세가 20달러까지 내려갔습니다. 이 경우 아무리 마진을 붙인다 한들 적자를 벗어나기 힘듭니다. 이처럼 기초 소재를 만드는 기업은 일반적으로 원재료 가격이 오르는 구간에 싼 가격에 매입한 원재료가 투입되어 수익성이 개선됩니다. 반대로 원재료 가격이 하락하는 구간에서는 비싸게 매입한 원재료가 매출원가에 반영되어 수익성이 악화됩니다. 기초 소재를 만드는 기업으로는 대표적으로 정유 업체, 비철금속 제련·정련 업체, 철강 제련·정련 업체, 방직 업체, 그리고 축산, 수산 업체 등이 있습니다.

중간 제품을 만드는 기업은 일반적으로 원재료 가격이 하락하는 시점에 수익성이 개선됩니다. 중간 제품의 경우 원재료 가격 변동 내역을 제품 가격에 실시간으로 반영하지 않습니다. 일정 기간 동안의 변동 내역을 바탕으로 제품 가격을 조정합니다. 즉 원재료 가격이 하락하는 국면에는 제품 가격에 원재료 가격이 반영되는 데 시차가 발생합니다. 따라서 제품 가격이 뒤늦게 하락하기 때문에 수익성이 개선됩니다.

중요한 것은 기초 소재, 중간 제품 등 기업의 유형별로 원재료 가격에 대한 영향을 구분한 것이 단지 일반적인 개념이라는 점입니다. 실제 원재료 가격과 제품 가격의 관계는 투자자가 사업보고서를 보고 직접 확인하는 것이 좋습니다. 기업의 제품 가격은 원재료 가격 외에도 경쟁 상황, 브랜드 파워, 품질 등 다양한 요소까지 고려하여 책정되기 때문입니다. 가령 중간 제품을 만드는 기업이 경쟁 과열 및 품질 문제를 겪고 있다면, 원재료 가격이 하락하는 상황에서도 수익성이 악화할 수 있습니다.

[표] 원재료 가격이 기초 소재, 중간 제품 기업의 수익성에 미치는 영향

	기초 소재	중간 제품
유형	• 거래소에 기준 가격이 형성되어 있는 기초 소재 기업	• 기초 소재를 매입하여 2차 가공 제품 (주로 중간 제품)을 만드는 기업
관련 제품	• 원유, 철광석, 비철금속, 곡물, 돈육, 계육	• 건자재, 차량 내장재, 제지 등
이익 개선 구간	• 원자재 가격 상승	• 원자재 가격 하락
이익 개선 원리	• 기준 가격에 마진을 붙여서 판매 • 원재료 가격 상승 구간에서 매입 시점과 판매 시점의 시차 발생으로 이익 개선	• 원재료 가격을 비롯한 브랜드, 경쟁 상황 등 다양한 요소를 반영하여 제품 가격 책정 • 일정 기간 원재료 가격 변동을 제품 가격에 반영. 원재료 가격을 제품 가격에 반영하는 데 시차가 발생하면서 원재료 가격 하락 시 이익 개선
관련 기업	• 정유 : S-Oil, SK이노베이션, 현대중공업지주, GS • 비철금속 : 고려아연, 풍산 • 철강 : POSCO, 현대제철 • 방직 : 일신방직, 대한방직 • 기타 : 축산, 수산(원양어업) 업체	• 건자재, 차량 내장재, 제지 생산 업체

완제품을 만드는 기업은 기초 소재나 중간 제품을 만드는 기업처럼 원재료 가격에 민감하지 않습니다. 현대자동차가 철강 가격이나 석유화학 제품 가격이 올라 수익성이 악화할 것이라는 기사를 찾아보기 힘든 것처럼 말입니다. *요컨대 원재료 가격에 수익성이 영향을 받는 정도*

는 기초 소재, 중간 제품, 완제품을 만드는 기업 순입니다.

한편 완제품을 만드는 음식료 기업은 원재료 가격에 수익성이 큰 영향을 받습니다. 음식료 기업은 다른 업종과 달리 기초 소재에서 대부분 중간 제품을 거치지 않고 완제품으로 이어지는 공급 사슬을 갖고 있기 때문입니다.

달란트 투자와 10초 만에 이해하기

1 기초 소재를 만드는 기업은 일반적으로 원재료 가격 하락 구간에서 수익성이 개선된다.

2 중간 제품을 만드는 기업은 일반적으로 원재료 가격 상승 구간에서 수익성이 개선된다.

3 실제 원재료 가격과 제품 가격의 관계는 사업보고서를 보고 투자자가 직접 파악한다.

원재료 가격은 어디에서 볼까?

기초 소재나 중간 제품을 만드는 기업의 수익성에 영향을 미치는 원재료 가격은 어디에서 찾을 수 있을까요? 대표적으로 아래 4가지 사이트가 있습니다.

①네이버 금융 시장지표 (https://finance.naver.com/marketindex/)

우리나라 주식 투자자들이 가장 많이 찾는 네이버 금융 사이트는 시장 및 개별 주식 시세뿐만 아니라 유가, 금, 원자재 시세까지 제공합니다. 네이버 금융에 접속하여 '시장지표' 탭을 클릭한 뒤 화면 하단의 '유가·금시세'로 접근하면 국제 3대 유가(WTI, 브렌트유, 두바이유)와 국내외 금, 은 등의 가격을 조회할 수 있습니다. '원자재' 탭에서는 구리, 납, 아연, 니켈, 알루미늄 합금, 수석 능 비철금속, 옥수수, 설탕, 대두, 대두박, 대두유, 면화, 소맥, 쌀, 오렌지 주스, 커피, 코코아 등 농산물 선물 가격을 볼 수 있습니다. 각각의 원자재를 클릭하면 최대 10년 치 가격 추이 그래프와 일별 시세 또한 볼 수 있습니다. 단, 실시간 시세는 아니며 하루에 한 번씩 업데이트됩니다.

[그림] 네이버 금융 〉 시장지표 〉 원자재 가격

환전고시 환율	국제시장 환율	유가·금시세	원자재

에너지 선물   ICE (Intercontinental Exchange), NYMEX(뉴욕상업거래소)

상품명	월물	단위	현재가	전일비	등락률	기준일	거래소
가스오일	20-08	달러/톤	376.00	▲ 8.25	+2.24%	2020.08.11	ICE
난방유	20-09	달러/갤런	1.24	▲ 0.00	+0.12%	2020.08.11	NYMEX
천연가스	20-09	달러/MMBtu	2.17	▲ 0.02	+0.83%	2020.08.11	NYMEX

* 1MMBtu = 1,000,000BTU / 1BTU(영국 열량단위, British Thermal Unit) = 252cal

비철금속 현물   LME (런던금속거래소)

상품명	단위	현재가	전일비	등락률	기준일	거래소
구리	달러/톤	6,356.50	▼ 6.50	-0.10%	2020.08.11	LME
납	달러/톤	1,901.00	▲ 21.00	+1.12%	2020.08.11	LME
아연	달러/톤	2,371.00	▲ 2.50	+0.11%	2020.08.11	LME
니켈	달러/톤	14,153.00	▲ 7.00	+0.05%	2020.08.11	LME
알루미늄합금	달러/톤	1,339.00	▼ 4.00	-0.30%	2020.08.11	LME
주석	달러/톤	17,700.00	▬ 0.00	0.00%	2020.08.11	LME

출처 : 네이버 금융

②인베스팅닷컴 상품 (https://kr.investing.com/commodities/)

'인베스팅닷컴'은 해외 주식 포털로 우리나라를 포함한 글로벌 주식까지 조회가 가능한 사이트입니다. 우리나라 투자자들도 가장 많이 즐겨 찾는 해외 주식 사이트인데요. 이유는 정보도 정보지만, 해외 주식 사이트에서 유일하게 자체 한국어 지원이 되기 때문입니다. 인베스팅닷컴으로 접속하여 '시장' 탭을 클릭한 뒤 '원자재' 탭으로 접근하면 크게 실시간 상품, 금속, 농산물, 육류, 에너지, 곡물 등 각종 원자재를 조회할 수 있습니다. 네이버 금융 사이트보다 다양한 원자재의 가격을 실시간으로 조회할 수 있다는 장점이 있습니다. 각각의 원자재 가격 그래프와 일별 가격 데이터도 제공합니다.

[그림] 인베스팅닷컴 〉 상품

실시간 상품 »

에너지 »

상품 ⬍	월물 ⬍	현재가 ⬍	베이스	고가	저가	변동 ⬍	변동 % ⬍	시간 ⬍
브렌트유	2020년 10월	45.30	44.50	45.34	44.50	+0.80	+1.80%	21:39:43 🕐
WTI유	2020년 9월	42.45	41.61	42.48	41.53	+0.84	+2.02%	21:39:45 🕐
천연가스	2020년 9월	2.138	2.171	2.162	2.122	-0.033	-1.52%	21:39:45 🕐
난방유	2020년 9월	1.2543	1.2384	1.2564	1.2387	+0.0159	+1.28%	21:39:43 🕐

금속 »

상품 ⬍	월물 ⬍	현재가 ⬍	베이스	고가	저가	변동 ⬍	변동 % ⬍	시간 ⬍
금	2020년 12월	1,944.70	1,946.30	1,956.10	1,876.50	-1.60	-0.08%	21:39:43 🕐
은	2020년 9월	25.525	26.049	26.340	23.590	-0.524	-2.01%	21:39:42 🕐
구리	2020년 9월	2.8638	2.8755	2.8715	2.8085	-0.0117	-0.41%	21:39:39 🕐
백금	2020년 10월	951.35	971.40	977.15	930.20	-20.05	-2.06%	21:39:41 🕐

농산물 »

상품 ⬍	월물 ⬍	현재가	베이스	고가	저가	변동	변동 % ⬍	시간 ⬍
미국 커피 C	2020년 9월	112.90	111.35	113.88	110.65	+1.55	+1.39%	21:39:41 🕐
미국 옥수수	2020년 9월	311.62	311.00	312.38	311.12	+0.62	+0.20%	21:39:38 🕐
미국 소맥	2020년 9월	101.10	101.00	105.25	100.99	-2.99	-0.58%	21:36:27 🕐
런던 설탕		371.90	370.60	373.60	365.00	+1.30	+0.35%	11/08 🕐
미국 원면 No.2	2020년 12월	63.69	63.49	63.72	63.24	+0.20	+0.32%	21:39:43 🕐

출처 : 인베스팅닷컴

③축산물품질평가원 (https://www.ekape.or.kr/index.do)

'축산물품질평가원'은 소와 돼지고기의 가격을 제공합니다. 상장사 중에서는 선진, 팜스코, 이지바이오 등 돼지를 사육에서부터 도축, 가공하여 판매하는 계열화 기업들이 존재합니다. 해당 기업들의

쉽게 읽고 해석하는 사업보고서

실적은 돼지고기 가격에 영향을 받습니다. 축산물품질평가원 사이트로 접속하여 축산 유통 정보 〉 축산물 가격 〉 돈육 대표 가격으로 접근하면 일별 돼지고기 대표 가격 추이를 확인할 수 있습니다.

[그림] 축산물품질평가원의 돼지고기 대표 가격

기간별조회

발표일자	전체 거래내역				농협 음성	안양 협신	도드람	부경 축공	대구 신흥	인천 삼성	제주 축공	농협 부천	농협 고령	농협 나주	김해 축공
	대표가격 (원)	거래두 수(두)	거래대금(천원)	거래중량 (kg)											
2020-08-12(수)	5107 ▲141	6,633	2,825,161,251	553,154	4,594 (260)	5,126 (443)	3,975 (546)	4,517 (1,133)	4,310 (336)	4,768 (65)	6,462 (2,290)	0	4,262 (535)	3,972 (114)	4,435 (911)
2020-08-11(화)	4966 ▲198	6,103	2,529,924,903	509,498	4,397 (226)	4,702 (514)	4,017 (592)	4,535 (990)	3,952 (383)	4,282 (90)	6,698 (1,769)	0	4,170 (409)	3,910 (258)	4,334 (872)
2020-08-10(월)	4768▼63	6,231	2,470,813,637	518,155	4,490 (150)	4,381 (800)	4,188 (536)	4,385 (997)	3,717 (575)	4,265 (176)	6,653 (1,466)	0	4,472 (264)	4,028 (274)	4,205 (993)

출처 : 축산물품질평가원

④한국육계협회(http://www.chicken.or.kr/ch_price/price.php)

'한국육계협회'에서는 생계 즉 생닭의 시세를 조회할 수 있습니다. 돼지고기 계열화 기업들과 마찬가지로 상장사 중 닭의 부화에서부터 사육, 도축 및 가공까지 담당하는 계열화 기업이 있습니다. 하림을 포함하여 마니커, 동우팜투테이블, 체리부로가 대표적입니다. 해당 기업에 투자한다면 닭고기 가격을 잘 살펴봐야 합니다.

한국육계협회 사이트에서 시세 정보 〉생계 시세로 접근하면 기간별 생계 시세를 볼 수 있습니다.

[그림] 한국육계협회의 생계 시세

생계시세

(사)한국육계협회에서 제공하는 정확한 시세정보 서비스입니다

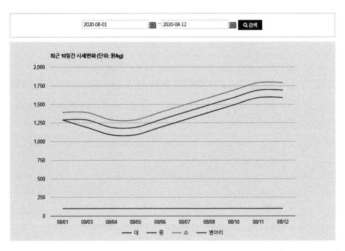

출처 : 한국육계협회

사례① 계단식 상승형 – 삼양식품

앞서 살펴본 내용을 바탕으로 기업의 유형별로 어떤 상황이 발생해야 수익성이 좋아지는지 알아보겠습니다. 먼저 제품 가격이 계단식으로 상승하는 유형의 기업입니다.

삼양식품 사업보고서의 '사업의 현황 〉 3. 주요 제품, 서비스 등'의 경로로 접근합니다. '가. 주요 제품'을 보면 면 매출 비중이 89.9%로 가장 큰 것을 알 수 있습니다. 나머지 스낵, 유제품, 조미소재·소스도 존재하지만 비중이 작기 때문에 중요치 않습니다.

[표] 삼양식품 '3.주요 제품, 서비스 등'

단위 : 백만 원

사업 부문	매출 유형	품목	구체적 용도	순매출액(비율)
식품의 제조 및 판매	제품	면	주식 및 간식	488,896(89.9%)
		스낵	기호식	24,023(4.4%)
		유제품	기호식	12,752(2.3%)
		조미소재·소스	기호식	9,658(1.8%)
		기타	부식 외	4,336(0.8%)
	상품	면	주식 및 간식	6(0.0%)
		스낵	기호식	2,835(0.5%)
		유제품	기호식	8,752(1.6%)
		조미소재·소스	기호식	9,641(1.8%)
		기타	부식 외	6,113(1.1%)
용역			후레이크선별 외	841(0.2%)
기 타				519(0.1%)

사업 부문	매출 유형	품목	구체적 용도	순매출액(비율)
		매출 에누리 등		△24,791(△4.6%)
		합 계		543,581(100.0%)

출처 : 삼양식품 2019년 사업보고서

'나. 주요 제품 등의 가격 변동' 내역을 보면 삼양라면, 불닭볶음면을 포함한 4개의 라면 가격과 스낵에서는 '짱구'의 가격이 기재되어 있습니다. 여기 나와 있는 5개가 삼양식품의 전체 제품일까요? 당연히 아닙니다. 다만 전 제품의 가격을 기재하면 너무 많기 때문에 주력 제품만 기재한 것입니다.

[표] 삼양식품 '나. 주요 제품 등의 가격 변동'

단위 : 원

품 목	제 59 기	제 58 기	제 57 기
삼양라면	23,628(120G×40)	23,628(120G×40)	23,628(120G×40)
불닭볶음면	30,272(140G×40)	30,272(140G×40)	30,272(140G×40)
큰컵삼양라면	12,848(115G×16)	12,848(115G×16)	12,848(115G×16)
큰컵불닭볶음면	16,104(105G×16)	16,104(105G×16)	16,104(105G×16)
짱구	22,440(115G×24)	22,440(115G×24)	22,440(115G×24)

출처 : 삼양식품 2019년 사업보고서

이번에는 원재료 가격을 확인해보겠습니다. '다. 주요 원재료에 관한 사항'입니다. 원재료 가격은 삼양식품과 자회사 삼양프루웰로 구분하여 공시하고 있습니다. 삼양프루웰은 판지를 제조하는 업체입니다. 삼양식품의 원재료는 제품 분류와 비슷하게 면과 스낵, 조미소재, 유가공으로 구분하여 표시하고 있습니다.

[표] 삼양식품 '다. 주요 원재료에 관한 사항'

단위 : 원/KG

회사명	사업 부문	구분	2019년 중	2018년 중	2017년 중
삼양식품(주)	면/스낵	전용5호	760.45	787.85	822.88
		강력1급	727.06	753.55	801.86
		변성전분	1,159.08	1,151.84	1,194.24
		타피오카	795.01	725.28	733.17
		팜유	921.55	970.33	1,090.75
	조미소재	탈지대두	725.67	709.00	817.70
	유가공	원유	1,127.86	1,100.56	1,108.58
(주)삼양프루웰	판지 제조	KA원지	443.71	528.49	503.86
		K원지	368.99	438.61	417.21
		백원지	592.34	611.83	612.65

출처 : 삼양식품 2019년 사업보고서

　　이제 삼양식품의 제품 가격과 원재료 가격 추이를 비교할 차례입니다. 두 변수의 관계를 파악하기 위해서 말이죠. 그러나 제품 가격과 원재료 가격이 한두 가지가 아닙니다. 이럴 때 어떻게 하는 것이 좋을까요? 일단 삼양식품의 주요 매출이 무엇인지 파악합니다. 삼양식품은 2019년 면에서만 90%에 달하는 매출을 거두었습니다. 따라서 면 품목 외에 중요도가 낮은 스낵, 조미소재, 유가공 등은 제외합니다. 면 품목만 놓고 봤을 때도 제품에서는 삼양라면, 불닭볶음면, 큰컵삼양라면, 큰컵불닭볶음면 4가지가 있으며, 원재료에서는 전용5호, 강력1급, 변성전분, 타피오카, 팜유 5가지가 있습니다. 여전히 변수가 많습니다.

　　최대한의 단순화가 필요합니다. 따라서 주요 면 제품 4개의 가격과 이에 해당하는 원재료 5개의 가격을 각각 단순평균으로 구합니다. 가령 2019년(제59기) 면 제품 가격의 평균과 원재료 가격의 평균은 다음과 같습니다.

2019년 면 제품 가격 평균 : (삼양라면 2만 3,628원/단위 + 불닭볶음면 3만 272원/단위 + 큰컵삼양라면 1만 2,848원/단위 + 큰컵불닭볶음면 1만 6,104원/단위) / 4 = 2만 713원/단위

2019년 면 원재료 가격 평균 : (전용5호 760.45원/KG + 강력1급 727.06원/KG + 변성전분 1,159.08원/KG + 타피오카 795.01원/KG + 팜유 921.55원/KG) / 5 = 873원/KG

이렇게 구한 면 제품 가격과 원재료 가격을 2015년부터 2019년까지 최근 5년간 비교합니다. 먼저 2015년부터 2017년까지의 추이입니다.

[표] 면 제품 평균 가격과 면 원재료 평균 가격 추이 (2015~2017년)

	2015	2016	2017
면 제품 평균 가격(원/단위)	19,547	19,547	20,713
면 원재료 평균 가격(원/KG)	888	907	929

출처 : 삼양식품 사업보고서를 참고하여 가공

면 원재료 가격이 2015년부터 2017년까지 꾸준히 상승했습니다. 그

러자 2016년까지 변동이 없었던 면 제품 가격도 2017년 상승합니다. 당시 삼양식품의 라면 가격 인상을 다룬 기사입니다.

'서민 식품' 라면 가격 줄줄이 인상… 삼양식품, 5.4% 올려(종합)

삼양식품이 불닭볶음면, 나가사끼짬뽕 등 주요 라면 가격을 평균 5.4% 인상한다는 내용입니다. 당시 삼양식품이 라면 가격을 인상하겠다고 나선 것은 지난 2012년 이후로 처음인데요. 이에 대해 삼양식품은 '인건비, 물류비, 재료비 등 원가 상승의 압박'을 제품 가격 인상의 근거로 들었습니다. 물가 상승을 직접적으로 체감하게 되는 것은 바로 장을 볼 때입니다. 5만원권 한 장으로 살 수 있는 물건의 종류와 개수가 달라질 때 물가 상승을 실감하게 되죠. 따라서 라면 가격처럼 장바구니 물가와 직결되는 품목은 제조사들이 쉽사리 가격을 인상하지 못합니다. *제품 가격을 올리기 위해서 원재료 가격 상승 등 실제 원가 부담이 가중되는 상황이 발생해야 하는 이유입니다.*

중요한 것은 한 번 올린 제품 가격은 하락하지 않는다는 것입니다. 그러나 곡물 가격은 수요와 공급의 법칙에 따라 오르기도 하고 내리기도 합니다. 실제 삼양식품의 면 원재료 가격은 2018년 들어 급락했습니다. 반면 제품 가격은 유지되면서 수익성 개선에 긍정적인 영향을 미쳤습니다. 삼양식품의 영업이익률은 2017년 9.4%에서 2019년 14.4%로 상승했습니다. 물론 삼양식품의 영업이익률 상승에는 제품 가격 인상 및 원재료 가격 하락뿐만 아니라 중국 등 해외 수출이 확대된 결과도 존재합니다.

[그림] 면 제품 가격과 원재료 가격 추이 (2015~2019년)

	2015	2016	2017	2018	2019
면 제품 평균 가격(원/EA)	19,547	19,547	20,713	20,713	20,713
면 원재료 평균 가격(원/KG)	888	907	929	878	873

출처 : 삼양식품 사업보고서를 참고하여 가공

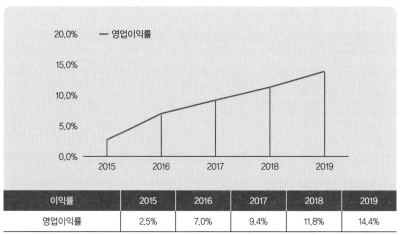

[그림] 삼양식품 영업이익률 추이 (2015~2019년)

이익률	2015	2016	2017	2018	2019
영업이익률	2.5%	7.0%	9.4%	11.8%	14.4%

출처 : 삼양식품

　삼양식품 외에도 일반적으로 음식료 기업이 가격을 올리는 원리는
비슷합니다. 먼저 원재료 가격 상승 등 원가 부담이 가중되어야 합니다.
합당한 근거가 있어야만 비로소 제품 가격을 인상할 수 있기 때문이죠.
이후 인상한 제품 가격은 그대로 유지되는 가운데 원재료 가격이 하락
하면서 수익성 개선에 긍정적인 영향을 미칩니다. 그렇다면 투자 관점

에서 음식료 기업은 언제 주목하는 것이 좋을까요? 바로 가격을 인상한 다는 기사가 나올 때입니다. 해당 시점에 기업은 높은 원재료 가격 때문에 원가 부담이 가중되어 수익성이 좋지 못할 가능성이 있습니다. 따라서 주가 역시 낮은 수준일 것을 예상해볼 수 있습니다.

사례② 원재료 연동형 – 신대양제지

신대양제지는 골판지 원지와 골판지 원단 및 상자를 만드는 기업입니다. 골판지 상자는 택배 상자 등 주로 포장용 상자로 쓰입니다. 골판지는 폐지를 재활용하여 만듭니다. 신대양제지는 폐지를 가공하여 골판지 원지 및 상자를 만들기 때문에 공급 사슬에서 중간 제품을 만드는 업체로 볼 수 있습니다.

신대양제지의 2019년 사업보고서 '사업의 내용 〉 2. 주요 제품 및 원재료 등 〉 가. 주요 제품 등의 현황' 내역을 보면 골판지 원지와 골판지 상자가 각각 비슷한 매출액을 기록하고 있습니다. 신대양제지 역시 앞서 삼양식품과 마찬가지로 지난 2015년부터 2019년까지 5년간 제품 가격과 원재료 가격 추이를 살펴보겠습니다.

단위 : 백만 원

사업 부문	매출 유형	품목	당기 매출액	비율(%)
골판지 원지	제품	골판지용 원지	419,761	99.5
	상품	골판지용 원지	1,869	0.5
	골판지 원지 계		421,630	100.0
골판지 상자	제품	골판지 원단, 상자	453,361	96.1
	상품	골판지 상자	12,540	2.6
	기타	부산물	5,775	1.3
	골판지 상자 계		471,676	100.0

출처 : 신대양제지 2019년 사업보고서

신대양제지의 제품 가격은 골판지 원지 부문에서 내수 가격과 수출 가격으로, 골판지 상자 부문에서는 골판지 원단과 골판지 상자 부문으로 나뉩니다. 과거 신대양제지는 골판지 원지 부문에서 매출의 70~80%를 거두었습니다. 골판지 상자 매출이 본격적으로 확대된 것은 대양제지공업을 인수한 다음 해인 2018년도부터입니다. 신대양제지 사례에서 확인하고자 하는 것은 5년간 제품 가격과 원재료 가격의 관계가 신대양제지의 수익성에 미치는 영향입니다. 따라서 2018년부터 비중이 확대된 골판지 상자를 제외하고 골판지 원지 가격과 원재료 가격만 비교해보겠습니다.

[표] 신대양제지 '나. 주요 제품 등의 가격 변동 추이'

단위 : 원/톤

사업 부문	품 목	2019년	2018년	2017년
골판지 원지	골판지용 원지(내수)	393,278	451,180	453,116
	골판지용 원지(수출)	422,731	485,321	445,791

출처 : 신대양제지 2019년 사업보고서

'4. 매출에 관한 사항' 골판지 원지 부문을 보면 내수에서 99%의 매출이 발생하는 것을 알 수 있습니다. 즉, 골판지 원지 가격은 내수용만 고려하면 됩니다. 골판지 원지의 원재료 역시 국내 고지가 매입 비중의 90%를 차지합니다. 따라서 비중이 미미한 수입 고지, 펄프 가격은 고려하지 않아도 됩니다. 그럼 최근 5년간의 '골판지용 원지(내수)' 가격과 '국내 고지' 가격 추이를 비교해보겠습니다. 이번에는 좀 더 상세히 파악하기 위해 분기별로 살펴보겠습니다.

[표] 신대양제지 '4. 매출에 관한 사항'

단위 : 백만 원

사업 부문	매출 유형	품목		2019년	2018년	2017년
골판지 원지	제품	원지	내수	417,610	484,979	448,830
			수출	4,020	4,447	670
			합계	421,630	489,426	449,500

출처 : 신대양제지 2019년 사업보고서

단위 : 백만 원

사업 부문	매입 유형	품 목	당기 매입액	비 고
골판지 원지	원재료	국내 고지	175,609	-
		수입 고지	1,638	-
		펄프	18,835	-
		계	196,082	-
골판지 상자	원재료	골판지 원지	300,407	-

출처 : 신대양제지 2019년 사업보고서

아래 그래프는 분기별 신대양제지의 골판지 원지 내수 가격과 국내 고지 가격을 비교한 것입니다. 2016년까지 큰 변화가 없었던 국내 고지 가격은 2017년 들어 가파르게 상승합니다. 이 같은 상승세는 2017년 4분기까지 지속했는데요. 골판지 원지 내수 가격 역시 올랐지만, 국내 고지 가격에 비해 덜 오르는 모습입니다. 국내 고지 가격이 가파른 상승세를 끝내고 하락하기 시작한 시점은 2018년부터인데요. 빠르게 하락하는 국내 고지 가격에 비해 골판지 원지 내수 가격은 상대적으로 덜 하락합니다.

골판지 원지 내수 가격에서 국내 고지 가격을 차감하여 구한 스프레드와 신대양제지의 영업이익률을 비교해보면, 스프레드가 확대되는 구간에서 신대양제지의 영업이익률이 개선되는 것을 알 수 있습니다. 정리하자면 신대양제지의 영업이익률은 원재료 가격이 하락하는 구간에서 개선됩니다.

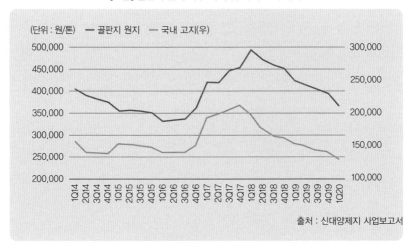

[그림] 골판지 원지 내수 가격 및 국내 고지 가격

출처 : 신대양제지 사업보고서

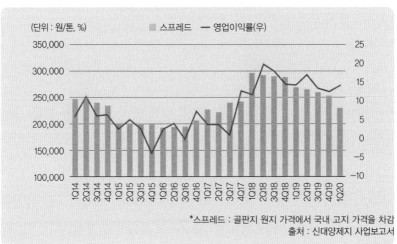

[그림] 신대양제지 영업이익률과 스프레드

*스프레드 : 골판지 원지 가격에서 국내 고지 가격을 차감
출처 : 신대양제지 사업보고서

참고로 국내 고지 가격을 사업보고서에 기재된 값보다 먼저 파악할 수 있는 사이트가 있는데요. 환경부 환경통계포털에 접속하여 '분야별 통계 〉 자원 순환' 탭에서 '재활용가능자원 가격조사' 경로로 접근하면

지역별 폐지 가격을 월별로 조회할 수 있습니다. 2017~2018년과 같은 상황이 반복되는지 환경통계포털 사이트를 통해 파악한다면 좋은 투자 기회를 잡을 수 있겠죠?

[그림] 월별 수도권 폐지(골판지) 가격 추이

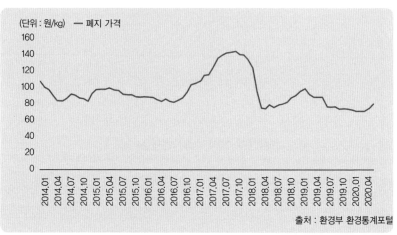

출처 : 환경부 환경통계포털

한편 2018년부터 국내 고지 가격이 하락한 것은 중국의 환경 규제 때문입니다. 중국 정부는 환경 보호 차원에서 폐지 수입에 대한 규제를 강화했습니다. 이전까지는 국내 폐지 물량의 상당 부분이 중국에 수출되고 있었습니다. 중국의 폐지 수입 제한으로 국내 고지 가격은 하락했고 이에 따라 골판지 제조 업체들의 수익성이 개선된 것입니다. 투자자는 단순히 원재료 가격이 하락한다는 사실에 그치지 않고 하락하는 이유에 대해서도 살펴봐야 합니다. 폐지 가격처럼 *구조적인 변화가 원인이라면 좋은 투자 포인트가 될 수 있습니다.*

물론 원재료 가격 하락만이 신대양제지 영업이익률 개선의 원인은 아닙니다. 신대양제지는 골판지 업계가 어려움을 겪던 시절, 대양제지 공업 인수를 통해 생산 능력을 확대하고 골판지 상자 사업부를 강화했습니다. 택배 수요 증가와 원재료 가격 하락이라는 긍정적인 업황이 도래했을 때 실적 증가와 함께 수익성 역시 크게 개선된 것입니다. 원재료 가격이 중간 제품 기업의 수익성 개선을 이끈다는 사실을 파악하는 것도 중요하지만, 긍정적인 영업 환경이 다가왔을 때 가장 큰 수혜를 입을 수 있는 경쟁력 있는 기업을 고르는 것이 더 중요합니다.

실습:
나만의 투자 리포트 만들기

지금까지 살펴본 내용을 바탕으로 실제 기업의 사업보고서를 보고 투자 포인트를 정리한 나만의 한쪽 리포트를 만들어보겠습니다. 다음은 하드 캡슐을 만드는 서흥의 '사업의 내용'을 발췌한 것입니다. 중요한 부분에 줄을 치며 읽도록 합니다.

1. 사업의 개요
가. 사업 부문별 현황

1) 캡슐 부문
캡슐 부문에서는 하드공캡슐 제조와 함께 소프트 캡슐 제형의 의약품 전 공정 수탁 및 건강기능식품 등을 생산합니다. 먼저 하드 캡슐(Hard capsule, 경질캅셀)이란 캡(Cap, 캡슐의 상단덮개부)과 바디(Body, 캡슐의 몸통부)로 구성된 원통 모형의 캡슐로서, 캡슐 안에 담겨 있는 내용물의 변질을 막아주고 그 내용물의 섭취와 인체 흡수를 용이하게 하는 역할을 합니다. 하드 캡슐을 바탕으로 생산되는 의약품에 대한 수요는 고정적이고 안정되어 있기에 본 산업은 경기 변동에 크게 민감하지 않으며, 최근 건강기능식품 산업의 급속한 성장으로 하드 캡슐 제형의 건강기능식품에 대한 수요도 크게 증가하고 있는 바, 앞으로도 지속적인 성장이 예상됩니다.

국내 시장에서는 당사가 95% 이상의 시장 지배력을 보이고 있는 바, 국내 상당수의 제약 회사를 거래처로 두고 있으며 지배회사인 (주)서흥이 국내 수요분을 모두 생산 및 판매하고 있습니다. 해외 시장은 다국적 제약 회사를 중심으로 하드 캡슐 수요가 꾸준히 증가하고 있는 바, 당사의 해외 시장 점유율은 약 6~7%로 3위권을 형성하고 있으며, 베트남 공장 증설로 인한 공급 여력 증가로 점유율이 계속 늘어날 전망입니다. 해외 수요분에 있어서는 지배회사인 (주)서흥뿐만 아니라 서흥베트남, 서흥아메리카, 서흥재팬, 서흥유럽Gmbh 등 종속회사에서 생산 및 판매 활동을 수행 중에 있습니다.

하드 캡슐을 생산하기 위해서는 첨단 장비와 높은 기술력을 필요로 하며, 제품 제조 시 고도의 정밀함이 요구되므로 본 산업의 진입 장벽은 상당히 높습니다. 당사는 여기에 40년 이상 캡슐만을 제조해온 노하우를 더하여 최고 품질의 하드 캡슐을 생산하여 전 세계에 안정적으로 공급할 수 있습니다. 특히 세계 각국에 특허 등록된 'EMBO CAPS' 하드 캡슐은 충전 후 캡슐이 분리되지 않도록 품질을 획기적으로 상승시켜 전 세계적으로 그 경쟁력을 인정받고 있습니다.

의약품 전 공정 수탁 생산은 주로 소프트 캡슐 제형으로 이루어지는 바, 소프트 캡슐(Soft capsule, 연질캅셀)이란 액체 및 현탁제를 담고 있는 캡슐로, 조제된 내용물의 충전과 성형이 동시에 요구되어 하드 캡슐과 달리 캡슐만 따로 생산이 불가한 제형입니다. 건강기능식품이란 인체의 건강 증진 또는 보건 용도에 유용한 영양소 및 기능 성분을 사용하여 캡슐, 정제, 액상 등의 형태로 제조, 가공한 식품으로서 식품의약품안전처장이 정한 것으로, 당사는 소프트 캡슐, 하드 캡슐, 정제, 액제/젤리, 분말/과립 등의 다양한 제형으로 생산하고 있습니다.

캡슐 부문을 총괄하는 지배회사는 의약품 전 공정 수탁 및 건강기능식품 제조 전문 업체로서 제조 방식은 주로 OEM / ODM

형태입니다. 즉, 고객이 원하는 제품을 다양한 제형과 포장 방법으로 주문에 맞게 생산해야 하는 바, 원료의 품질 검사부터 제품 포장까지 전 공정에 걸친 다양한 설비와 그에 맞는 높은 기술력을 보유해야 합니다.

소득 수준의 증가와 건강에 대한 높은 관심으로 헬스케어 산업이 크게 성장하고 있고, 특히 건강기능식품에 대한 수요가 지속적으로 증가하여 이에 따른 신제품 개발과 출시가 활발하게 이루어지고 있습니다. 이러한 시장 여건은 국내 최고 OEM / ODM 전문 시스템을 구축한 당사의 성장이 지속될 수 있는 기반이 되리라 전망합니다.

의약품 전 공정 수탁 및 건강기능식품 생산은 지배회사인 (주)서흥에서 대부분 담당하고 있는 바, 소프트 캡슐 제형 제조에 있어 국내 30% 이상을 점유하고 있고, 정제 제형 제조에 있어서도 국내 동종 업계에서 가장 높은 점유율을 확보하고 있는 것으로 추정하고 있습니다. 그 밖에 피시오일(Fish oil), 비타민 등의 건강기능식품을 지배회사와 종속회사인 서흥아메리카를 통해 해외로 판매하고 있고, 서흥아메리카의 관계회사인 유니캡스가 미국 현지에서 소프트 캡슐을 직접 생산하고 있습니다.

엄격하고 철저한 생산 전문 시설 확보와 최신의 장비를 통한 토탈 품질 관리 시스템 구축, 그리고 다양한 제형 및 포장 형태로 생산이 가능하다는 점 등의 당사 경쟁 요소는 제조 전문 기업으로서 타사에 비해 월등한 수준이며 이런 요소로 생산된 제품이 최고의 고객 만족을 이끌어 내는 원동력이 됩니다.

2) 원료 부문

원료 부문에서는 캡슐의 주원료인 젤라틴 제품 및 콜라겐 제품 등을 생산 및 판매합니다. 젤라틴은 천연고분자 단백질로서 젤리, 캡슐, 필름코팅제 및 접착제 등에 광범위하게 사용되며, 의약 및 건강기능식품 분야에서 하드 캡슐 및 소프트 캡슐의 주원료로 사용됩니다.

콜라겐은 동물의 섬유성 단백질로서 인체를 구성하고 있는 5,000 종류의 단백질 중 가장 많은 30%를 차지하고 있는 단백질입니다. 노화 방지 및 뼈, 연골, 근막 등을 회복시키고 유지하는 역할을 하며, 제약 및 건강기능식품, 화장품 산업의 주원료로 사용됩니다.

젤라틴 및 콜라겐은 제약 산업, 화장품 산업, 식품 산업의 성장과 상호 연관되어 있으며, 건강과 미용에 대한 관심이 높아짐에

216

따라 지속적인 성장이 예상됩니다. 특히 국내외 젤라틴 및 콜라겐에 대한 수요는 점차 증가하고 있으며 당사는 자체적으로 우수한 제품 생산 능력을 보유하고 있어 시장에서 선두적인 지위를 가지고 있으므로 향후 매출 신장에 크게 기여할 것으로 보여집니다.

원료 부문의 (주)젤텍은 국내 의약용 젤라틴 시장에서 독보적인 위치를 확보하고 있으며, 식품 시장에도 그 영역을 넓혀가고 있습니다. 또한 해외 시장에서도 점차 점유율을 높여갈 계획입니다. 원료 부문은 최신식 자동화 설비 및 고도의 기술력과 노하우를 지닌 전문 인력을 확보하였고 고품질, 고효율 생산 시스템을 구축한 바, 품질과 원가 면에서 대외적인 경쟁력을 갖추고 있습니다.

3) 화장품 부문

화장품 부문에서는 기초화장품류의 제품 생산을 고객으로부터 위탁받아(OEM/ODM) 수행하고 있습니다. 화장품 산업은 지속적으로 발전이 가능한 문화 산업으로서 이미지 추구와 브랜드 가치에 따라 가치가 극대화되는 고부가가치 산업이며, 일반 소비 제품과 달리 인간의 미와 신체에 관련한 소비자의 욕구를 충족시켜 주는 특수한 소비재입니다.

최근 화장품 시장은 생산비 절감 효과가 크고, 화장품 라이프 사이클의 단축에 따른 신제품 개발이 용이한 OEM/ODM 업체에 생산을 의뢰하는 업체 수가 증가하고 있으며, 이러한 시장의 변화가 당사와 같은 제조사들에게는 성장 기회 요인으로 작용하고 있습니다.

화장품 부문의 (주)한국코스모는 화장품 OEM/ODM 전문 기업으로서, 30년간 쌓아온 다양한 품목의 처방 기술을 바탕으로 국내외에서 유통되고 있는 모든 기초화장품 제품류(클렌징, 바디 제품 포함)에 대한 제조가 가능한 바, 현재 국내 여러 대기업에 제품을 납품 중에 있으며, 점차 해외 시장도 공략해나갈 예정입니다.

나. 사업 부문별 재무 정보

단위 : 백만 원

사업 부문	구분	제48기 1분기	제47기	제46기
캡슐 부문	매출액	151,303	461,469	390,272
	영업이익	15,156	32,322	29,260
	유형자산	331,944	327,015	318,882
	감가상각비	6,513	23,400	20,898

사업 부문	구분	제48기 1분기	제47기	제46기
원료 부문	매출액	26,908	85,239	63,489
	영업이익	4,988	16,701	8,706
	유형자산	66,535	66,477	64,429
	감가상각비	1,740	6,196	5,407
화장품 부문	매출액	1,869	7,197	4,067
	영업이익	(386)	(2,055)	(502)
	유형자산	9,355	9,400	9,283
	감가상각비	159	536	144

※ 상기 금액은 내부거래 포함입니다.

2. 주요 제품

가. 주요 제품의 내용

2020년도 1분기의 각 제품별 매출액 및 총 매출액에서 차지하는 비율은 다음과 같습니다.

단위 : 백만 원, %

사업 부문	품목	용도 및 기능	매출액	비율
캡슐 부문	하드 캡슐	의약품 등의 내용물 보관	40,360	28.2
	의약품	의약품 전 공정 수탁	15,648	10.9
	건강기능식품	건강기능식품 제조	61,469	43.0
	상품 등	원료, 건강기능식품 등	1,029	0.7
원료 부문	젤라틴 등	캡슐, 화장품 등의 원료	22,997	16.1
화장품 부문	화장품	화장품 전 공정 수탁 제조	1,528	1.1
합계	–	–	143,031	100.0

나. 주요 제품의 가격 변동 추이

품목		제48기 1분기	제47기	제46기
하드 캡슐(원/EA)	국내	5.13	4.99	4.86
의약품(원/EA)		57.64	64.96	58.96
건강기능식품(원/EA)		85.93	70.89	72.60
젤라틴(원/Kg)	국내	9,599	9,600	9,782
	수출	9,193	8,197	7,426

3. 주요 원료

가. 주요 원료 현황

캡슐 부문의 주요 원료는 젤라틴(Gelatin)으로 하드 캡슐, 소프트 캡슐 제조 시 주원료로 투입되며 기타 제형에도 폭넓게 사용됩니다. 2020년도 1분기 지배회사에 입고된 젤라틴 금액은 54억 원으로 지배회사 전체 원료 입고액 중 11.9%를 차지하며, 종속회사인 (주)젤텍 및 미국, 유럽 등에서 안정적으로 공급받고 있습니다.

원료 부문의 주요 원료는 하이드(Hide)로, 하이드란 소나 말 등 커다란 동물의 무두질되어 있지 않은 생가죽을 뜻합니다. 2020년도 1분기에 입고된 하이드 금액은 원료 부문 전체 원료 입고액 중 27.0%를 차지하며, 국내외 다수 거래처로부터 공급받고 있습니다.

화장품 부문의 주요 원료는 제품마다 상이하므로 기재하지 않습니다.

나. 가격 변동 추이

단위 : 원/KG

주요 원료	구분	제48기 1분기	제47기	제46기
젤라틴	국내	10,438	10,315	9,546
	수입	8,154	7,814	7,303

(생략)

출처 : 서흥 2020년 1분기보고서

　서흥은 '사업의 현황'이 아닌 '사업 부문별 현황'이라고 나와 있습니다. 기업마다 사업보고서에 기재된 용어는 조금씩 다르지만 내용이나 구성은 비슷합니다. 서흥의 '가. 사업 부문별 현황' 캡슐 부문에서 첫 번째 문단 여섯 번째 줄을 보면 서흥이 속한 산업의 경기에 대한 영향과 성장성에 대해 언급하고 있습니다. '의약품에 대한 수요는 고정적이고 안정되어 있기에 본 산업은 경기 변동에 크게 민감하지 않으며'와 '건강기능식품 산업의 급속한 성장으로 하드 캡슐 제형의 건강기능식품에 대한 수요도 크게 증가'가 여기에 해당합니다. 건강기능식품 시장에 대한 성장성은 이미 앞에서 충분히 언급했습니다. 생각이 나지 않는다면 '사례① 특정 제품 성장형 - 서흥' 목차를 참조합니다.

　두 번째 문단 시작하자마자 중요한 정보가 나옵니다. '국내 시장에서는 당사가 95% 이상의 시장 지배력을 보이고 있는 바'라는 내용입니다.

서흥이 캡슐 부문에서 사실상 독점 사업자라는 이야기입니다. 뒤를 이어 '해외 시장 점유율은 약 6~7%로 3위권을 형성하고 있으며, 베트남 공장 증설로 인한 공급 여력 증가로 점유율이 계속 늘어날 전망'이라고 언급하고 있습니다. 의약품 및 건강기능식품 사업의 성장성이 매우 높다는 것은 앞선 목차 '높은 성장률의 기준은 무엇일까?'에서 알아봤습니다. 이렇게 향후 전망이 밝은 분야에서 서흥이 독보적인 지위를 누리고 있는 이유는 무엇일까요? 서흥의 기술력과 자본력이 뛰어나서일까요?

서흥의 2019년 기준 캡슐 부문 매출액은 4,614억 원입니다. 서흥이 국내 시장의 95%를 점유하고 있기 때문에 이를 바탕으로 하드 캡슐 시장 규모를 산출해보면 5,000억 원이 채 안 됩니다. 즉 캡슐 시장은 규모가 크지 않은 니치 마켓입니다. 따라서 대기업이 진출해서 경쟁을 벌이기에는 규모가 작습니다. 대기업 입장에서 적어도 시장 규모가 수조 원은 되어야 사업성이 있다고 판단할 것입니다. 서흥이 다년간 독보적인 지위를 확보하고 있는 이유입니다. 세 번째 문단에서 '첨단 장비와 높은 기술력을 필요로 하며, 제품 제조 시 고도의 정밀함이 요구되므로 본 산업의 진입 장벽은 상당히 높'다고 언급되어 있지만, 경쟁자의 진입이 힘든 이유에는 분명 시장 규모도 있어 보입니다.

다섯 번째 문단에서 서흥의 사업 모델이 나오는데요. '제조 방식은 주로 OEM/ODM 형태'라는 부분입니다. 제약사와 건강기능식품 제조사들이 하드 캡슐이나 소프트 캡슐, 건강기능식품을 직접 생산하지 않고 서흥에 위탁한다는 것을 알 수 있습니다.

이번에는 원료 부문을 살펴보 겠습니다. 첫 문단 첫 문장에 '원료 부문에서는 캡슐의 주원료인 젤라 틴 제품 및 콜라겐 제품 등을 생산 및 판매한다'고 나와 있습니다. 서 흥은 하드 캡슐과 원재료도 직접

OEM Original Equipment Manufacturing. 주문자 상표 부착 생산. 생산자가 주문자의 제품을 위 탁 생산하는 것.

ODM Original Development Manufacturing. 제조 업자 개발 생 산. 제조 업체가 주문자의 제품을 설 계 및 개발 생산하는 것. OEM은 주문 자의 설계도에 따라 단순 생산만 하 는 것이지만 ODM은 제조 업자가 직 접 제품을 설계, 개발까지 담당한다.

생산하는 것을 알 수 있습니다. 추가로 젤라틴과 콜라겐은 '제약 산업, 화장품 산업, 식품 산업의 성장과 상호 연관되어 있으며'라고 기재되어 있습니다. 제약, 화장품, 식품 모두 경기에 상관없이 수요가 꾸준히 발 생하는 품목입니다. 원료 부문 역시 캡슐 부문과 마찬가지로 수요가 안 정적인 것을 알 수 있습니다. 한편 네 번째 문단을 보면 원료 부문은 ㈜ 젤텍이라는 서흥의 자회사에서 담당하고 있는 것을 알 수 있습니다. 뒤 를 이어 화장품 부문이 나오는데요. 화장품은 굳이 보지 않아도 됩니다. 매출 비중이 미미하기 때문입니다.

다음으로 '2. 주요 제품' 내용입니다. 캡슐 부문 중에서도 하드 캡슐 과 건강기능식품 품목이 큰 비중을 차지하고 있습니다. 두 품목 매출이 최근 5년간 꾸준히 성장한 점과 그 이유는 '높은 성장률의 기준은 무엇 일까?' 목차에서 자세히 알아봤습니다. 추가로 확인해야 할 부분은 '나. 사업 부문별 재무 정보'인데요. 여기에는 사업 부문별 매출액과 영업이

익에 대한 정보가 나와 있습니다. 그중 눈에 띄는 것은 원료 부문입니다. 매출액 비중은 크지 않지만 영업이익률이 높다는 것을 알 수 있습니다. 주력 매출원인 캡슐 부문의 영업이익률이 2020년 1분기(제48기 1분기) 10%인데 반해, 원료 부문은 18.5%를 차지하고 있습니다. 사업보고서에는 원료 부문 수익성이 높은 이유에 대해서 언급되어 있지 않습니다. 투자자는 원료 부문 영업이익률이 높은 이유와 향후에도 지속될 수 있는지, 이 부분을 추가로 확인해볼 필요가 있습니다.

다음은 제품 가격과 원재료 가격을 확인해보겠습니다. '2. 주요 제품 〉 나. 주요 제품의 가격 변동 추이'를 보면 주력 제품인 하드 캡슐 가격과 건강기능식품 가격은 꾸준히 상승하는 것을 알 수 있습니다. '3. 주요 원료 〉 나. 가격 변동 추이'를 보면 같은 기간 원재료 가격 역시 올랐습니다. 여기에서 알 수 있는 것은 원재료 가격 상승분을 제품 가격에 잘 반영하고 있다는 점입니다.

한편 '가. 주요 원료 현황'의 문구도 읽어볼 필요가 있는데요. '1분기 지배회사에 입고된 젤라틴 금액은 54억 원으로 지배회사 전체 원료 입고액 중 11.9%를 차지하며, 종속회사인 (주)젤텍 및 미국, 유럽 등에서 안정적으로 공급받고 있습니다'라는 부분입니다. 캡슐 부문 주요 원재료인 젤라틴의 매입 비중이 11.9%로 크지는 않습니다. 그리고 자회사 젤텍과 다수의 거래처로부터 안정적으로 공급받고 있습니다. 원료 부문의 주요 원재료인 하이드 역시 매입 비중은 27%로 국내외 다수 거래처로부터 공급받고 있습니다. 원재료 공급선이 다변화되어 있고 특정 원재료 비중이 높지 않아 앞으로도 원재료 수급적인 부분에서 문제가 발생할 가능성은 낮아 보입니다.

지금까지 서흥의 '사업의 개요'를 보고 주요 내용들을 체크했습니다. 이를 바탕으로 투자 포인트를 키워드 중심으로 정리해보겠습니다.

① 산업의 현황 체크 - 캡슐 부문

경기에 민감하지 않으며 수요는 안정적. 건강기능식품의 급속한 성장으로 수요 증가. 하드 캡슐의 경우 국내 시장 95% 점유. 해외 시장 6~7% 점유. 베트남 공장 증설로 해외 점유율 상승 전망. 첨단 장비와 높은 기술력 등으로 진입 장벽 존재. → 니치 마켓으로 서흥의 독과점 지위 가능

② 산업의 현황 체크 - 원료 부문

젤라틴 및 콜라겐은 제약 산업, 화장품 산업, 식품 산업의 성장과 상호 연관되어 있으며, 건강과 미용에 대한 관심이 높아짐에 따라 지속적인 성장 예상.

③ 기업 제품, 성장 포인트 체크

품목별 매출 비중은 하드 캡슐(28.2%), 건강기능식품(43.0%), 원료(16.1%), 의약품(10.9%). 건강기능식품 매출액 연평균 16% 증가. 원료 부문(자회사 젤텍 합산) 영업이익률 19%로 높음. → 건강기능식품에 대한

관심 고조 및 고령화로 꾸준한 수요 증가 전망

④ 기업 수익성 포인트 체크

원재료 가격 상승에 따라 제품 가격도 상승. 주요 원재료는 젤라틴, 하이드로 종속회사, 미국, 유럽에서 조달. → 원재료 가격 상승을 제품 가격에 잘 전가하며, 특정 원재료 비중이 크지 않고 공급선 다변화로 공급은 안정적

위에 정리한 내용을 바탕으로 원재료 조달부터 제품 생산 및 판매에 이르기까지 프로세스를 도식화해보겠습니다. 가치를 창출하는 각 단계가 이어진다는 의미에서 해당 프로세스를 '밸류 체인'이라고 명명하겠습니다. 밸류 체인을 도식화할 때는 중간중간 실적에 영향을 미치는 변수까지 고려해야 합니다.

[그림] 서흥의 밸류 체인

	원재료	제품, 서비스	판매
분류	[매입 비중] 젤라틴(11.9%) 하이드(27.0%)	[매출 비중] 하드 캡슐(28.2%), 건강기능식품(43.0%), 원료(16.1%), 의약품(10.9%)	[판매처] 건강기능식품 업체, 제약사, 화장품 회사
변수	[원재료 가격 변수] 자회사 및 다수의 거래처로부터 조달받아 안정적일 것으로 예상	[제품 가격 변수] 원재료 가격 인상	[판매량 변수] 건강기능식품 수요 의약품 수요 화장품 수요

가장 먼저 원재료 매입입니다. 서흥은 하드 캡슐 부문에서 젤라틴(매입 비중 11.9%), 원료 부문에서 하이드(27.0%)를 매입합니다. 특정 원재료 매입 비중이 크지 않고 자회사 및 다수의 해외 거래처로부터 조달하고 있어 공급이 안정적입니다. 이를 바탕으로 하드 캡슐(매출 비중 28.2%), 건강기능식품(43.0%), 원료(16.1%), 의약품(10.9%) 등을 생산합니다. 서흥의 실적에 영향을 미치는 변수는 판매량과 제품 가격인데요. 판매량은 건강기능식품과 의약품 수요에 달려 있습니다. 건강에 대한 관심 고조와 고령화로 꾸준한 증가가 기대됩니다. 제품 가격은 최근 3년간 추이를 살펴보면 원재료 가격 상승분을 잘 반영시키고 있는 것으로 보입니다. 생산된 제품은 건강기능식품 회사, 제약사 등에 납품됩니다.

이처럼 사업보고서를 보고 나만의 한쪽 리포트를 잘 정리해놓으면 투자하는 데 큰 도움이 됩니다. 투자한 기업의 주가 변동성이 커질 때 내가 정리한 내용을 보고 이성적인 판단을 할 수 있습니다.

"

가치 평가법은
만능 도구가 아니다

"

— 4장 —

3단계로 평가하는
기업 가치

3대 투자 지표
– PER·PBR·ROE 완전 정복

초보 투자자들이 가장 궁금해하는 부분, 관심 있는 부분은 무엇일까요? 당연히 기업의 가치를 평가하는 것입니다. 기업의 적정 주가를 제대로 구하는 방법만 알면 투자가 매우 쉬울 것이라고 생각하기 때문입니다. 과연 그럴까요? 이번 장에서는 투자자들이 가장 많이 사용하는 투자 지표에 대해 알아보고 이를 바탕으로 기업의 가치를 평가하는 방법에 대해 배웁니다. 그리고 실제 다양한 가치 평가법과 한계점을 확인하고 궁극적으로 현명한 투자자는 어떤 자세로 기업의 가치를 평가해야 하는지 알아봅니다.

PER과 투자 매력의 상관관계

기본적인 분석 관점에서 주식 투자 공부를 시작하면 가장 먼저 맞닥뜨리는 것이 있습니다. 바로 주가수익비율, 즉 PER입니다. PER은 과연 무슨 의미를 갖고 있을까요?

사장님 한 분이 자신이 운영하고 있는 커피 전문점을 여러분에게 매각하려고 합니다. 그러면서 다음과 같은 정보를 줍니다.

"1년에 5천만 원 정도 남기는 커피 전문점입니다. 당신은 얼마에 사시겠습니까?"

여러분은 얼마에 사는 것이 좋을까 생각하게 됩니다. 4억 원에 살까? 5억 원에 살까? 6억 원에 살까? 사람마다 책정하는 가격은 차이가 있을 것입니다. 만약 4억 원에 산다면 커피 전문점이 벌어들이는 이익의 8배(4억 원/5천만 원)의 값을 지불하는 것입니다. 6억 원에 산다면 커피 전문점 이익의 12배 값을 책정한 것입니다. 이처럼 기업이 벌어들이는 이익 대비 가격이 몇 배에 형성되어 있는지 알아보는 지표를 PER(Price Earning Ratio)이라고 합니다. 계산식은 다음과 같습니다.

$$PER = \frac{주가}{주당순이익(EPS, Earning\ Per\ Share)}$$

PER의 분자는 '주가', 분모는 '주당순이익'입니다. 분자와 분모에 각각 발행 주식 수를 곱하면 주가는 시가총액이 되고, 분모는 순이익이 됩니다. 따라서 PER은 시가총액 나누기 순이익으로도 계산할 수 있습니다. 그렇다면 PER은 투자자 입장에서 어떤 의미를 갖고 있을까요? 다음 3가지 문제에 답해보시기 바랍니다.

① PER이 10배라는 것은 투자수익률이 매년 (   )% 발생한다는 것과 같다.
② PER이 10배라는 것은 투자 후 원금을 회수하는 데 걸리는 기간이 (   )년이라는 의미와 같다.
③ 다른 조건이 같고 A회사의 PER이 10배, B회사의 PER이 5배라면 싸게 거래되고 있는 회사는 (   )이다.

*매년 벌어들이는 이익이 같다고 가정, 이익을 재투자하지 않음

먼저 ①번입니다. PER이 10배라는 것은 회사의 가격이 벌어들이는 이익의 10배에 거래된다는 뜻입니다. 따라서 해당 기업을 인수하면 매년 인수 가격의 10%의 이익이 발생한다는 의미와 같습니다. 매년 10%의 이익이 발생하니 10년이 지나면 투자 원금을 회수할 수 있습니다. 따라서 ②번의 답은 10년이 되겠네요. 마지막으로 다른 모든 조건이 같다는 가정하에 A회사의 PER이 10배, B회사의 PER이 5배라면 싸게 거래되고 있는 회사는 B입니다. PER이 낮다는 것은 그만큼 벌어들이는 이익보다 기업의 가격을 비교적 낮게 매기고 있다는 의미이기 때문이죠.

그렇다면 실제 사례를 보겠습니다. BNK금융지주와 NHN한국사이버결제, 두 종목의 PER을 한번 비교해보겠습니다. BNK금융지주의 PER은 3.29배, NHN한국사이버결제의 PER은 48.5배입니다. 둘 중 싸게 거래되고 있는 회사는 단연 BNK금융지주입니다. 그렇다면 BNK금융지주의 투자 매력이 더 높을까요?

실제 두 기업의 최근 1년간 주가 차트를 보면 BNK금융지주 주가는 전반적으로 하락세, NHN한국사이버결제 주가는 우상향한 것을 알 수 있습니다. PER로 보면 BNK금융지주가 NHN한국사이버결제에 비해 10분의 1 수준에도 미치지 않을 정도로 싸게 거래되고 있는데, 투자자들은 왜 BNK금융지주보다 NHN한국사이버결제를 선호하는 것일까요?

[그림] BNK금융지주 주가

출처 : 키움증권

[그림] NHN한국사이버결제 주가

출처 : 키움증권

다시 커피 전문점 시나리오로 돌아가보겠습니다. 이번에는 사장님 세 분이 계십니다. 각자 커피 전문점을 매각하기 위해 어떤 조건을 제시하고 있는지 들어보겠습니다.

A 커피 전문점 사장님: "1년에 5천만 원 정도 남기는 커피 전문점입니다. 당신은 얼마에 사시겠습니까?"

B 커피 전문점 사장님: "1년에 5천만 원 정도 남기는 커피 전문점입니다. 그런데 이익이 매년 10% 증가할 것입니다. 당신은 얼마에 사시겠습니까?"

C 커피 전문점 사장님: "1년에 5천만 원 정도 남기는 커피 전문점입니다. 그런데 이익이 매년 10% 감소할 것입니다. 당신은 얼마에 사시겠습니까?"

A 커피 전문점 사장님의 질문은 앞서 살펴본 내용과 같습니다. B 커피 전문점 사장님부터는 질문에 추가적인 조건이 붙는데요. 1년에 5천만 원의 이익을 남기는 커피 전문점이지만, 매년 이익이 10%씩 증가한다고 합니다. 그렇다면 매년 같은 이익을 남기는 커피 전문점보다는 확실히 비싼 값을 지불하고 인수해야 할 것입니다. 만약 10억 원에 인수한다면 PER 20배에 인수하는 상황이 됩니다.

C 커피 전문점 사장님 역시 추가적인 정보를 제시하고 있습니다. 그런데 달갑지 않은 정보입니다. 1년에 5천만 원의 이익을 남기는 커피 전문점이지만, 매년 이익이 10%씩 감소한다고 합니다. 당연히 매년 같은 이익을 남기는 커피 전문점보다는 싸게 인수해야 합니다. 투자자 성향에 따라 다르지만 이익이 감소하는 사업체는 아예 인수하지 않을 수도 있습니다.

커피 전문점 사례에서 알 수 있는 것은 현재 PER의 높고 낮음은 중요한 게 아니라는 것입니다. 기업의 성장성에 따라 향후 PER은 충분히 낮아지고, 또 높아질 수 있기 때문입니다.

그렇다면 다시 BNK금융지주와 NHN한국사이버결제의 PER을 보겠습니다. BNK금융지주의 PER이 3.29배에 불과한 것은 향후 BNK금융지주의 이익이 감소할 것이라는 투자자들의 예상이 담긴 것이라고 볼 수 있습니다. 향후 BNK금융지주의 이익이 낮아질수록 PER은 계속 높아질 것입니다. 반면 투자자들은 NHN한국사이버결제의 이익은 계속 증가할 것으로 내다보고 있는 듯합니다. 당장 PER이 48.5배로 높다고 하더라도 NHN한국사이버결제의 이익이 지속적으로 증가한다면 PER은 얼마든지 낮아질 수 있기 때문입니다. *즉, 단순히 PER이 높다고 해서 투자 매력이 낮고 PER이 낮다고 해서 투자 매력이 높은 주식으로 판단하면 안 됩니다.*

PBR 0.2배도 비쌀 수 있다

이번에는 지역난방공사와 NHN한국사이버결제의 PER을 비교해보 겠습니다. NHN한국사이버결제의 PER은 48.5배인데 반해 지역난방공 사의 PER은 71.4배입니다. NHN한국사이버결제보다 지역난방공사가 벌어들이는 이익 대비 훨씬 비싸게 거래되고 있는 것입니다. 그렇다면 투자자들이 지역난방공사의 이익 성장성이 NHN한국사이버결제보다 높다고 판단하는 것일까요?

지역난방공사는 열 병합 발전소, 열 전용 보일러 등을 통해 열에너지 를 주거 및 상업 지역에 공급하는 사업자입니다. 지역난방공사는 지역 난방 시장에서 50%가 넘는 점유율을 기록하고 있습니다. 그러나 지역 난방 시장의 성장성은 높지 않습니다. 장기적으로 인구가 감소하면 지 역난방 공급 세대 수 역시 줄어들 것이기 때문입니다. 그럼에도 지역난 방공사의 PER이 높은 이유는 무엇일까요?

PER은 주가를 주당순이익, 즉 EPS로 나눈 값입니다. 따라서 PER 이 높다면 두 가지 측면에서 살펴봐야 합니다. 먼저 주가가 높은 경우입 니다. NHN한국사이버결제가 여기에 해당한다고 볼 수 있는데요. 벌어 들이는 이익 대비 NHN한국사이버결제 주가가 더 많이 올랐기 때문에 PER이 높은 것입니다. 반면 지역난방공사는 EPS가 낮아져서 PER이 높아진 경우입니다. 지역난방공사의 2020년 1분기 기준 최근 4개 분기 합산 EPS는 480원입니다. 지난 2017년 연간 EPS 6,035원에 비해 90% 넘게 감소했습니다. 지역난방공사처럼 실적 부진으로 EPS가 급감하는 기업의 경우 PER이 높아집니다. 이익은 90% 넘게 감소해도 주가는 덜 하락하기 때문입니다. 따라서 단순히 PER만 보고 성장성이 높은 회사인지, 아니면 실적 부진으로 이익이 급감한 회사인지는 판단할 수 없습니다. 투자자가 주가순자산비율(PBR)과 자기자본이익률(ROE)을 확인해야 하는 이유입니다.

PBR을 이해하기 위해 다시 커피 전문점 시나리오로 돌아가겠습니다. 이번에는 사장님 한 분이 커피 전문점이 벌어들이는 이익에 대한 정보가 아닌, 커피 전문점이 보유한 재산에 대한 정보를 주십니다. 여기서 말하는 재산은 은행에서 빌린 돈을 제외한 커피 전문점의 순수 자본입니다.

"커피숍 재산(자본)이 5억 원입니다. 당신은 얼마에 사시겠습니까?"

만약 재산이 5억 원인 커피 전문점을 5억 원에 인수한다면 그 커피 전문점이 보유한 재산의 1배의 값을 지불하는 것입니다. 6억 원에 인수한다면 1.2배의 값을 지불하는 것이고요. 이것이 PBR(Price Book-value Ratio)이라는 개념입니다. 계산식은 다음과 같습니다.

$$PBR = \frac{주가}{주당순자산(BPS, \text{Book-value Per Share})}$$

PBR의 분자는 '주가', 분모는 '주당순자산'입니다. 분자와 분모에 각각 발행 주식 수를 곱하면 주가는 시가총액이 되고, 주당순자산은 자본이 됩니다. 따라서 PBR은 시가총액 나누기 자본으로도 계산할 수 있습니다. 그런데 만약 여러분이 커피 전문점 인수 제의를 받았다면 이 정보만 갖고 의사 결정을 내릴 수 있을까요? 합리적인 투자자라면 이런 인수 제안은 거절하는 것이 좋습니다. 시세 차익을 노리고 부동산을 사는 것이 아니라 사업체를 인수하는 것이기 때문입니다. 커피 전문점의 재산 정보보다는 해당 재산을 활용해서 얼마의 이익을 창출하는지가 중요합니다. 따라서 합리적인 투자자라면 사장님께 커피 전문점 이익에 관한 추가 정보를 요청해야 합니다.

"커피숍 재산(자본)이 5억 원입니다. 이 커피숍은 1년에 5천만 원을 남깁니다. 당신은 얼마에 사시겠습니까?"

그제야 사장님은 해당 커피 전문점이 매년 5천만 원의 이익을 남긴다고 말합니다. 그렇다면 투자자는 합리적으로 판단할 수 있습니다. 커피 전문점의 재산이 5억 원인데, 매년 5천만 원을 남기니, 해당 커피 전문점은 매년 재산의 10%를 이익으로 창출하는 것입니다. 과연 얼마에 사는 것이 좋을까요?

이처럼 재산 대비 몇 퍼센트의 이익을 창출하는지 나타내는 지표를 자기자본이익률(ROE, Return On Equity)이라고 합니다. 계산식은 다음과 같습니다.

$$ROE = \frac{순이익}{자본}$$

정리하자면 단순히 PBR만으로는 기업이 싸다, 비싸다를 판단할 수 없습니다. 기업은 이윤을 창출하는 집단이기 때문에 해당 기업이 보유한 재산보다는 그 재산을 활용하여 얼마만큼의 이익을 창출하는지를 살펴봐야 합니다. 이를 측정하는 지표가 바로 ROE입니다. 따라서 PBR은 ROE와 함께 봐야 합니다. *일반적으로 ROE가 높을수록 PBR이 높게 형성되며, ROE가 낮을수록 PBR 역시 낮게 형성됩니다.*

다시 지역난방공사와 NHN한국사이버결제의 사례로 돌아오겠습니다. 이번에는 두 기업의 PER이 아닌 PBR과 ROE를 보겠습니다. 지역난방공사의 PBR은 0.25배입니다. 장부 가치보다 75% 낮게 거래되고 있습니다. 그 이유는 ROE에서 찾을 수 있습니다. 지역난방공사의 ROE는 0.3%에 불과합니다. ROE가 0.3%짜리인 주식에 투자할 바에는 차라리 은행에 맡기는 것이 낫습니다. ROE는 자본, 즉 주주들의 돈을 불리는 속도이며 투자자 입장에서 투자 대비 수익률 개념으로 볼 수 있기 때문입니다.

반면 NHN한국사이버결제의 PBR은 무려 9.7배에 달합니다. 자본에 비해 거의 10배에 달하는 가격에 거래되고 있습니다. 이는 NHN한국사이버결제의 ROE가 21.2%로 높기 때문입니다. 이처럼 시장에서 어떤 기업을 성장주로 판단하는지 아닌지는 PBR과 ROE를 보고 판단할 수 있습니다.

끝으로 다음 4개 기업의 투자 지표를 보고 시장에서 해당 종목들을 어떻게 평가하고 있는지 알아보겠습니다.

① 돈을 잘 벌어 성장 프리미엄이 반영된 회사이다.

② 돈은 그냥그냥 벌지만 성장성이 없거나 이익이 줄어들 것으로 보인다.

③ 지금 돈은 그냥그냥 벌지만 미래에 어마어마하게 성장할 것이다.

④ 어닝 쇼크 등 이익이 급격히 감소한 회사이다.

Ⓐ

에코프로비엠	
PER	86.8
PBR	7.50
ROE	8.60%

Ⓑ

한국가스공사	
PER	51.6
PBR	0.27
ROE	0.54%

Ⓒ

리노공업	
PER	36.0
PBR	7.17
ROE	21.5%

Ⓓ

태양	
PER	7.80
PBR	0.46
ROE	6.44%

먼저 ①번 '돈을 잘 벌어 성장 프리미엄이 반영된 회사'는 Ⓒ번 리노공업입니다. 리노공업의 PER은 36.0배입니다. 중요한 것은 ROE와

PBR인데요. ROE는 21.5%, PBR은 7.17배입니다. 자본으로 높은 수익률을 거두는 만큼 주가 역시 장부 가치의 7배나 높게 거래되는 것입니다. ②번 '돈은 그냥그냥 벌지만 성장성이 없거나 이익이 줄어들 것'으로 보이는 기업은 ⓓ번 태양입니다. 태양의 PER은 7.80배로 낮은 편(일반적으로 PER이 10배 미만이면 낮다고 평가)입니다. PBR 역시 0.46배로 장부 가치의 절반에도 미치지 못합니다. 현재 태양의 ROE는 6.44%로 낮은 편을 기록하고 있는데요. 이마저도 앞으로 하락할 것으로 전망하고 있는 듯합니다.

③번 '지금 돈은 그냥그냥 벌지만 미래에 어마어마하게 성장할 것'으로 기대되는 기업은 ⓐ번 에코프로비엠입니다. 에코프로비엠의 ROE는 현재 8.60%에 불과합니다. 그럼에도 PBR은 7.50배에 형성되어 있습니다. 당장 ROE가 한 자릿수로 높지 않지만, 미래에 훨씬 더 많은 이익을 벌어들일 것으로 예상하고 있는 것이죠. 때문에 장부 가치 대비 주가 수준이 높습니다. 마지막으로 '어닝 쇼크 등 이익이 급격히 감소한 회사'는 ⓑ번 한국가스공사입니다. 한국가스공사의 PER은 51.6배로 높습니다. 그러나 PBR은 0.27배에 불과합니다. ROE는 0.54%로 자본 대비 이익이 거의 발생하지 않는 회사죠. 순이익이 크게 줄었지만, 주가는 이보다 덜 하락하면서 고PER 주식이 된 것입니다.

코스피 ROE와 PBR로 증시 진단하기

ROE와 PBR을 통해 해당 기업이 시장에서 어떻게 평가받고 있는지 알아봤습니다. 간단하지만 강력한 투자 지표인 ROE와 PBR을 제대로 활용할 줄 알면 현재 주식 시장의 상태 역시 진단할 수 있습니다. 아래 그래프는 지난 20년간 코스피 지수의 ROE와 PBR을 나타낸 것입니다. 참고로 코스피 지수의 ROE는 코스피 상장 기업 전체의 순이익(최근 4개 분기 합산)과 자본을 바탕으로 구한 것이며, PBR은 코스피 상장 기업 전체의 시가총액과 자본으로 계산한 값입니다.

[그림] 코스피 지수의 ROE와 PBR

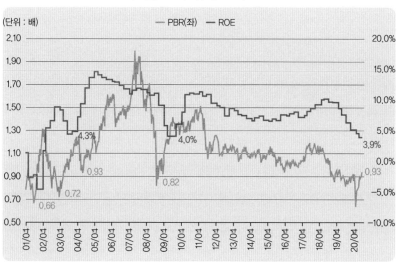

전반적으로 코스피의 ROE와 PBR은 동행하는 것을 알 수 있습니다. 다만 자세히 살펴보면 PBR이 ROE보다 먼저 움직이는 것을 확인할 수

있는데요. 2010년 글로벌 금융 위기 충격에서 벗어날 때도 PBR이 ROE 보다 먼저 올랐으며, 2017년 코스피 지수가 본격적으로 상승할 때도 PBR이 ROE보다 먼저 반응했습니다. *PBR은 ROE에 따라 움직인다고 언급한 것과 정반대의 현상입니다.*

그 이유는 바로 주가가 기업의 미래 가치를 반영해서 움직이기 때문입니다. 앞서 살펴본 에코프로비엠의 ROE는 8.60%로 한 자릿수에 불과했지만 PBR은 7.50배로 높았습니다. 이는 에코프로비엠의 ROE가 가까운 시일 내에 높아질 것이라는 시장의 기대감이 반영되었기 때문입니다. 따라서 코스피 지수의 PBR 역시 미래 ROE를 예측하여 먼저 반응한 것입니다.

2018년 2분기 코스피 지수의 ROE는 10%를 넘어섰지만 이후 꾸준히 하락했습니다. 삼성전자, SK하이닉스 등 코스피에서 이익 비중이 가장 큰 반도체 기업들의 실적이 감소했기 때문입니다. 2020년 들어서 코로나19의 여파로 상장사 대부분이 타격을 입었으며 이에 따라 2020년 1분기 코스피 지수의 ROE는 3.9%까지 낮아졌습니다. 코로나19의 충격으로 코스피의 PBR은 한때 0.59배(1,439)까지 하락했습니다. 코스피 지수 PBR 0.59배는 IMF 이후로 가장 낮은 수준인데요. 다만 이후 빠르게 반등하여 0.9배를 넘겼습니다.

과거 ROE가 3.9%와 비슷하거나 낮았던 시기는 닷컴 버블 이후 경제

침체기인 2002년 1분기(ROE −4.6%), 차이나 쇼크가 발생했던 2004년 2~3분기(4.3%), 글로벌 금융 위기가 발생했던 2008년 2~3분기(4.0%) 정도입니다. 다만 해당 시점의 코스피 지수의 PBR은 0.6~0.9배에 형성되었습니다. 즉, 이번 코로나19 사태로 코스피 지수의 PBR이 0.59배까지 내린 것은 과도했다는 것을 알 수 있습니다.

그럼 2020년 7월 22일 2,228.66으로 마감한 코스피 지수는 과연 어떤 수준일까요? 현재 코스피 지수의 PBR은 0.93배입니다. 과거 코스피 지수의 PBR이 지금과 비슷한 시점은 2003년 3월과 2008년 10월~2009년 3월까지입니다. 당시 ROE는 4% 내외에서 저점을 기록하고 상승하는 구간이었습니다. 정리하면 현재 코스피 지수의 PBR 0.93배는 ROE가 3.9%에서 바닥을 형성하고 상승할 것이라는 기대감이 반영된 것입니다. 만약 2009년처럼 글로벌 위기에서 벗어나 기업들의 실적이 회복된다면 코스피 지수의 PBR은 1배를 넘어설 것입니다. 반면 코로나19로 인한 경기 침체가 장기화되고 이에 따라 ROE가 반등하지 않는다면 주가는 다시 조정을 받을 수 있습니다.

ROE를 활용한
절대 가치 평가법

절대 가치 평가법 vs 상대 가치 평가법

가치 평가법은 절대 가치 평가법과 상대 가치 평가법으로 나뉩니다. 절대 가치 평가법은 기업이 앞으로 벌어들일 이익을 예측하여 해당 기업의 가치를 구하는 방법입니다. 건물을 매입할 때를 생각해보면 쉽습니다. 가령 빌딩을 매입할 때 가격을 책정하기 위해서 다음과 같은 요소를 고려해야 합니다. 매년 5억 원의 임대 수익이 발생할 것으로 예상해봅시다. 다만 공실률, 건물 관리 비용 등을 감안하면 순수익은 4억 원으로 책정하는 것이 합리적일 것입니다. 또한 건물의 상태를 점검해봤더니 30년 정도는 유지가 가능할 것으로 보입니다. 그럼 매년 4억 원의 수익이 30년 동안 발생한다고 볼 수 있습니다. 여기에서 끝이 아닙니다. 물가 상승률도 고려해야 합니다. 돈은 시간이 지날수록 가치가 하락하니까요. 돈의 시간 가치를 반영하여 계산해보니 해당 빌딩을 매입했을 때 발생할 현금흐름의 합계는 110억 원입니다. 그렇다면 해당 건물의 적정 가격은 110억 원이 됩니다.

기업도 건물과 같은 방식으로 가치를 책정할 수 있습니다. 임대 수익을 기업이 벌어들일 이익으로 바꾸기만 하면 나머지는 똑같습니다. *이렇게 미래에 발생할 이익을 추정하여 물가 상승률을 반영하고, 현재 가치로 할인한 후 더해 가치를 측정하는 방식을 절대 가치 평가법이라고 합니다.*

그렇다면 상대 가치 평가법은 무엇일까요? '상대'라는 단이대로 상대 가치 평가법은 다른 대상과 비교를 해서 가치를 구하는 것이 핵심입니다. 이 역시 부동산을 예로 들 수 있습니다. 서울시 강남구 역삼동에 위치한 한 아파트 단지에서 전용 면적 92㎡ 아파트 A가 26억 원에 거래되고 있습니다. 그런데 얼마 떨어져 있지 않은 곳에 위치한 전용 면적 84㎡ 아파트 B는 시세가 19억 원입니다. 그렇다면 둘 중 싼 아파트는 B가 됩니다

이번에는 강북으로 가보겠습니다. 강북구 지하철 길음역 옆에 위치한 아파트 단지에서 전용 면적 84㎡ 아파트 B의 시세는 8억 원입니다.

그러나 교차로 건너편에 있는 아파트 단지에 위치한 같은 크기의 아파트 A는 6억 원입니다. 그렇다면 저렴하게 거래되고 있는 아파트는 A입니다.

강남에 있는 아파트와 강북에 있는 아파트 시세가 다른 것처럼, 기업도 어떤 업종에 속해있느냐에 따라 가격이 달리 형성됩니다. 바이오처럼 성장성이 높은 산업에 속해있는 기업은 일반적으로 PER이 높습니다. 반면 전력, 가스 등을 공급하는 유틸리티 업체처럼 성장성이 낮은 분야에 속한 기업의 PER은 일반적으로 낮습니다. 따라서 바이오 기업은 바이오 기업끼리, 유틸리티 기업은 유틸리티 기업끼리 비교해야 합니다. *이처럼 비슷한 기업군끼리 비교하여 싼지 비싼지를 가리는 것을 상대 가치 평가법이라고 합니다.*

주가는 ROE에 따라 달라진다

앞서 PBR은 ROE에 따라 달라진다고 했습니다. 이를 절대 가치 평가법 관점에서 살펴보겠습니다. 재무상태표의 자본은 '내 돈'이라고 했습니다. 여기에서 '나'라는 주체는 회사의 주인인 주주를 뜻합니다. 따라서 주식회사의 자본은 주주들의 돈입니다. 주주 입장에서는 주주들의 돈이 얼마나 성장할 수 있을지가 관건입니다. 주식 시장에는 주가가 BPS보다 3배 넘게 거래되는 기업이 있는가 하면, 반대로 절반 수준에 거래되는 기업도 있습니다. 전자는 향후 주주들의 돈이 가까운 시일 내에 크게 불어날 것이라는 기대감이 자리하고 있습니다. 후자는 오히려 주주들의 돈이 감소할 것이라는 우려가 담겨 있죠. 향후 주주들의 돈이 얼마나 빠르게 성장하는지 나타내는 지표는 ROE입니다. 즉, 주가는 ROE에 따라서 BPS보다 높게 형성되기도 하고 낮게 형성되기도 합니다. ROE에 따라 적정한 주가 수준을 구하는 것이 ROE를 활용한 절대 가치 평가법입니다. 이를 위해서 다음 3가지 변수를 계산해야 합니다.

① 기업의 미래 ROE
② 할인율
③ 기업의 영속 기간

첫째로 기업의 미래 ROE입니다. 앞으로 기업의 ROE가 몇 퍼센트를 기록할지 계산해야 합니다. 그래야 주주들의 돈인 자본이 얼마나 성장할 수 있을지 파악할 수 있습니다. 그런데 기업의 미래 ROE를 구하는 것이 과연 쉬울까요? 아래 그래프는 증권사 애널리스트들이 예상한 코스피 지수의 순이익과 실제 발표치를 비교한 것입니다. 코스피 지수의 순이익은 코스피 상장 기업들의 순이익 합계를 뜻합니다. 애널리스트들이 예상한 순이익은 그해 1월 첫 거래일에 전망한 값입니다.

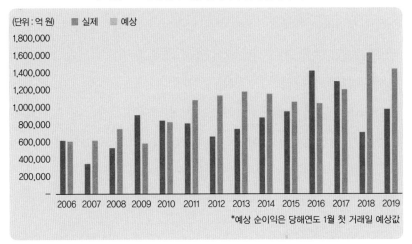

[그림] 코스피 상장사 예상 순이익과 실제 순이익 비교

(단위 : 억 원)　■ 실제　■ 예상

*예상 순이익은 당해연도 1월 첫 거래일 예상값

2006년과 2010년, 2015년 정도를 제외하고는 예상치와 실제 발표치가 크게 차이가 나는 것을 알 수 있습니다. 특히 2018년은 실제 발표치가 애널리스트들의 예상치의 불과 절반에도 미치지 못했습니다. 애널리스트들의 실력이 부족한 것일까요? 절대 그렇지 않습니다. 적어도 일반투자자보다 거시 경제 변수, 각 산업에 대한 정보, 기업들의 비즈니스모델에 대한 이해가 뛰어납니다. 그럼에도 이처럼 예상치와 실제 발표치의 차이가 큰 것은 그만큼 예측이 어렵기 때문입니다. 투자자는 기업의 미래 이익을 예측하기 어렵다는 것을 받아들여야 합니다. 그렇다면 기업의 미래 ROE는 절대 구할 수 없는 것일까요? 현실적으로 기업의 미래 ROE를 추정하는 방법은 뒤의 '유지 가능한 ROE 계산법' 목차에서 다루겠습니다.

다음으로는 할인율입니다. 갑자기 할인율이 왜 나왔을까요? '절대 가치 평가법 vs 상대 가치 평가법' 목차에서 절대 가치 평가법으로 가치를 계산할 때 미래 기업의 이익을 그냥 더하는 것이 아니라 물가 상승률을 반영한다고 했습니다. 구체적으로 매년 물가 상승률이 2%라고 한다면 기업의 예상 이익을 2%로 할인해야 합니다. 돈의 가치는 물가 상승률에 따라 매년 하락하니까요. 그렇다면 기업의 미래 ROE를 구할 때 물가 상승률만큼만 할인하면 될까요? 앞서 애널리스트들의 코스피 상장사 순이익 합계 예상치와 실제 발표치가 크게 차이가 나는 점을 확인했습니다. 그만큼 기업이 향후 얼마를 벌지 예측하기는 어렵습니다. 이번 코로나19 사태만 해도 그렇습니다. 코로나19 사태 발생 전 멀쩡하게 돈을 벌던 기업들도 지금은 회생 절차를 겪고 있습니다. 이처럼 기업의 경영 환경은 불확실하며, 투자자 입장에서 원금 손실의 위험이 발생할 수 있습니다. 따라서 투자자가 예상한 기업의 ROE에 위험(불확실성)을 반영하여 할인율을 적용해야 합니다.

셋째는 기업의 영속 기간입니다. 이는 기업의 미래 ROE만큼 구하기 어렵습니다. 그 기업이 얼마나 영속할지는 아무도 모릅니다. 120년 넘게 생존한 제너럴 일렉트릭 같은 회사가 있는 반면, 얼마 가지 못해 망하는 회사도 존재합니다. 또한 30년 정도 생존한다고 가정했을 때 향후 30년간의 ROE를 구해야 한다는 문제도 생깁니다. 절대 가치 평가법으로 많이 쓰이는 **현금흐름할인법(DCF)**이나 **잔여이익모델(RIM)**은 일반적으로 향후 10년간의 잉여현금이나 ROE를 예측합니다. 이후에는 영구적으로 특정 잉여현금이나 ROE 가 이어질 것으로 가정합니다. 본 PBR·ROE 가치 평가법은 향후 10 년간 ROE를 예측한 후 11년째부터 는 ROE와 할인율이 같아지는 패리 티(Parity) 상태를 이룬다고 가정합 니다. 만약 ROE가 할인율보다 높

> **현금흐름할인법(DCF)** Discounted Cash Flow. 기업의 미래 총 잉여현금 을 예측하여 현재 가치로 할인한 뒤 합산하여 기업의 가치를 구하는 방법.

> **잔여이익모델(RIM)** Residual Income Model. 기업의 미래 총 잔여이익의 합계와 현재 장부 가치를 더해 기업 의 가치를 산출하는 방법. 잔여이익은 ROE에서 자기자본비용인 COE를 차 감하여 계산한다.

다면 시간이 지날수록 기업의 가치는 성장할 것입니다. 그러나 ROE가 할인율보다 낮다면 오히려 가치가 낮아지게 되고, ROE와 할인율이 일 치하면 가치는 변동 없이 유지됩니다. 즉 11년째부터는 기업의 가치가 성장하지 않는다고 가정합니다.

위의 세 가지 변수를 고려하여 기업의 가치를 구하는 방법은 다음과 같습니다.

[그림] ROE·PBR 기업 가치 평가법의 이해

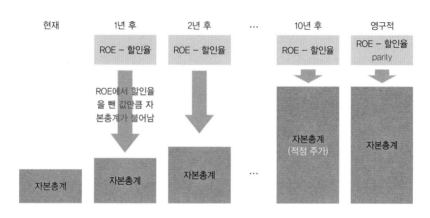

그렇다면 미래 ROE와 할인율, 두 가지 변수를 합리적으로 구하는 방법에 대해서 알아보겠습니다.

253

전통 가치 평가법 DCF

DCF는 기업 가치 평가의 표준으로 불리는 방법입니다. 비상장 기업의 인수, 합병 이벤트가 발생했을 때 회계 법인들은 대부분 DCF 방법으로 피인수(또는 피합병) 법인의 가치를 측정합니다. 그럼에도 불구하고 DCF 방식을 사용하지 않는 이유는 비현실적이기 때문입니다.

먼저 잉여현금흐름에 대해 알아보겠습니다. 순이익은 장부상의 이익입니다. 실제 기업이 사업을 통해 남긴 현금과는 다릅니다. 매출채권, 감가상각비 등으로 실제 기업의 순이익과 영업현금은 충분히 달라질 수 있습니다. 또한 시설 투자로 지출하는 투자활동현금 등도 주주 입장에서는 비용으로 볼 수 있습니다. 하지만 장부상에서는 비용으로 처리되지 않습니다. 이런 식으로 기업이 벌어들인 매출에서 실제 유입된 돈과 시설 투자 비용 등을 전부 차감하고 남은 현금을 잉여현금이라고 합니다. 구체적인 계산식은 다음과 같습니다.

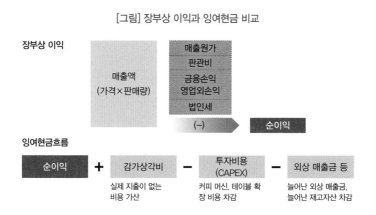

[그림] 장부상 이익과 잉여현금 비교

따라서 실제 주주들의 손에 쥐어지는 잉여현금을 바탕으로 기업 가치를 계산해야 정확합니다. 그러나 잉여현금을 예측하는 것이 가능할까요? 기본적으로 순이익을 예측한 뒤 해당 기업의 매출채권, 재고자산 등도 예측해야 하며, 시설 투자에 얼마를 지출할지 역시 따져봐야 합니다. 순이익도 예측하기 어려운데 잉여현금은 정말이지 넘을 수 없는 장벽이나 다름없습니다. 기업의 잉여현금 변동성 자체도 큽니다. 실제 지난 2015년부터 2019년까지 상장사들의 연간 잉여현금을 자본총계로 나눈 값의 변동성이 20% 미만인 기업은 태광산업을 포함하여 8개 기업에 불과합니다. 나머지 2,000개가 넘는 기업은 변동성이 크기 때문에 예측이 거의 불가능합니다. 또한 지난 5년간 평균 잉여현금이 마이너스를 기록한 기업은 1,094개에 달했습니다. DCF 방식으로 계산한다면 1,094개 기업의 가치는 제로인 셈입니다.

이 정도는 기대해도 되겠지?

구체적으로 할인율은 얼마가 좋을지 알아보겠습니다. 커피 전문점 사장님이 두 분 계십니다. 두 분 다 각자 운영하고 있는 커피 전문점을 여러분에게 매각하려고 합니다. 두 커피 전문점이 평균적으로 벌어들이는 이익 규모는 같습니다. 이것만으로는 어느 커피 전문점이 좋은지 판단할 수 없습니다.

A 커피 전문점 사장님: "1년에 평균 1억 원 정도 남기는 커피숍입니다. 당신은 얼마에 사시겠습니까?"

B 커피 전문점 사장님: "1년에 평균 1억 원 정도 남기는 커피숍입니다. 당신은 얼마에 사시겠습니까?"

각각 커피 전문점의 과거 장부를 확인해봤습니다. 그랬더니 커피 전문점 A는 3억 5,000만 원을 남길 때도 있지만, 3,000만 원 적자를 낼 때도 있었습니다. 반면 커피 전문점 B는 매년 1억 원의 이익을 꾸준히 유지하고 있었습니다. 그렇다면 여러분은 어느 커피 전문점을 선택할까요? 고민할 것도 없이 B입니다. 여기에서 알 수 있는 것은 이익 변동성이 낮은 기업이 그렇지 않은 기업에 비해서 가치가 높게 형성된다는 것입니다. *이익 변동성, 즉 이익 불확실성이 높은 기업일수록 높은 할인율을 적용하고, 낮은 기업일수록 낮은 할인율을 적용할 수 있습니다.*

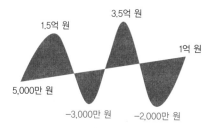

A 커피 전문점 이익

3.5억 원

1.5억 원

1억 원

5,000만 원

−3,000만 원 −2,000만 원

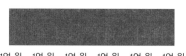

B 커피 전문점 이익

1억 원 1억 원 1억 원 1억 원 1억 원 1억 원

이처럼 할인율을 적용하는 것은 미래 이익에 대한 불확실성 때문입니다. 그렇다면 얼마를 할인하는 것이 좋을까요? 투자처 중에서 가장 안전한 것은 예금이나 적금입니다. 은행에 맡기면 정해진 이율에 따라 이자를 지급하기 때문이죠. 예금자보호법에 따라 5천만 원까지는 원금도 보장됩니다. 5천만 원 이상부터는 은행이 망해 채무 변제 능력이 없지 않은 이상 원금 손실 위험이 없습니다.

예적금과 비슷한 성격의 자산이 있습니다. 바로 국가에서 발행한 채권입니다. 이 역시 나라가 망하지 않는 한 원금과 이자가 보장됩니다. 따라서 기업의 미래 ROE에서 가장 안전한 투자처인 예적금이나 국채 금리만큼은 할인을 해야 합니다. '내가 주식에 투자하는데 최소한 예적금이나 국채 금리보다는 수익률이 높아야 하지 않겠어?'라는 차원에서 말입니다. 참고로 투자 업계에서는 위험이 매우 낮은 국채 금리를 무위험이자율이라고 부릅니다.

이것으로 끝이 아닙니다. 추가로 할인이 필요합니다. 주식에 투자하면서 국채 금리보다 살짝 높은 수준을 기대하는 투자자는 없기 때문입니다. 기업의 미래 ROE에 무위험이자율과 추가로 적절한 수준의 할인율을 반영해야 합니다. 달리 말하면 원금 손실이 발생할 수 있는 주식에 투자하니 기대수익률이 최소한 은행이자율보다 높아야 한다는 것입니다. 구체적으로 '몇 퍼센트'가 높아야 하는지가 관건입니다. 이 '몇 퍼센트'는 리스크를 감당하면서 기대하는 수익률이기 때문에 리스크 프리미엄이라고 합니다.

앞서 PER이라는 투자 지표를 배웠습니다. 기업의 이익이 유지된다는 가정하에 PER 10배 기업에 투자하면 투자 원금 대비 매년 10%의 수익률이 발생합니다. 여기에서 알 수 있는 것은 PER의 역수는 투자자들이 해당 기업에 투자했을 때 얻을 수 있는 수익률입니다.

> 투자수익률 = PER의 역수

그러나 기업의 이익은 변합니다. 일반적으로 미래 이익이 크게 성장할 것으로 예상되는 기업은 PER이 높습니다. 당장은 벌어들이는 이익에 비해 주가가 높지만, 향후 이익이 증가하면 PER이 낮아질 수 있기 때문입니다. 투자자는 기업의 미래 이익을 보고 투자합니다. 따라서 최근 이익 기준 PER이 아닌 예상 순이익을 반영한 PER 값을 따져봅니다. 가령 A기업의 현재 시가총액이 1,000억 원, 예상 순이익이 100억 원입니다. 이 경우 예상 순이익을 반영한 PER은 10배입니다. 해당 기업에 투자한다면 투자 원금 대비 매년 10%의 수익을 기대할 수 있습니다. 그러나 이는 예상 순이익이 실제 실현되었을 때 이야기입니다. 따라서 예상 순이익 기준 PER의 역수는 실제 수익률이 아닌 투자자의 기대수익률을 반영한 것입니다.

> 기대수익률 = 예상 순이익 기준 PER의 역수

그렇다면 주식 투자자가 기대하는 수익률은 예상 순이익 기준 PER의 역수로 구할 수 있습니다. 평균적으로 기대하는 수익률은 국내 대표 시장인 코스피의 예상 순이익 기준 PER의 역수입니다. 이렇게 구한 코스피의 기대수익률에서 국채 금리를 차감하면 리스크 프리미엄을 계산할 수 있습니다. 약 20년간 일별 코스피 PER(**예상 순이익** 기준)의 역수에서 국고채 금리를 차감하여 평균한 값은 7.7%입니다. 즉 지난 20년간 투자자들이 예적금 대신 주식에 투자하면서 예적금 이자율보다 추가로 기대한 수익률이 7.7%라는 것입니다. 정리하자면 할인율은 현재 국채 금리에서 리스크 프리미엄 7.7%를 더한 값으로 계산할 수 있

예상 순이익 증권가에서 가장 보편적으로 사용하는 예상 순이익은 현재 시점으로부터 향후 12개월간 기대하는 순이익입니다. 2020년 7월이라면, 2020년 8월부터 2021년 7월까지가 향후 12개월간 기대하는 순이익이 됩니다. 이를 12M(Month) Forward 순이익이라고 부릅니다. 이 책에서 사용하는 "예상 순이익", "예상 EPS" 또는 "PER(예상)"은 기간에 대한 구체적인 언급이 없다면 12M Forward 순이익(EPS)을 사용합니다.

습니다. 7월 22일 기준 국고채 3년물 금리는 0.81%입니다. 여기에 리스크 프리미엄인 7.7%를 더하면 할인율은 8.51%로 산출됩니다.

한편 위의 방식으로 구한 할인율은 코스피 상장 기업의 평균 할인율입니다. 만약 투자 대상 기업이 일반적인 코스피 상장 기업보다 이익 변동성이 낮다고 판단되면 더 낮은 할인율을 적용할 수 있습니다.

유지 가능한 ROE 계산법

이번에는 기업의 향후 10년간의 ROE를 어떻게 구할 수 있을까? 하는 부분입니다. 먼저 최근 5년간 기업의 ROE를 평균하는 방법을 사용합니다. 목차 '2장 주식 초보도 활용하는 재무제표'에서도 최소 기업의 5년 치 재무제표를 확인해야 한다고 했습니다. 이는 호황기와 불황기 기업의 ROE를 모두 고려해야 하기 때문입니다. 통계청에서 발표한 지난 1972년 3월부터 현재까지 경기 순환주기를 살펴보면 경기의 한 사이클은 평균 49.2개월입니다. 4년 1개월마다 불황과 호황이 반복된다는 의미입니다. 호황 때의 ROE를 반영하면 기업의 가치는 높게 나올 것입니다. 반대로 불황 때의 ROE를 반영하면 기업의 가치는 낮게 계산될 가능성이 있습니다. *최근 5년 ROE의 평균값을 사용한다는 것은 기업의 불황기와 호황기의 ROE를 적절히 반영한다는 뜻입니다.*

[표] 경기 순환주기

	저점	정점	기간(개월)		
			상승	하강	총 기간
1순환	1972. 3	1974. 2	23	16	39
2순환	1975. 6	1979. 2	44	19	63
3순환	1980. 9	1984. 2	42	18	60
4순환	1985. 9	1988. 1	29	17	46
5순환	1989. 7	1992. 1	31	11	42
6순환	1993. 1	1996. 2	37	30	67
7순환	1998. 8	2000. 8	24	11	35
8순환	2001. 7	2002. 12	17	28	45
9순환	2005. 4	2008. 1	33	13	46
10순환	2009. 2	2011. 8	30	19	49
11순환	2013. 3	2017. 9	54	24+α	-
평균			31	18.2	49.2

출처 : 통계청

다만 단순히 5년 치 ROE를 평균한다면 최근 기업의 변화를 반영하지 못한다는 한계가 있습니다. 최근 기업이 과감한 시설 투자를 했거나 신사업에 진출하기 위해 기업을 인수했을 경우 분명 과거와는 다른 ROE를 기록할 것입니다. 5년 치 ROE를 평균하되 최근 ROE에 가중치를 높게 주는 것이 합리적입니다. 이를 계산하는 방식은 다음과 같습니다.

가장 과거인 4년 전 ROE에는 가중치 계수 1/15을 곱해줍니다. 같은 방식으로 3년 전 ROE에 2/15, 2년 전 ROE에 3/15 등 최근 ROE로 갈수록 가중치 계수를 높여줍니다. 이렇게 가중치 계수를 곱해 계산한 5개의 ROE를 합산하면 최근 5년 ROE의 값을 가중 평균한 값이 산출됩니다.

이를 기업의 유지 가능한 ROE로 간주하는 것입니다. 즉 향후에도 해당 ROE 값을 유지한다고 가정하는 것입니다.

[표] 유지 가능한 ROE 계산법

	Y-4	Y-3	Y-2	Y-1	당해연도
ROE	22.7%	21.2%	15.1%	11.2%	11.9%
가중치	1	2	3	4	5
가중치 계수	1/15	2/15	3/15	4/15	5/15
가중치 반영 ROE (ROE×가중치 계수)	1.5%	2.8%	3.0%	3.0%	4.0%
유지 가능한 ROE (5년 가중치 반영 ROE 합산)					14.3%

ROE 가치 평가법에 필요한 3가지 변수를 구하는 방법에 대해 알았으니 이를 활용하여 실제 기업의 적정 주가를 구해보겠습니다. 사례는 국민 주식인 삼성전자입니다. 먼저 가치 평가의 출발점인 주주들의 돈, 즉 BPS 값이 있어야 합니다. BPS는 네이버 금융에서 삼성전자를 검색하면 우측 상단의 '투자 정보' 탭에서 확인할 수 있습니다. BPS 3만 8,053원은 2020년 1분기 기준입니다.

[그림] 삼성전자 네이버 금융 〉투자 정보

투자정보	호가10단계
시가총액	**345조 6,504억원**
시가총액순위 ▸	코스피 1위
상장주식수	5,969,782,550
액면가 ┃매매단위	100원 ┃1주
외국인한도주식수(A)	5,969,782,550
외국인보유주식수(B)	3,343,814,043
외국인소진율(B/A) ⚹	**56.01%**
투자의견 ┃목표주가	3.96매수 ┃66,435
52주최고 ┃최저	62,800 ┃42,300
PER ┃EPS(2020.03) ⚹	18.47배 ┃3,134원
추정PER ┃EPS ⚹	15.62배 ┃3,707원
PBR ┃BPS (2020.03) ⚹	1.52배 ┃38,053원
배당수익률 ┃2019.12 ⚹	2.45%
동일업종 PER ▸	**18.82배**
동일업종 등락률 ▸	-2.02%

출처 : 네이버 금융

다음은 유지 가능한 ROE를 구할 차례입니다.

네이버 금융에서 삼성전자를 검색한 뒤 '종목 분석 〉투자 지표' 탭에서 최근 5년 ROE를 확인할 수 있습니다. 만약 2019년 연간 실적이 가장 최근 발표된 실적이라면 2015년부터 2019년까지의 ROE를 적용하면 됩니다. 그러나 2020년 1분기 실적이 발표된 시점에서 2019년 ROE 값을 당해연도 ROE로 적용하기에는 시차가 발생합니다. 따라서 2020년 1분기 연환산 값을 적용한 ROE를 당해연도 ROE로 적용합니다. (2분기 실적까지 발표되었다면 2분기 연환산 ROE, 3분기 실적까지 발표되었다면 3분기 연환산 ROE를 당해연도 ROE로 적용합니다.) 투자 지표 탭에서 분기로 설정하여 검색 버튼을 누르면 2020년 1분기 연환산 기준 ROE를 확인할 수 있습니다. 정리하자면 최근 5년간의 ROE는 2016년부터 2019 년 값과 2020년 1분기 연환산 값을 적용하면 됩니다.

[그림] 삼성전자 투자 지표

항목	2015/12 (IFRS연결)	2016/12 (IFRS연결)	2017/12 (IFRS연결)	2018/12 (IFRS연결)	2019/12 ⊕ (IFRS연결)
⊕ 매출총이익률	38.46	40.42	46.03	45.69	36.09
⊕ 영업이익률	13.16	14.49	22.39	24.16	12.05
⊕ 순이익률	9.50	11.26	17.61	18.19	9.44
⊕ EBITDA마진율	23.59	24.75	31.62	35.02	24.90
⊕ ROE	11.16	12.48	21.01	19.63	8.69
⊕ ROA	8.07	9.01	14.96	13.83	6.28
⊕ ROIC	15.90	19.67	28.58	26.33	12.76

출처 : 네이버 금융

이제 가중 평균 ROE를 구해보겠습니다. 가장 과거인 2016년 ROE에 는 가중치 계수 1/15을 곱해줍니다. 같은 방식으로 2017년 ROE에 2/15, 2018년 ROE에 3/15 등 최근 ROE로 갈수록 가중치 계수를 높여줍니다. 이렇게 계산한 5개의 ROE를 합산하면 가중 평균 ROE가 산출됩니다. 삼성전자의 경우 가중 평균 ROE 값은 12.69%입니다.

할인율은 지난 20년간의 리스크 프리미엄 평균값에 현재 국고채 3년 물 금리를 더해 구합니다. 리스크 프리미엄 평균값은 7.7%, 국고채 3년 물 금리는 0.81%로 할인율은 8.51%가 됩니다. 이제 삼성전자의 BPS가 매년 유지 가능한 ROE에 할인율을 차감한 값만큼 10년간 성장한다고 가정하겠습니다. 이렇게 계산한 삼성전자의 적정 주가는 5만 7,310원입 니다. 2020년 7월 22일 종가 5만 4,700원보다 약간 높은 수준입니다.

$$(적정\ 주가) = BPS \times \{1+(가중\ 평균\ ROE-할인율)\}^{\wedge}10$$

$$3만\ 8,053원 \times \{1+(12.69\%-8.51\%)\}^{\wedge}10 = 5만\ 7,310원$$

삼성전자와 같은 대형주의 경우 증권사의 예상 실적 추정치가 존재합니다. 이 경우 당해연도 ROE를 2020년 1분기 값이 아닌 2020년 연간 값으로 적용할 수 있습니다. BPS 역시 2020년 예상값으로 대체 가능합니다. '종목 분석 〉 기업 현황' 탭의 경로로 접근하여 'Financial Summary'를 보면 2020년 예상 ROE와 BPS 값을 확인할 수 있습니다. 삼성전자의 2020년 예상 ROE는 9.36%, BPS는 3만 9,909원입니다.

[그림] 삼성전자 주요 재무 정보

주요재무정보	연간 ●			
	2017/12 (IFRS연결)	2018/12 (IFRS연결)	2019/12 (IFRS연결)	2020/12(E) (IFRS연결)
ROE(%)	21.01	19.63	8.69	9.36
ROA(%)	14.96	13.83	6.28	6.87
부채비율	40.68	36.97	34.12	32.76
자본유보율	24,536.12	27,531.92	28,856.02	
EPS(원)	5,421	6,024	3,166	3,625
PER(배)	9.40	6.42	17.63	15.97
BPS(원)	30,427	35,342	37,528	39,909

출처 : 네이버 금융

당해연도 ROE를 2020년 예상값으로 적용한 후 5년 가중 평균 ROE를 계산하면 12.99%입니다. 이제 BPS가 가중 평균 ROE에서 할인율을 차감한 만큼 10년간 성장하면 적정 주가는 다음과 같습니다.

$$3만 9,909원 \times \{1+(12.99\% - 8.51\%)\}^{\wedge}10 = 6만 1,859원$$

2020년 예상값을 적용하니 삼성전자의 적정 주가가 높아졌습니다. BPS가 증가했고, 2020년 예상 ROE가 2020년 1분기 ROE보다 높아졌기 때문입니다. 한편 '종목 분석 〉 기업 현황' 하단의 '추정 실적 컨센서스'에 2021년 예상 ROE가 존재합니다. 그러나 해당 값을 사용하여 5년 가중 평균 ROE를 구하는 것은 큰 의미가 없습니다. 올해 예상 실적도 잘 맞지 않는데, 내년은 더더욱 맞지 않을 가능성이 높기 때문입니다.

[그림] LG생활건강 투자 지표

항목	2015/12 (IFRS연결)	2016/12 (IFRS연결)	2017/12 (IFRS연결)	2018/12 (IFRS연결)	2019/12 (IFRS연결)
매출총이익률	58.22	60.06	57.25	60.04	62.04
영업이익률	12.84	14.46	15.23	15.40	15.31
순이익률	8.83	9.50	10.13	10.26	10.26
EBITDA마진율	15.22	16.65	17.63	17.73	18.57
ROE	25.05	24.87	21.94	20.98	20.32
ROA	11.70	13.29	13.33	13.77	13.39
ROIC	15.59	21.09	19.04	19.46	17.77

출처 : 네이버 금융

이번에는 LG생활건강의 적정 주가를 산출해보겠습니다. LG생활건강의 2020년 1분기 BPS는 25만 3,945원입니다. 가중 평균 ROE는 2016년부터 2020년 1분기 연환산 값을 적용하여 계산합니다. 이렇게 계산한 LG생활건강의 가중 평균 ROE는 20.86%입니다. 삼성전자와 마찬가지로 할인율 8.51%를 적용하여 LG생활건강의 적정 주가를 계산하면 다음과 같습니다.

$$25만 3,945원 \times \{1+(20.86\% - 8.51\%)\}^{\wedge}10 = 81만 3,711원$$

7월 22일 주가인 138만 3,000원과 큰 차이가 납니다. 그만큼 LG생활건강의 주가가 고평가된 것일까요? LG생활건강의 최근 5년 ROE를 살펴보겠습니다. 가장 높았을 때의 ROE는 2016년 24.87%이며, 가장 낮았을 때는 2020년 1분기 20.00%입니다. ROE가 20% 이상으로 변동성이 낮습니다. 앞서 기업의 미래 이익을 할인해주는 이유는 불확실성 때문이라고 했습니다. 기업이 앞으로 어느 정도의 이익을 낼지 모르니, 국채 금리에 리스크 프리미엄만큼 할인율을 적용하는 것입니다. 그런데 LG생활건강처럼 ROE 변동성이 낮은 기업은 일반적인 할인율보다 더 낮은 할인율을 적용하는 것이 합당합니다. 따라서 기존 리스크 프리미엄의 절반(3.85% = 7.7%/2)을 적용하여 산출한 4.66%의 할인율로 계산한 LG생활건강의 적정 주가는 다음과 같습니다.

267

$$25만 3,945원 \times \{1+(20.86\% - 4.66\%)\}^{10} = 113만 9,727원$$

할인율 8.51%를 적용한 것보다 적정 주가가 30만 원 정도 올라갔습니다. 그러나 현재 주가보다 여전히 낮습니다. ROE 가치 평가법에서는 ROE의 유지 가능한 기간을 10년으로 설정했습니다. 11년째부터는 ROE가 할인율과 같아져 더 이상 주주들의 돈이 성장하지 않습니다. 정리하자면 LG생활건강의 주가가 ROE 가치 평가법으로 계산한 적정 주가와 차이가 큰 이유는 *투자자들이 LG생활건강의 유지 가능한 ROE가 10년이 아니라 그 이상이라고 판단하고 있기 때문입니다.*

ROE를 신뢰할 수 있는 기업은?

ROE 가치 평가법에 대해 정리하면 다음과 같습니다.

먼저 할인율이 낮으면 기업의 가치가 올라갑니다. 할인율은 국고채 3년물 금리와 리스크 프리미엄의 합으로 계산됩니다. 따라서 금리가 낮아지면 적정 주가가 올라갑니다. 코로나19로 세계 각국이 금리를 제로 금리 수준으로 하향 조정했습니다. 2020년 2분기 GDP 성장률이 마이너스를 기록하는 상황에서도 주요국 증시가 코로나19 이전 수준을 회복한 것은 금리의 영향도 한몫한 것입니다. 은행에 맡겨 봤자 과거와 같은 수준의 이자를 기대할 수 없기 때문에 주식 시장으로 자금이 몰리는 것입니다. 반대로 경기가 회복되고 금리가 인상되면 할인율이 높아져 기업의 가치는 낮아집니다. 리스크 프리미엄은 이익 불확실성이 영향을 미칩니다. 이 책에서 언급한 리스크 프리미엄 7.7%는 시장 평균값입니다. 따라서 LG생활건강처럼 높은 수준의 ROE를 꾸준히 유지하는 기업의 리스크 프리미엄 값은 당연히 시장 평균보다 낮아야 합니다. 즉, 이익 확실성이 높은 기업의 가치가 그렇지 않은 기업에 비해 높게 나타납니다.

두 번째로 유지 가능한 ROE를 기업의 상황에 맞게 잘 사용할 수 있습니다. 유지 가능한 ROE는 경기의 한 사이클을 반영하기 위해 5년 치 값을 가중 평균하여 구했습니다. 그러나 삼성전자처럼 예상 실적이 있는 기업은 그해의 ROE를 예상값으로 사용할 수 있습니다. 한편 변화가 빠르게 진행되는 기업도 있습니다. 최근 시설 투자를 진행했거나 기업을 인수했거나 사업부를 양수한 경우입니다. 이 경우 5년 가중 평균 ROE를 적용하면 기업의 변화를 잘 반영하지 못할 수 있습니다. 따라서 5년 치가 아닌 3년 가중 평균 ROE를 적용합니다. 계산 방법은 당해연도 ROE에 3/6, 1년 전 ROE에 2/6, 2년 전 ROE에 1/6를 각각 곱한 뒤 더해줍니다.

세 번째로 ROE 가치 평가법을 적용할 기업을 잘 선정해야 합니다. 앞서 삼성전자의 주가는 ROE 가치 평가법으로 계산한 적정 주가와 비

숫했지만, LG생활건강은 크게 차이가 났습니다. 할인율을 낮춰도 적
정 주가가 현재 주가를 따라가지 못했습니다. LG생활건강처럼 경기에
영향을 받지 않고 매년 20%가량의 ROE를 유지하는 기업은 주가에 프
리미엄이 붙기 마련입니다. 따라서 ROE 가치 평가법의 일반적인 기준
을 적용하면 도무지 살 수 있는 기회가 오지 않습니다. 코로나19의 충격
으로 코스피 지수가 1,400대까지 하락했을 때도 LG생활건강의 주가는
100만 원 밑으로 내려가지 않았습니다. 그만큼 투자자들이 LG생활건강
에 거는 기대가 큰 것입니다. *ROE 가치 평가법은 높은 ROE를 유지하는
고성장 기업의 가치를 평가하기에는 무리가 있습니다.*

[그림] LG생활건강 주가

출처 : 키움증권

270

추가로 실적보다 성장 기대감이 앞서는 주식도 ROE 가치 평가법으로 평가하기 부적절합니다. 대표적으로 바이오, 2차전지, 자율주행 기업입니다. 이런 기업은 최근 5년 가중 평균 ROE를 적용하여 계산한 적정 주가가 현재 주가에 비해 터무니없이 낮게 나옵니다. 현재 ROE는 낮지만 미래 ROE는 높아질 것으로 예상되는 기업이기 때문입니다.

ROE 변동성이 높은 기업을 평가하기도 어렵습니다. 가중 평균 ROE는 호황기와 불황기를 모두 고려한 값입니다. 그러나 가중 평균 ROE 계산에 들어가는 5개 ROE 간의 변동성이 크면 유지 가능한 ROE로서의 신뢰도가 낮습니다. 쉽게 말해 하루는 12시에 출근하고, 또 하루는 새벽 6시에 출근하는 사람을 두고 '그 사람은 보통 9시에 출근하는 사람'이라고 할 수 없다는 이야기입니다. 따라서 ROE 가치 평가법으로 평가할 수 있는 기업은 비교적 유지 가능한 ROE를 신뢰할 수 있는 소비재 기업들입니다.

ROE 가치 평가법으로 적정 주가를 계산해봤는데, 현재 주가가 적정 주가보다 터무니없이 낮게 나오는 경우도 있습니다. 이럴 때 '싸다'고 해서 무작정 사야 할까요? 현재 주가가 적정 주가보다 현저히 낮게 나올 경우는 해당 기업에 문제가 있을 가능성이 높습니다. 시장에서 싸게 거래되는 기업은 다 이유가 있습니다. 따라서 재무제표, 사업보고서, 기사 검색 등을 통해 해당 기업에 문제가 없는지 먼저 살펴봐야 합니다.

마지막으로 가치 평가법은 투자자를 성공으로 이끄는 만능 도구가 아닙니다. 10년 넘게 투자업에 종사하면서 다양한 투자자들을 만나봤지만, 가치 평가법만 잘 활용해서 성공한 사람은 없었습니다. 좋은 장비를 갖춘 운동선수가 무조건 경기를 잘 뛰는 것은 아닙니다. 요리사 역시 값비싼 조리 도구를 지녔다고 해서 요리를 잘하는 것이 아닙니다.

　　주식 투자도 마찬가지입니다. 가치 평가법은 투자자에게 도움을 주는 보조 도구 정도로 여겨야 합니다. 장기적으로 꾸준히 성장할 만한 산업에 속해있는지, 사업 모델이 우량한지, 흔들리지 않는 경쟁력을 보유했는지, 등을 파악하는 것이 훨씬 더 중요합니다. *초보 투자자가 가치 평가 도구를 맹신하고 투자하는 것은 어린 아이가 요리를 한답시고 칼을 쥐는 것과 마찬가지입니다.*

달란트 투자와 10초 만에 이해하기

1 시중 금리가 낮아지면 주식의 가치는 상승한다.

2 이익 불확실성이 낮은 기업은 리스크 프리미엄을 낮게 적용할 수 있다.

3 최근 변화가 중요한 기업은 3년 가중 평균 ROE를 사용할 수 있다.

4 ROE 가치 평가법은 유지 가능한 ROE를 신뢰할 수 있는 소비재 기업에 적용하는 것이 좋다.

PER을 활용한
상대 가치 평가법

누가누가 더 저렴하게 거래될까?

상대 가치 평가법은 특정 산업, 특정 섹터의 종목군끼리 비교하여 싼지 비싼지를 판단하는 방법입니다. 절대 가치 평가법으로 평가했을 때 가치가 너무 낮게 나오거나 미래 성장 기대감이 큰 기업을 평가하는 데 적합합니다. 이 책에서는 상대 가치 평가법 중 투자자들이 가장 많이 사용하는 PER에 대해서 언급합니다.

PER을 활용한 상대 가치 평가법은 먼저 해당 기업이 속해있는 업종과 같은 업종에 속해있는 유사 기업을 파악하는 것이 핵심입니다. 강남 아파트는 강남 아파트끼리, 강북 아파트는 강북 아파트끼리 비교하는 것처럼 말이죠. 네이버 금융에서 종목을 검색하여 '종합 정보' 탭 하단의 '동일 업종 비교'를 확인하면 같은 업종 기업 간 시가총액, 실적, 투자지표 등을 비교한 테이블을 볼 수 있습니다. 이 화면에는 검색한 종목을 제외하고 시가총액이 높은 순으로 4개 기업이 등장합니다. 테이블 우측 상단에 '더보기'를 클릭하면 해당 업종에 속한 모든 기업을 볼 수 있습니다. *다만 이 사이트에서 제공하는 분류를 무조건 신뢰하는 것보다는 어떤 사업을 하는 기업인지 투자자가 직접 확인해볼 필요가 있습니다.*

가령 JYP Ent.의 동일 업종 비교를 보면 JYP Ent.를 제외하고 CJ ENM, 스튜디오드래곤, 와이지엔터테인먼트, 에스엠이 등장합니다. 큰 틀에서 같은 미디어 업종이라고 볼 수 있지만, 자세히 들여다보면 세부 업종으로 분류할 수 있습니다. CJ ENM은 tvN 채널을 보유하고 있는 미디어사입니다. 스튜디오드래곤은 CJ ENM의 자회사로 드라마 제작사입니다. 반면 JYP Ent., 와이지엔터테인먼트, 에스엠은 연예기획사입니다. 따라서 CJ ENM과 스튜디오드래곤, JYP Ent를 같이 비교하기에는 무리가 있습니다.

[그림] 네이버 금융 동일 업종 비교 화면

동일업종비교 (업종명 : 방송과엔터테인먼트 | 재무정보: 2020.03 분기 기준)　　　　　　　　더보기 ›

종목명 (종목코드)	JYP Ent.+ 035900	CJ ENM+ 035760	스튜디오드래곤+ 253450	와이지엔터테인먼트 + 122870	에스엠+ 041510
현재가	30,150	112,800	87,100	42,650	32,000
전일대비	▲ 300	▼ 2,300	▲ 1,900	▲ 1,950	▲ 750
등락률	+1.01%	-2.00%	+2.23%	+4.79%	+2.40%
시가총액(억)	10,701	24,736	24,471	7,797	7,503
외국인취득률(%)	16.96	38.72	8.63	13.08	15.42
매출액(억)	340	8,108	1,203	528	1,447
영업이익(억)	134	397	116	-21	17
조정영업이익	134	397	116	-21	17
영업이익증가율(%)	-.36	142.54	389.56	-129.63	-87.81
당기순이익(억)	113	302	85	-89	-19
주당순이익(원)	319.35	1,225.55	303.96	-231.18	-18.08
ROE(%)	24.23	3.07	6.08	-9.71	-1.93
PER(배)	29.56	27.91	94.98	-23.67	-87.67
PBR(배)	6.01	.75	5.60	2.31	1.68

출처 : 네이버 금융

　　업종과 유사 기업을 선정했다면, 먼저 해당 기업 간 PER을 비교합니다. 아래 표는 온라인 1위 PG 업체 NHN한국사이버결제와 방송 기업의 PER을 포함한 시가총액, 이익성장률, 배당수익률, 영업이익률을 정리한 것입니다.

[표] 주요 전자결제 기업의 투자 지표, 실적, 시가총액 등 비교 (2020년 6월 3일 기준)

종목코드	종목명	PER	PER(예상)	이익성장률	영업이익률	배당수익률	시가총액
035600	KG이니시스	12,8	9,2	39%	9.1%	1.4%	6,348
046440	KG모빌리언스	23,0	12,3	87%	16.7%	1.7%	4,193
060250	NHN한국사이버결제	48,7	35,8	36%	6.9%	0.4%	13,300

종목코드	종목명	PER	PER(예상)	이익성장률	영업이익률	배당수익률	시가총액
064260	다날	35.3			5.6%	0.0%	2,496

*영업이익률은 2020년 1분기 연환산 기준

PER은 두 가지가 존재합니다. 먼저 PER은 최근 4개 분기 EPS를 합산한 값을 바탕으로 계산한 것입니다. PER(예상)은 애널리스트들이 앞으로 12개월간 기대하는 EPS를 기준으로 산출한 것입니다. 먼저 PER 값을 비교해보겠습니다. NHN한국사이버결제의 PER은 48.7배로 가장 높습니다. 반면 KG모빌리언스, KG이니시스의 PER은 각각 23.0배와 12.8배로 낮습니다. 전자결제 산업은 온라인 거래량이 꾸준히 증가하는 가운데 코로나19로 인한 비대면 수요 증가로 성장성이 밝습니다. 따라서 예상 EPS를 바탕으로 산출한 PER 값도 비교해봐야 합니다. PER(예상) 수치는 NHN한국사이버결제 35.8배, KG모빌리언스 12.3배, KG이니시스 9.2배입니다. PER이 가장 낮은 기업은 KG이니시스이며, KG모빌리언스도 NHN한국사이버결제와 차이가 큽니다. 원래는 NHN한국사이버결제라는 기업에 관심이 있어 동종 기업과 PER을 비교해봤지만, 이제 더 싸게 거래되는 KG이니시스와 KG모빌리언스에 이목이 쏠립니다.

다음으로 이익성장률을 봅니다. 올해 예상 실적이 있는 기업은 예상 순이익 기준 이익성장률(1년 전 순이익 대비)을 보고, 없는 기업의 경우에는 최근 순이익 기준 이익성장률(전년 동기 대비)을 비교합니다. 예상 실적을 확인하는 방법은 앞서 '유지 가능한 ROE 계산법'에서 다루었습니다. 올해 예상 이익성장률은 KG이니시스가 39%, KG모빌리언스가 87%입니다. 영업이익률은 KG이니시스 9.1%, KG모빌리언스가 16.7%로 KG모빌리언스가 앞섭니다. 큰 차이는 아니지만 배당수익률도 KG모빌리언스가 높습니다. PER과 PER(예상) 모두 KG이니시스가 KG모빌리언스에 비해 낮지만, 이익성장률과 영업이익률은 KG모빌리언스가 훨씬 높습니다. 따라서 투자자는 최종적으로 KG모빌리언스를 선택할 수 있습니다.

실제 NHN한국사이버결제에 비해 저평가된 KG모빌리언스는 6월 한 달 동안 40.6% 급등했습니다. 같은 기간 NHN한국사이버결제는 6.36%, KG이니시스는 6.22% 하락했습니다.

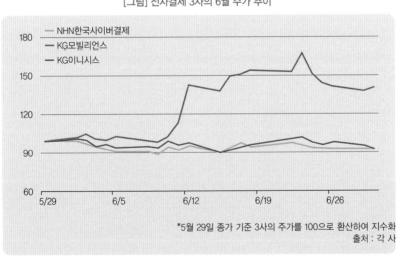

[그림] 전자결제 3사의 6월 주가 추이

*5월 29일 종가 기준 3사의 주가를 100으로 환산하여 지수화

출처 : 각 사

　한편 ROE 가치 평가법과 마찬가지로 단순히 PER 및 재무 데이터와 실적 데이터로만 기업을 선정해서는 안 됩니다. 추가적으로 재무제표를 보고 투자 포인트가 무엇인지? 안전한지? 등을 점검해야 하며 사업보고서를 통해 산업의 성장성, 비즈니스 모델 등을 종합적으로 검토하는 것이 선행되어야 합니다. *아무리 PER이 동종 기업 대비 낮다고 할지라도 재무 안전성이 낮고 시장 지배력이 점점 하락하는 기업은 투자 대상에서 애초에 제외하는 것이 좋습니다.*

PER(예상)은 어떻게 확인할까?

상장 기업의 예상 실적 기준 PER은 HTS나 주식 포털 등 다양한 곳에서 확인할 수 있습니다. 대표적으로 네이버 금융과 컴퍼니가이드 사이트가 있습니다. 네이버 금융에서 종목을 검색하면 우측 상단에 '투자 정보' 탭이 나옵니다. 여기에 PER과 추정PER, 두 가지 PER 값이 있습니다. PER은 최근 4개 분기 EPS를 합산하여 계산한 값입니다. 추정PER은 올해 예상 EPS를 기반으로 구한 것입니다.

컴퍼니가이드(http://comp.fnguide.com/)에는 PER과 12M PER이 등장합니다. PER은 최근 사업연도 기준 EPS를 적용하여 계산한 값입니다. 2020년 7월 기준 최근 사업연도는 2019년입니다. 즉 2019년 연간 EPS 값으로 PER을 계산한 것입니다. 12M PER은 현재 시점에서 향후 12개월간 기대되는 EPS를 기반으로 산출한 것입니다.

[그림] 컴퍼니가이드 Snapshot 화면

출처 : 컴퍼니가이드

최근 실적을 기반으로 계산한 PER은 네이버 금융 수치를 참조합니다. 컴퍼니가이드는 최근 사업연도 기준이기 때문에 분기 실적 변화를 반영하지 못하는 단점이 있습니다. 예상 실적 기준 PER은 컴퍼니가이드의 12M PER을 보는 것이 좋습니다. 네이버 금융의 추정PER은 올해 예상 실적 기준입니다. 연초라면 추정PER이 미래 실적을 반영한 PER 값으로 적절할 수 있습니다. 그런데 한 해가 거의 마무리되어 가는 11월이라면 추정PER 값은 온전히 미래 실적을 반영한다고 볼 수 없습니다. 이미 3분기까지 실적이 나온 상황에서 추정PER 값은 고작 4분기 값만 미래 실적으로 반영하고 있기 때문입니다. 이 책에서 PER(예상) 값을 향후 12개월간 기대되는 EPS를 기반으로 산출하는 이유입니다.

달란트
투자와 10초 만에 이해하기

1 같은 산업에 속한 기업, 즉 유사 사업 모델을 지닌 기업을 찾는다.

2 PER과 예상 실적 기준 PER 두 가지를 모두 고려하여 싼지 비싼지 판단한다.

3 영업이익률, 이익성장률, 배당수익률 등을 비교한다.

PER이 왜곡된 기업 보정하기

앞서 재무제표를 다룰 때 매출액, 영업이익, 순이익까지 실적의 3 요소 중에서 순이익은 신뢰의 문제가 있다고 했습니다. 영업외손익, 금융손익, 법인세 등을 거치며 왜곡될 가능성이 높기 때문입니다. 문제는 PER 계산에 쓰이는 이익이 순이익이라는 점인데요. 왜곡된 순이익으로 인해 PER 역시 잘못된 정보를 담고 있는 경우가 있습니다. *그러므로 동종 기업과 비교했을 때 PER이 극단적으로 낮거나 높은 기업은 재무제표를 보고 순이익이 왜곡되지 않았는지 살펴봐야 합니다.*

네이버 금융에서 카카오의 2020년 1분기 연환산 EPS 값을 적용한 PER은 N/A로 뜹니다. 해당 순이익 값이 적자이기 때문입니다. 실제 카카오의 손익계산서를 확인해보면 2019년 4분기 순이익(지배) 값이 −4,230억 원을 기록한 것을 알 수 있습니다. 영업이익은 796억 원을 기록했음에도 말입니다. 이는 4분기에만 무형자산손상차손으로 4,000억 원이 넘는 비용이 발생했기 때문입니다. 카카오의 무형자산손상차손은 과거 카카오M 등 다양한 자회사를 장부 가격보다 비싸게 인수하면서 생긴 영업권에서 발생한 것입니다. 영업권 등 무형자산은 매년 회수 가능액을 평가한 뒤 장부 가격(인수 가격)보다 낮으면 그만큼을 손상차손으로 처리합니다. 무형자산손상차손은 회계상의 비용으로 실제 현금이 지출되는 것은 아니며, 이미 손상 처리한 부분은 더 이상 비용으로 발생하지 않기 때문에 1회성 비용으로 볼 수 있습니다. 즉 무형자산손상차손은 카카오의 가치에 지속적으로 영향을 미치는 비용이 아니라고 판단할 수 있습니다.

[표] 카카오의 주요 재무 정보

단위 : 억 원

주요재무정보	분기				
	2019/03 (IFRS연결)	2019/06 (IFRS연결)	2019/09 (IFRS연결)	2019/12 (IFRS연결)	2020/03 (IFRS연결)
매출액	7,063	7,330	7,832	8,476	8,684
영업이익	277	405	591	796	882
영업이익(발표기준)	277	405	591	796	882
세전계속사업이익	405	536	888	-4,172	1,266
당기순이익	176	310	515	-4,419	799
당기순이익(지배)	275	388	557	-4,230	775
당기순이익(비지배)	-99	-78	-43	-189	24

출처 : 네이버 금융

따라서 무형자산손상차손을 제외한 순이익을 바탕으로 PER을 계산해볼 필요가 있습니다. 원칙대로라면 무형자산손상차손 비용을 제외한 순이익 값을 사용하면 되지만 초보 투자자 입장에서 무형자산손상차손을 포함한 수많은 영업외손익, 금융손익들이 무슨 의미를 갖고 있고 어떻게 찾는지 등을 알기 어렵습니다. 따라서 이 책에서는 초보 투자자들도 할 만한 간단한 방법을 소개합니다.

먼저 순이익이 왜곡된 기업을 가리는 것은 간단합니다. 카카오의 사례처럼 영업이익에 비해서 순이익이 극도로 낮거나 높은 기업이 이에 해당합니다. 추가로 영업이익에 비해서 순이익이 극도로 높거나 낮은 현상이 한 번으로 그쳐야 합니다. 영업이익과 순이익이 크게 벌어진 상태가 수년간 지속된 기업은 1회성 비용 때문이 아니라 이자비용, 자회사 관련 손실 등 실제 기업 가치에 영향을 미치는 비용일 가능성이 크기 때문입니다.

위의 조건을 충족한 기업의 과거 3년간 영업이익과 순이익의 평균 괴리율을 구합니다. 카카오는 연간 기준으로 2019년 순이익이 왜곡되었기 때문에 2016년부터 2018년까지 영업이익과 순이익의 평균 괴리율을 계산하면 됩니다. 이렇게 계산한 3년 평균 괴리율은 −39.6%입니다. 해당 괴리율을 순이익이 왜곡된 2019년 4분기 영업이익에 반영해줍니다. 정리하면 카카오의 보정 순이익은 480.8억 원입니다.

[표] 카카오의 영업이익과 순이익의 괴리율

단위 : 억 원

	2016	2017	2018
영업이익	1,161	1,654	729
순이익(지배)	577	1,086	479
괴리율	−50.3%	−34.3%	−34.3%
평균 괴리율			−39.6%

출처 : 카카오

∴ 카카오의 2019년 4분기 보정 순이익 : 796억 원 × {1+(−39.6%)}
= 480.8억 원

보정 순이익을 적용하여 2020년 1분기 기준 카카오의 PER을 계산하면 다음과 같습니다.

① 388억 원(2019년 2분기)+557억 원(2019년 3분기)+480.8억 원(2019년 4분기)+775억 원(2020년 1분기) = 2,200.8억 원

$$② \frac{2020년\ 1분기\ 연환산\ 순이익\ 2,200.8억\ 원}{주식\ 수\ 8,784만\ 6,158주} = 2,505.3원$$

$$③ \frac{주가\ 31만\ 6,000원}{EPS\ 2,505.3원} = 126.1배$$

카카오의 PER은 약 126배로 매우 높게 평가받고 있는 것을 확인할 수 있습니다. 상대 가치 평가법 관점에서는 카카오와 같은 섹터에 속한 기업들 중에서 싸게 거래되고 있는 종목들을 살펴볼 필요가 있겠죠?

그러나 반드시 염두에 두어야 할 부분이 있습니다. 상대 가치 평가법은 유사 기업과 비교하여 가치를 평가하는 것입니다. 따라서 비교 대상의 가치가 오르면 함께 가치가 상승합니다. 이것은 반대의 경우도 마찬가지입니다. 가령 화장품 산업에 속한 A기업이 PER 30배에 거래되고 있습니다. 따라서 PER 25배로 상대적으로 저평가인 B기업에 투자했습니다. 그런데 화장품 산업의 성장성이 둔화하면서 관련 기업들의 주가

가 하락했고 PER도 함께 낮아졌습니다. 그렇다면 싸다고 판단하여 투자한 B기업도 더 이상 저평가 상태가 아닌 것이 됩니다.

실제 화장품 기업들은 중국 관광객들을 중심으로 화장품 수요가 급증하면서 2015년 상반기까지 최고의 성장주로 군림했습니다. 그러나 2016년부터 불거진 사드(THAAD) 배치 이슈로 한국과 중국의 관계가 악화하면서 산업의 성장은 일단락되었습니다. 이 영향으로 한때 예상 순이익 기준 33배에 거래되었던 화장품 기업의 PER이 2017년 초 20배까지 하락하기도 했습니다. 예상 순이익 전망치도 낮아졌지만 주가가 더 많이 하락한 결과입니다.

[그림] 화장품 기업들의 PER(예상) 추이

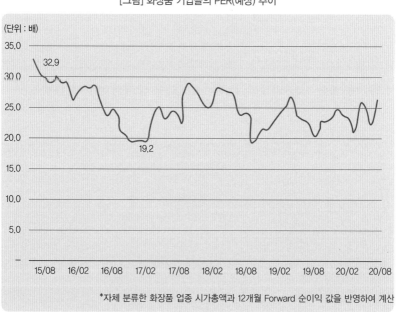

*자체 분류한 화장품 업종 시가총액과 12개월 Forward 순이익 값을 반영하여 계산

때문에 PER을 활용한 상대 가치 평가법은 성장률이 하락하는 산업에는 적용하지 않는 것이 좋습니다. 성장률이 꾸준히 유지되거나 가파르게 성장하고 있는 산업에 적용하는 것이 좋습니다.

달란트
투자와 10초 만에 이해하기

1 PER을 활용한 상대 가치 평가법은 비교 대상 기업을 잘 선정하는 것이 중요하다.

2 PER을 비교한 후 이익성장률, 영업이익률 등 재무적 요소와 비즈니스 모델 분석을 통해 최종적으로 판단한다.

3 PER을 활용한 상대 가치 평가법은 성장률이 하락하는 산업에는 적용하지 않는다.

PBR을 활용한
경기민감주 매매법

경기 주기와 나란히, PBR 밴드

상장 기업 중에는 이익 변동성이 매우 큰 종목도 존재합니다. 해당 기업들은 ROE 변동성도 크기 때문에 유지 가능한 ROE를 신뢰할 수 없습니다. 따라서 ROE 기업 가치 평가법은 적절하지 않습니다. 이익을 신뢰할 수 없기 때문에 PER을 통한 상대 가치 평가법 역시 큰 의미가 없습니다. 이런 기업들을 경기민감형 기업이라고 합니다. 대표적으로 통신 장비, 반도체 장비, 디스플레이 장비, 조선, 해운, 건설 기계 업종 등이 있습니다.

경기민감형 기업은 심하면 적자를 내기도 합니다. 그런데 순이익이 마이너스라고 해서 가치가 없을까요? 그렇지는 않습니다. 적자를 내는 기업의 경우 최소한의 자산 가치로 평가받습니다. 따라서 경기민감형 기업은 PBR로 평가합니다. 기업의 5년간 PBR 추이를 보면 특정 구간에서 움직이는 것을 확인할 수 있습니다. 이를 해당 기업의 PBR 밴드라고 합니다. 5년은 호황과 불황을 한 번씩 겪는 경기의 한 사이클입니다. 최대 실적을 기록하고 주가 역시 높은 수준일 때 PBR은 밴드 상단에 위치합니다. 반대로 적자를 내고 보릿고개를 지날 때 주가 역시 저점이며 PBR은 밴드 하단에 위치합니다. 정리하자면 경기민감형 기업은 5년간의 PBR 밴드를 확인하여 실적이 저조하고 PBR이 밴드의 하단에 위치할 때 투자를 고려할 수 있습니다. 반대로 실적이 양호하고 PBR이 밴드 상단에 근접한다면 매도 타이밍이라고 볼 수 있습니다.

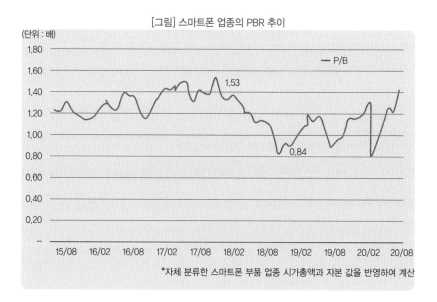

[그림] 스마트폰 업종의 PBR 추이

*자체 분류한 스마트폰 부품 업종 시가총액과 자본 값을 반영하여 계산

293

스마트폰 부품을 만드는 기업들의 PBR 밴드입니다. 최근 5년간의 PBR 추이를 보면 밴드 상단은 2017년 12월 1.53배, 밴드 하단은 2018년 11월 0.84배입니다. 코로나19로 코스피 지수가 1,400대까지 하락한 2020년 3월에도 PBR은 0.84배로 과거 밴드 하단과 같습니다. 이를 통해 스마트폰 부품 기업들의 PBR은 0.8배에서 1.6배 사이에 거래되는 것을 알 수 있습니다.

[그림] 스마트폰 업종의 PER(예상) 추이

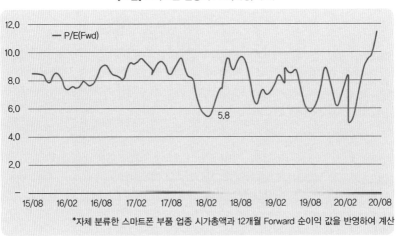

*자체 분류한 스마트폰 부품 업종 시가총액과 12개월 Forward 순이익 값을 반영하여 계산

재미있는 점은 같은 기간 스마트폰 부품주들의 PER(예상)입니다. 5년간 스마트폰 부품 기업들의 PER(예상)이 가장 낮았던 시기는 코로나19로 급락했던 상황을 제외하고는 2018년 2월입니다. 다만 이 시기 PBR은 1.38배로 밴드 상단에 근접한 수준이었습니다. 이처럼 경기민감형 기업은 PER과 PBR 지표가 서로 다른 방향으로 움직입니다. PER이 낮을 때 PBR은 오히려 고점일 가능성이 있으며, 반대로 PER이 높을 때

PBR은 바닥일 가능성이 있습니다. *따라서 경기민감형 기업은 PER이 아닌 PBR로 판단하는 것이 좋습니다.*

한편 개별 종목의 PBR 밴드는 네이버 금융에서 종목을 검색한 뒤 '종목 분석' 탭으로 접근하면 밴드 차트에서 확인할 수 있습니다.

[그림] 삼성전자의 PER, PBR 밴드

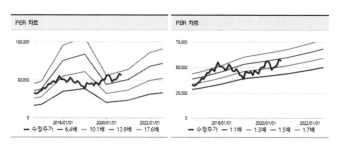

출처 : 네이버 금융

최악일 때 투자하는 확신이 필요하다

PBR 밴드를 활용한 경기민감주 매매법은 매우 심플하고 직관적입니다. 투자도 매우 쉬울 것으로 생각할 수 있습니다. 그러나 초보 투자자들은 경기민감주에 투자해서 수익을 내기가 쉽지 않습니다. 경기민감주의 PBR이 역사적 밴드 하단에 위치한다는 것은 그만큼 업황이 부정적이고 실적이 좋지 않다는 의미입니다. 미디어에서 온갖 부정적인 뉴스를 쏟아내는 상황입니다. 당장이라도 망할 것 같은 분위기가 형성됩니다. 그러므로 쉽게 손이 나가지 않습니다. 당분간 주가가 오를 일도 없기 때문에 시장에서 점점 소외되어 갑니다.

반면 경기민감주의 PBR이 밴드 상단에 근접하면 증권사는 예상 실적 전망을 상향 조정하고 언론에서 각종 긍정적인 뉴스가 쏟아져 나옵니다. 이익이 급증하여 PER도 낮아져 투자자에게 매력적으로 다가옵니다. 투자자들의 관심이 집중되는 시기입니다. 그러나 주가는 이 시기가 고점일 가능성이 높습니다.

경기민감주에 투자하여 성공하기 위해서는 업황이 최악일 때 투자해야 합니다. 따라서 산업, 기업에 대한 확신이 있어야 합니다. 먼저 사이클을 타더라도 장기적으로 성장할 만한 산업에 투자해야 합니다. 쇠퇴하고 있는 산업에 속한 기업은 PBR이 밴드 하단에 위치한다 하더라도 저점이라고 장담할 수 없습니다. 업황이 더 나빠지면 PBR이 더 낮아질 수 있기 때문입니다. 정말 바닥을 알 수 없는 주식이 될 수 있습니다.

두 번째로 경쟁력 있는 1등 기업에 투자해야 합니다. 보릿고개를 겪으면서 몇몇 기업은 도태되어 사라질 수 있습니다. 그러나 경쟁력 있는 기업은 끝까지 살아남아 업황이 개선되었을 때 퇴출된 기업의 몫까지 시장 점유율을 확대할 수 있습니다.

달란트 투자와 10초 만에 이해하기

1 경기민감형 기업은 최근 5년간의 PBR 밴드를 확인하여 투자한다.

2 PBR 밴드 하단이면 저점, 상단이면 고점일 가능성이 있다.

3 장기적으로 성장할 산업에서 경쟁력 있는 1등 기업에 투자한다.

4 PBR 밴드 하단 근접 시 분할매수, PBR 밴드 상단 근접 시 분할매도 관점에서 접근한다.

> ## 이제는 누구나 쉽게 알고
> ## 스스로 판단할 수 있다

5장

주식 초보도 바로 써먹는 종목 발굴법

마지막 장에서는 개인투자자도 쉽게 종목을 발굴하는 방법을 다룹니다. 누구나 무료로 접속할 수 있는 전자 공시시스템(https://dart.fss.or.kr/)을 통해 쉽게 투자할 만한 종목을 고르는 방법을 소개합니다.

실적 시즌을
주목하라

기업의 가치에 영향을 미치는 요인은 기업의 자본과 순이익입니다. 이 둘은 매 분기 발표되는 실적에 따라 달라지고 이로 인해 주가가 급등하는 종목이 있는 반면, 하락하는 종목도 나옵니다. 투자자가 실적을 올바로 분석하고 투자 판단을 내려야 하는 이유입니다. 이번에는 상장사들의 실적 발표 일정과 기업의 유형에 따라 실적을 분석하는 방법을 알아보고 이를 통해 투자 유망 기업을 발굴하는 내용에 대해 이야기해봅니다.

잠정실적 공시란 무엇일까?

상장 기업은 분기마다 사업보고서를 제출합니다. 사업보고서를 통해 상장 기업들의 실적을 확인할 수 있죠. 그런데 분기와 반기보고서는 분·반기 마감 후 45일 이내에 제출합니다. 제출 기한이 45일일 뿐, 실제 제출은 마감일에 몰립니다. 투자자 입장에서 상장사들의 경영 성과를 확인하는 시점이 너무 늦다는 문제가 있습니다.

따라서 기업들은 사업보고서를 제출하기에 앞서 '잠정실적 공시'를 발표합니다. 잠정실적 공시란 손익계산서를 작성하기 전 중요한 내역만 잠정 집계하여 투자자들에게 알리는 제도입니다. 의무 사항은 아니기 때문에 자율 공시에 해당합니다. 삼성전자의 경우 매 분기 마감 후 10일 이내 잠정 집계한 실적을 발표합니다.

잠정실적 공시는 '연결재무제표 기준 영업(잠정)실적(공정공시)'과 '영업(잠정)실적(공정공시)' 두 가지로 나뉩니다. 두 공시의 차이는 연결이냐 연결이 아니냐의 차이입니다. 자회사의 실적 반영 없이 개별 기업의 실적만을 발표할 경우 '영업(잠정)실적(공정공시)'이라는 타이틀로 잠정실적을 발표합니다. 자회사의 실적을 합산하여 발표할 경우 연결재무제표 기준 영업(잠정)실적(공정공시)을 공시하게 됩니다. 참고로 자회사가 있는 기업이 무조건 연결재무제표 기준 영업(잠정)실적(공정공시)만 발표하는 것은 아닙니다. 자회사 실적을 반영하지 않고 개별 기업의 실적만 따로 발표할 수도 있습니다. 종종 연결재무제표 기준 영업(잠정)실적(공정공시)과 영업(잠정)실적(공정공시)을 모두 발표하는 기업도 있습니다.

[표] 카카오의 연결재무제표 기준 영업(잠정)실적(공정공시) (2020년 5월 7일 기준)

※ 동 정보는 잠정치로서 향후 확정치와는 다를 수 있음.

1. 연결실적 내용		당기실적	전기실적	전기 대비 증감율(%)	전년동기실적	전년동기 대비 증감율(%)
단위 : 백만 원, %						
구분		2020년 1분기	2019년 4분기		2019년 1분기	
매출액	당해실적	868,377	847,589	2.5	706,312	22.9
	누계실적	868,377	3,070,111	–	706,312	22.9
영업이익	당해실적	88,211	79,582	10.8	27,663	218.9
	누계실적	88,211	206,786	–	27,663	218.9
법인세비용차감전 계속사업이익	당해실적	126,599	−417,182	흑자 전환	40,512	212.5
	누계실적	126,599	−234,257	–	40,512	212.5
당기순이익	당해실적	79,899	−441,935	흑자 전환	17,564	354.9
	누계실적	79,899	−341,925	–	17,564	354.9
지배기업 소유주 지분 순이익	당해실적	77,461	−423,006	흑자 전환	27,512	181.6
	누계실적	77,461	−301,003	–	27,512	181.6
–	–	–	–		–	–
2. 정보 제공 내역	정보 제공자	IR팀				
	정보 제공 대상자	국내외 투자자, 애널리스트, 언론 기관 등				
	정보 제공(예정) 일시	2020년 5월 7일 공정 공시 이후				
	행사명(장소)	2020년 1분기 실적 발표 − Conference Call − 한국어/영어 동시 진행				
3. 연락처(관련 부서/전화번호)		IR팀(02−6718−1082)				

4. 기타 투자 판단과 관련한 중요 사항

1. 상기 실적은 한국채택국제회계기준(K-IFRS)에 따라 작성된 연결재무제표 기준 수치입니다.
2. (주)카카오 실적에 대한 보다 자세한 내용은 당사 홈페이지를 참고해주시기 바랍니다.
   - IR 홈페이지(IR 자료실): https://www.kakaocorp.com/ir/earnings
3. 본 자료는 외부감사인의 회계 검토가 완료되지 않은 상태에서 작성된 자료이므로,
   그 내용 중 일부는 회계 검토 과정에서 변경될 수 있습니다.

※ 관련 공시	2020-04-16 기업 설명회(IR) 개최(안내 공시)
	2020-04-16 결산실적 공시 예고(안내 공시)

출처 : 전자공시시스템

잠정실적은 정기보고서가 제출되기 전까지 발표됩니다. 따라서 발표 시기 역시 분·반기 마감 후 45일 이내입니다.

연간 내역을 한꺼번에 정리하여 제출하는 사업보고서 제출 기한은 사업연도 마감 후 90일 이내입니다. 기업의 경영 성과가 투자자들에게 공시되기까지 상당한 시차가 발생할 수밖에 없습니다. 따라서 사업연도 마감 후 실적이 크게 변동한 기업은 의무적으로 잠정 공시를 해야 합니다. 해당 잠정 공시는 '매출액 또는 손익 구조 30%(대규모 법인은 15%) 이상 변동 공시'라는 타이틀로 나옵니다. 이 공시는 직전년도와 비교하여 매출액, 영업이익, 순이익 중 하나라도 30% 이상 변동하면 하게 되어 있습니다. 대규모 법인의 경우 15% 변동으로 기준이 까다로운데요. 대규모 법인이란 직전년도 자산총계가 2조 원 이상인 기업을 뜻합니다.

[표] 케이엠더블유의 매출액 또는 손익 구조 30%(대규모 법인은 15%) 이상 변동
(2020년 3월 19일 기준)

1. 재무제표의 종류	연결			
2. 매출 또는 손익 구조 변동 내용(단위:원)	당해 사업연도	직전 사업연도	증감 금액	증감 비율(%)
– 매출액(재화의 판매 및 용역의 제공에 따른 수익액에 한함)	682,876,300,541	296,267,920,471	386,608,380,070	130.5
– 영업이익	136,682,726,396	−26,227,499,149	162,910,225,545	흑자 전환
– 법인세비용차감전 계속사업이익	129,421,587,291	−29,759,197,150	159,180,784,441	흑자 전환
– 당기순이익	102,659,893,453	−31,291,924,140	133,995,884,427	흑자 전환
– 대규모 법인 여부	미해당			

3. 재무현황(단위:원)		당해 사업연도	직전 사업연도
– 자산총계		427,046,657,502	273,497,773,946
– 부채총계		210,264,016,322	187,279,270,041
– 자본총계		216,782,641,180	86,218,503,905
– 자본금		19,910,441,500	9,405,000,000

4. 매출액 또는 손익 구조 변동 주요 원인	5G 시장 개화에 따른 매출액 대폭 상승 및 대규모 흑자 달성	
5. 이사회 결의일(결정일)	2020−02−13	
– 사외이사 참석 여부	참석(명)	2
	불참(명)	−
– 감사(사외이사가 아닌 감사위원) 참석 여부	참석	
6. 기타 투자 판단에 참고할 사항	1. 상기 실적은 한국채택국제회계기준(K−IFRS)에 따라 작성된 연결재무제표 기준입니다. 2. 직전 사업연도 재무 수치는 직전 사업연도 감사보고서 기준으로 작성되었습니다. 3. 상기 내용은 주주총회 승인 과정에서 변경될 수 있습니다.	
	※ 관련 공시	−

당해 정보는 외부감사인의 감사가 종료되기 이전의 정보이므로 감사 결과에 따라 일부 수정이 있을 수 있으니 이용함에 있어 착오 없으시기 바랍니다.

출처 : 전자공시시스템

매출액 또는 손익 구조 30%(대규모 법인은 15%) 이상 변동 공시는

사업연도 종료 후 내부적으로 결산을 마감하면 발표하게 되어 있습니다. 제출 기한은 주주총회 소집 공고가 발표되기 전까지입니다. 주주총회 소집 공고에서는 회계 법인의 감사의견을 받기 전 재무제표가 담겨있기 때문에 그 전에 잠정실적을 공시해야 하는 것입니다. 주주총회 소집 공고는 주주총회일로부터 2주 전입니다. 이후 주주총회 개최일로부터 1주일 전까지 감사보고서가 제출되며, 주주총회 종료 후에는 사업보고서가 발표됩니다. 감사보고서는 회계 법인의 감사를 받은 재무제표로 확정된 실적입니다.

[표] 실적 공시의 종류와 일정

공시 유형	해당 시기	성격	손익계산서 정보	기간	공시 기한
영업실적 잠정 공시	모두 해당	자율	매출액 및 손익	해당 분기	정기보고서 제출 전
매출액 또는 손익 구조 30%(대규모 법인은 15%) 이상 변동 공시	사업연도 종료 후	요건 충족 시 의무	매출액 및 손익	연간	주주총회 2주 전
주주총회 소집 공고	사업연도 종료 후	의무	모든 항목	연간	주주총회 2주 전
감사보고서	사업연도 종료 후	의무	모든 항목	연간	주주총회 1주 전
정기보고서	모두 해당	의무	모든 항목	분·반기: 해당 분기 사업: 연간	분·반기: 분·반기 마감 후 45일 이내 사업: 결산 후 90일 이내

출처 : 전자공시시스템, 한국거래소

앞서 나왔던 '[표] 카카오의 연결재무제표 기준 영업(잠정)실적(공정공시)'을 보면 실적과 관련한 5가지 항목이 나옵니다. 생소한 항목은 '법인세비용차감전계속사업이익'인데요. 영업이익에서 영업외손익, 금융손익을 반영했지만 법인세비용은 차감하지 않은 이익입니다. 쉽게 말해 세금을 내기 전 이익입니다.

'실적의 3요소 중 가장 중요한 것' 목차에서 알아봤듯이 중요한 것은 매출액과 영업이익이라고 했는데요. 따라서 관심 종목의 실적을 분석할 때도 매출액과 영업이익을 중심으로 봐야 합니다. 매출액과 영업이익 둘 중 무엇이 중요한지는 해당 기업의 유형에 따라 다릅니다. 새로운 산업에서 가파르게 성장하는 성장기 기업의 경우 영업이익 성장률에 비해 매출액 성장률이 중요합니다. 해당 기업은 공격적인 영업 전략으로 시장 점유율을 끌어올리는 것이 목표입니다. 때문에 마케팅 비용 등 판매 관련 비용이 크게 발생하면서 수익성이 악화할 수 있습니다. 이런 기업을 영업이익이 저조하다고 해서 실적 부실주라고 판단할 수는 없겠죠? 다만 이 같은 성장 기업은 상장사보다 비상장사에 많습니다. 따라서 영업이익 증가율이 중요한 상장 기업이 더 많다고 볼 수 있습니다.

1000%보다 20%가 좋은 이유

아래는 상장사 I사의 2020년 1분기 잠정실적 공시 내역입니다.

[표] I사의 연결재무제표 기준 영업(잠정)실적(공정공시) (2020년 4월 27일 기준)

※ 동 정보는 확정치가 아닌 잠정치로서 향후 확정치와는 다를 수 있음.

1. 연결실적 내용

구분(단위 : 백만 원, %)		당기실적 (20년 1분기)	전기실적 (19년 4분기)	전기 대비 증감액 (증감율)	전년동기 실적 (19년 1분기)	전년동기 대비 증감액 (증감율)
매출액	당해실적	6,847	6,896	−48 (−0.7%)	5,366	1,481 (+27.6%)
	누계실적	6,847	−	−	5,366	1,481 (+27.6%)
영업이익	당해실적	1,026	1,324	−298 (−22.5%)	92	934 (+1,019.0%)
	누계실적	1,026	−	−	92	934 (+1,019.0%)
법인세비용 차감전 계속사업이익	당해실적	1,014	1,436	−422 (−29.3%)	74	940 (+1,263.6%)
	누계실적	1,014	−	−	74	940 (+1,263.6%)
당기순이익	당해실적	998	1,066	−67 (−6.3%)	42	956 (+2,254.1%)
	누계실적	998	−	−	42	956 (+2,254.1%)
지배기업 소유주 지분 순이익	당해실적	979	1,049	−70 (−6.7%)	42	937 (+2,216.1%)
	누계실적	979	−	−	42	937 (+2,216.1%)
−		−	−	−	−	−

2. 정보 제공 내역	정보 제공자	IR공시팀
	정보 제공 대상자	국내외 일반투자자, 기관투자자, 애널리스트, 언론 등
	정보 제공(예정) 일시	2020년 4월 27일
	행사명(장소)	−
3. 연락처	공시 책임자명(전화번호)	정병조(02-767-2086)
	공시 담당자명(전화번호)	김동옥(02-767-2086)
	관련 부서명(전화번호)	IR공시팀(02-767-2086)

| 4. 기타 투자 판단에 참고할 사항 | 1. 상기 실적 자료는 한국채택국제회계기준(K-IFRS)에 따라 작성된 연결재무제표 기준 영업(잠정)실적입니다.
2. 상기 실적 자료는 외부감사인의 검토를 받지 아니한 내부결산 자료이며, 향후 일부 변경될 수 있습니다.
3. 본 공시 내용은 공정 공시 이후 당사의 IR 자료 및 보도 자료로 활용될 예정입니다. | |
| | ※ 관련 공시 | − |

출처 : 전자공시시스템

영업이익 증가율이 전년 동기 대비 무려 1,019%에 달합니다. 상장사 중에서도 손에 꼽을 정도의 실적 성장률입니다. 그렇다면 I사는 과연 실적 우량주로 투자할 만한 회사일까요? 영업이익 증가율이 극단적으로 높은 회사는 발표 시점의 실적이 잘 나왔다기보다는 비교 시점의 실적이 너무 낮게 나왔기 때문일 가능성이 있습니다. I사의 2019년 1분기 영업이익을 보면 9,200만 원에 불과합니다. 간신히 적자를 면한 수준입니다. 따라서 2분기 실적은 지난해 적자를 기록할 뻔했다가 정상화된 것으로 판단하는 것이 적합합니다.

투자자들은 이처럼 '증가율'에 현혹되어서는 안 됩니다. 증가율보다 중요한 것은 규모입니다. 극단적인 기저 효과 때문에 실적이 크게 증가하는 기업을 덥석 사버리는 우를 범하면 안 됩니다. I사처럼 기저 효과가 크게 발생하는 기업은 경기민감형 기업이나 시가총액이 매우 작은 소형주일 가능성이 높습니다. 실적 우량주는 엄청난 실적 증가율을 기록하는 종목보다는 일정한 규모 이상의 영업이익을 꾸준히 성장시키는 기업입니다. 초보 투자자는 분기 영업이익이 최소한 20억 원, 연간으로는 100억 원 이상은 되는 기업에 주목하는 것이 좋습니다. 영업이익 성

장률도 극단적으로 높은 수치보다 두 자릿수 이상의 성장률을 '꾸준히' 유지하는 기업이 더 좋습니다.

비교 대상이 실적을 좌우한다

'실적이 잘 나왔다'의 기준은 무엇일까요? 바로 특정 시점과 비교해서 잘 나온 것입니다. 실적은 전 분기 또는 전년 동기와 비교하는데요. 과연 어느 시점과 비교해야 하는 것일까요?

일반적으로 실적은 전년 동기와 비교합니다. 이유는 계절성 때문입니다. 우선 MLB, DISCOVERY 브랜드를 보유하고 있는 패션 의류 업체 F&F의 분기 실적을 확인해보겠습니다.

[그림] F&F 분기 실적 추이

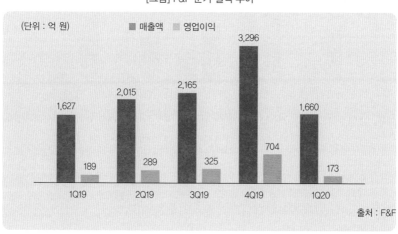

출처 : F&F

F&F는 분기 실적 중에서 4분기 실적이 가장 큽니다. 특히 영업이익은 4분기 수치가 1~3분기를 다 합친 수치와 맞먹습니다. F&F는 패션의류 기업이기 때문에 겨울인 4분기에 실적이 집중됩니다. 반팔 티셔츠 몇 장 파는 것보다 패딩 점퍼 하나를 파는 것이 F&F 실적에 기여도가 크다는 의미입니다. *F&F 같은 기업의 실적을 전 분기와 비교하면 큰 오류를 범하는 것입니다.*

한 가지 사례를 더 보겠습니다. 다음은 기업 신용인증 서비스 업체 이크레더블의 분기 실적입니다.

[그림] 이크레더블 분기 실적 추이

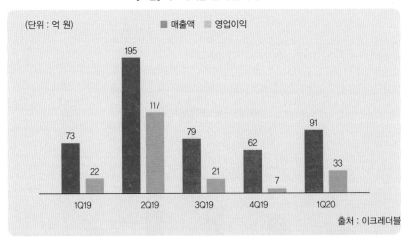

이크레더블의 실적은 2분기에 집중되어 있는 것을 알 수 있습니다. 앞서 살펴본 F&F보다 실적 집중도가 더 큽니다. 연간 영업이익의 70%가 2분기에 발생하고 있습니다. 협력 업체는 대기업과 지속적인 계약 관

계를 형성하기 위해 협력 업체의 경영 상태, 실적 정보 등이 담긴 인증서를 대기업에 제출해야 합니다. 해당 인증서를 전자문서화 및 표준화하는 기업이 이크레더블입니다. 상장사의 98%는 12월 결산 법인입니다. 결산이 마감되어 사업연도 정보가 업데이트되는 시기는 3월입니다. 따라서 4월부터 달라진 내용을 바탕으로 기업 신용인증 서비스도 갱신됩니다. 이크레더블의 실적이 2분기에 집중되는 이유입니다. 만약 이크레더블의 3분기 실적을 전 분기와 비교하면 실적 부실주로 판단할 수 있습니다.

이처럼 실적의 계절성이 있는 기업들의 실적을 전 분기와 비교한다면 '실적 급증', '실적 급감'이라는 잘못된 해석을 내놓을 수 있습니다. *물론 모든 기업의 실적을 전년 동기와 비교하는 것은 아닙니다.* 계절성이 없는 경기민감형 기업은 전 분기와 비교하는 것이 좋습니다. 다시 한 번 짚고 가자면, 경기민감형 기업은 대표적으로 반도체 장비, 디스플레이 장비, 통신 장비 등 고객사의 설비 투자 계획에 따라 실적 변동성이 큰 기업들을 말합니다.

마지막으로 증권사에서 제시한 실적 컨센서스와 비교할 필요가 있습니다. 기사를 보면 간혹 '어닝 서프라이즈', '어닝 쇼크'라는 말을 사용합니다. 단순히 실적이 잘 나오고 못 나와서 그런 것이 아니라 예상치보다 잘 나왔을 때 '어닝 서프라이즈', 못 나왔을 때 '어닝 쇼크'라고 합니다. 컨센서스는 최근 1개월, 또는 3개월간 증권사의 예상치 평균값을 의미하는데요. 실적 컨센서스가 존재하는 종목은 전체 상장사 중 25% 정도로 주로 중·대형주입니다. 만약 내가 투자하고 있는 종목의 실적 컨센서스가 궁금하다면 '종목 분석 〉기업 현황' 탭 경로로 접근하여 'Financial Summary'를 보면 기업의 요약 재무제표가 등장합니다. 여기에 컨센서스도 함께 나옵니다. 아직 도래하지 않은 시기에 수치가 기재되어 있는데, 이것이 바로 컨센서스 값입니다. 아래는 카카오의 Financial Summary입니다.

[표] 카카오의 요약 재무제표 현황

단위 : 억 원

전체	연간		분기	
주요재무정보	연간			●
	2017/12 (IFRS연결)	2018/12 (IFRS연결)	2019/12 (IFRS연결)	2020/12(E) (IFRS연결)
매출액	19,723	24,170	30,701	38,192
영업이익	1,654	729	2,068	4,236
영업이익(발표기준)	1,654	729	2,068	
세전계속사업이익	1,533	1,307	-2,343	4,961
당기순이익	1,251	159	-3,419	3,454

자료 : 네이버 금융

매출액과 영업이익이 비교 시점보다 잘 나왔음에도 주가는 신통치 않은 경우가 있는데요. 증권가의 컨센서스에 미치지 못했을 가능성이 있습니다. 이미 시장은 증권가의 예상치에 따라 해당 종목을 투자하고 있었는데 실제 발표 실적이 생각보다 저조하다면 실망 매도 물량이 나올 수 있기 때문이죠.

왜 어닝 서프라이즈에도 주가가 하락할까?

삼성전자 '어닝 서프라이즈'··· 반도체 호조 2Q 영업익 8조

삼성전자의 2020년 2분기 잠정실적을 다룬 기사 제목입니다. 2020년 7월 7일 발표된 삼성전자의 연결 기준 2분기 매출액은 52조 원으로 전년 동기 대비 7.36% 감소했으며, 같은 기간 영업이익은 8조 1,000억 원으로 22.7% 증가했습니다. 증권사가 제시한 삼성전자의 2분기 영업이익은 6조 4,473억 원으로, 발표된 실적이 컨센서스를 25.6% 웃돌았습니다. 삼성전자 주가는 잠정실적 발표 당일 장중 1.6%까지 상승했습니다. 그런데 결국은 하락 전환하여 2.9% 내려 마감했습니다. 전년 동기 대비 영업이익이 증가했으며 증권가의 컨센서스도 상회했음에도 주가가 하락한 이유는 무엇일까요?

[표] 삼성전자 연결재무제표 기준 영업(잠정)실적(공정공시) (2020년 7월 7일 기준)

※ 동 정보는 잠정치로서 향후 확정치와는 다를 수 있음.

1. 연결실적 내용						단위 : 조 원, %
구분		당기실적 ('20.2Q)	전기실적 ('20.1Q)	전기 대비 증감율(%)	전년동기실적 ('19.2Q)	전년 동기 대비 증감율(%)
매출액	당해실적	52.00	55.33	−6.02	56.13	−7.36
	누계실적	107.33	55.33	−	108.51	−1.09
영업이익	당해실적	8.10	6.45	25.58	6.60	22.73
	누계실적	14.55	6.45	−	12.83	13.41
법인세비용 차감전 계속사업이익	당해실적	−	−	−	−	−
	누계실적	−	−	−	−	−

당기순이익	당해실적	–	–	–	–	–	–
	누계실적	–	–	–	–	–	–
지배기업 소유주 지분 순이익	당해실적	–	–	–	–	–	–
	누계실적	–	–	–	–	–	–
	–			–			–

2. 정보 제공 내역	정보 제공자	IR팀
	정보 제공 대상자	국내외 투자자 및 언론 등
	정보 제공(예정) 일시	–
	행사명(장소)	–
3. 연락처(관련 부서/전화번호)		IR팀(02-2255-9000)
4. 기타 투자 판단과 관련한 중요 사항		

– 한국채택국제회계기준에 따라 작성된 연결 기준의 잠정 영업실적이며, 당기 실적에 디스플레이 관련 1회성 수익이 포함되어 있습니다.
– 상기 잠정 영업실적은 삼성전자 본사, 자회사 및 관계사 등에 대한 외부감사인의 회계 검토가 완료되지 않은 상태에서 투자자들의 편의를 위해 제공되는 정보로서, 실제 실적과는 차이가 발생할 수 있음을 양지하시기 바랍니다.
– 2020년 2분기 실적 관련 이사회 승인 시점에 관련 내용을 재공시할 예정입니다.

| ※ 관련 공시 | – |

출처 : 전자공시시스템

일단 삼성전자의 2분기 실적에는 디스플레이 관련 1회성 수익이 반영되어 있습니다. 증권 업계에 따르면 해당 1회성 수익은 미국 주요 고객사로부터 발생한 것으로 1.1조 원가량입니다. 이를 제외하면 삼성전자의 영업이익은 7조 원입니다. 그럼에도 실적 발표 당일 주가 하락을 설명하기에는 부족합니다.

삼성전자가 양호한 실적을 발표했음에도 주가가 하락한 이유는 과거 주가에서 찾을 수 있습니다. 삼성전자의 주가는 6월 말부터 조금씩 상승했습니다. 6월 25일 5만 1,900원에 마감한 주가는 실적 발표 전날에 5만 5,000원까지 상승했습니다. 삼성전자와 같은 대형주는 국내 증권사

뿐만 아니라 해외 증권사, 투자 기관에서도 꾸준히 모니터링하고 있습니다. 반도체 수요 및 가격, 스마트폰 판매량 등의 데이터를 통해 삼성전자 실적의 방향성을 남들보다 빨리 예측할 수 있죠. 따라서 삼성전자의 실적이 잘 나올 것을 예상하고 실적 발표 전부터 꾸준히 매수했을 가능성이 있습니다. 실제 실적이 잘 나오면 팔아 치워 차익을 실현할 목적으로 말입니다. 다만 개인투자자는 이 같은 단기적인 매매에 휘둘릴 필요가 없습니다. 실적이 잘 나왔고 앞으로도 전망이 밝은 기업이라면 꾸준히 투자하는 것이 장기적으로 더 좋은 성과를 가져다줍니다.

[그림] 삼성전자 2020년 2분기 실적 발표 전후 주가 흐름

출처 : 키움증권

달란트
투자와 10초 만에 이해하기

1 기업의 유형에 따라 매출액을 중심으로 볼 것인지, 영업이익을 중심으로 볼 것인지 정한다.

2 실적 증가율에 현혹되지 않고 이익의 규모를 함께 확인한다.

3 기업의 유형에 맞게 비교 시점을 잘 선택하며, 증권사의 실적 컨센서스와 함께 비교한다.

4 기관투자자들의 단기적 매매에 휘둘리지 않는다.

기관투자자를
주목하라

어떤 투자자라도 상장사의 지분을 5% 이상 보유하면 공시를 하게 되어 있습니다. 지분을 많이 보유하고 있는 만큼 해당 투자자의 매매가 주가에 미치는 영향이 클 수 있기 때문입니다. 그런데 상장 기업의 지분을 5%씩이나 보유한 투자자는 과연 누구일까요? 아무리 소형주라고 해도 시가총액이 1,000억 원이 넘습니다. 1,000억 원의 5%면 50억 원이죠. 이렇게 한 회사 주식을 많이 보유한 투자자는 대부분 그 회사의 최대주주나 기관투자자일 가능성이 높습니다.

특정 종목을 5% 이상 보유한 기관투자자는 주로 펀드를 운용하는 자산운용사나 고객들의 계좌를 운용하는 투자일임회사입니다. 간혹 외국계 유명 헤지펀드들도 국내 회사 지분을 5% 이상 보유하기도 합니다. *따라서 기관투자자들의 지분 공시 내역을 잘 살펴보면 괜찮은 종목을 비교적 쉽게 발굴할 수 있습니다.*

기관투자자가 보유한 종목 찾기

① 특정 일자의 지분 공시 검색 방법

전자공시시스템에 접속한 후 '최근 공시 〉 5%·임원 보고' 경로로 접근하면 그날 제출된 상장사의 지분 공시를 확인할 수 있습니다.

출처 : 전자공시시스템

5%·임원 보고 테이블에는 시간, 공시 대상 회사, 보고서명, 제출인, 접수 일자 순서로 기재되어 있습니다. 시간은 해당 공시가 발표된 시간

이며, 공시 대상 회사는 지분 공시가 제출된 회사명을 가리킵니다. 보고서명은 '주식등의대량보유상황보고서'와 '임원·주요주주특정증권등소유상황보고서'로 나뉘는데요. 둘의 차이는 뒤에서 설명하겠습니다. 이어 제출인은 해당 공시를 제출한 당사자입니다. 접수 일자는 해당 공시가 나온 날짜입니다.

5%·임원 보고 테이블 위에 날짜를 변경할 수 있는 탭이 있습니다. 최근 5영업일 간 날짜가 기본 값으로 세팅되어 있어 클릭하면 해당 날짜 지분 공시 현황으로 이동합니다. '날짜 선택' 탭을 누르면 년, 월, 일 등 투자자가 원하는 날짜의 지분 공시를 확인할 수 있습니다.

② 특정 종목의 지분 공시 검색 방법

전자공시시스템에서 '공시 서류 검색 〉 상세 검색' 경로로 접근하면 회사명 등 특정 종목에 대해 여러 가지 조건 값으로 검색할 수 있는 화면이 나옵니다. 투자자가 검색하고 싶은 회사의 이름이나 종목코드를 입력하고 기간을 설정한 후 지분 공시 탭을 클릭하면 주식등의대량보유상황보고서를 포함한 총 4개의 공시 유형이 등장합니다. 이 중 주식등의대량보유상황보고서의 네모박스만 체크한 뒤 검색 버튼을 누르면 설정한 기간 동안 제출된 주식등의대량보유상황보고서를 확인할 수 있습니다.

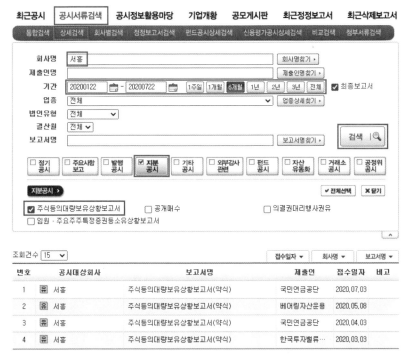

출처 : 전자공시시스템

③ 특정 제출인의 지분 공시 검색 방법

특정 종목의 지분 공시 검색과 마찬가지로 상세 검색 페이지에서 이번에는 회사명이 아닌 제출인명에 특정 기관투자자를 입력합니다. 지분 공시 탭을 열어 주식등의대량보유상황보고서의 네모박스에 체크한 뒤 검색하면 해당 기관투자자가 특정 기간 동안 지분 변동 내역을 공시한 종목들을 찾아볼 수 있습니다.

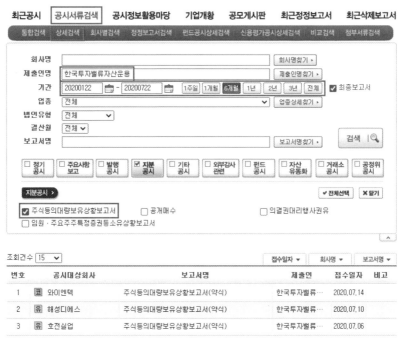

출처 : 전자공시시스템

　　앞서 지분 공시는 '주식등의대량보유상황보고서'와 '임원·주요주주특정증권등소유상황보고서', 두 가지로 나뉜다고 설명했습니다. 두 공시의 차이점은 무엇일까요?

	대량 보유	임원·주요주주
제출 대상	• 5% 이상 지분을 보유한 투자자	• 내부자(임원)
		• 10% 이상 지분을 보유한 투자자(주요주주)
연대 보고	• 특수관계자 함께 보고	• 본인만 보고
보고 기준	• 지분을 5% 이상 보유 시	• 1천 주 이상 또는 1천만 원 이상
	• 5% 이상 보유 후 1% 이상 변동 시	

보고 기한	• 보고 의무 발생일로부터 5영업일 내	
공시 의무 발생일	• 체결일(실제 주식을 매매한 날)	• 결제일 (실제 주식이 입고된 날. 체결일 + 2영업일)

보고
특례
	• 단순투자 목적 투자자 : 익월 10일까지
	  보고 (변동 보고)
	• 특례 적용 전문투자자 : 매매한 분기의
	  익월 10일까지 보고 (신규 보고, 변동
	  보고)	

먼저 제출 대상이 다릅니다. 주식등의대량보유상황보고서는 5% 이상 지분을 보유한 투자자라면 누구나 공시 대상입니다. 그러나 임원·주요주주특정증권등소유상황보고서는 회사의 최대주주 및 최대주주의 친인척, 임원, 10% 이상 지분을 보유한 주요주주만 공시합니다. 또한 임원·주요주주특정증권등소유상황보고서는 당사자 본인의 지분만 공시합니다. 그러나 주식등의대량보유상황보고서는 본인뿐만 아니라 특별관계자(특수관계인에 공동보유자까지 포함하는 개념)의 지분까지 함께 보고합니다.

다음은 보고 기준입니다. 주식등의대량보유상황보고서는 지분을 5% 이상 보유 시 공시를 하게 되어 있습니다. 이후 1%p 이상 지분이 변동하면 추가로 공시를 해야 합니다. 보유 지분이 5% 미만으로 하락한다면 이후부터는 공시 의무가 사라집니다. 반면 임원·주요주주특정증권등소유상황보고서는 1천 주 이상 주식 수가 변동하거나 지분 변동의 금액이 1천만 원 이상이면 공시를 하게 되어 있습니다. 주식등의대량보유상황보고서보다 임원·주요주주특정증권등소유상황보고서가 훨씬 까다로운 규정을 적용하고 있는 셈입니다.

공시 의무 발생일 기준은 주식등의대량보유상황보고서가 계약 체결 일로부터 5영업일, 임원·주요주주특정증권등소유상황보고서가 대금 결제일로부터 5영업일입니다. 계약 체결일은 실제 주식을 매매한 날을 뜻합니다. 대금 결제일은 실제 매매 대금을 정산하는 날로 계약 체결일에 2영업일을 더한 날입니다. 정리하면 지분이 변동한 날로부터 주식등의 대량보유상황보고서는 최대 5영업일 이후 제출됩니다. 임원·주요주주특정증권등소유상황보고서는 이보다 2영업일 더 늦은 7영업일까지 제출될 수 있습니다.

또한 주식등의대량보유상황보고서는 보고의 속성과 제출인에 따라 보고 특례를 적용하고 있는데요. 기관투자자는 적게는 수백 억에서 많게는 조 단위로 자산을 운용합니다. 따라서 5% 이상 투자하고 있는 상장 기업이 수십 개에 이릅니다. 그런데 지분이 1%p 변동할 때마다 공시를 해야 한다면 여간 번거로운 일이 아닐 수 없기 때문에 변동 보고에 한해서 보고 특례를 적용하여 한 달 치를 몰아서 하게 해줍니다. 가령 7월에 보유 지분이 1%p 이상 변동한 기업에 한해서 다음 달인 8월 10일까지 한꺼번에 공시할 수 있습니다. 국민연금공단처럼 특례 적용 전문 투자자는 변동 보고와 신규 보고까지 모두 특례를 적용하고 있습니다. 또한 월 단위가 아니라 분기 단위로 몰아서 공시합니다. 가령 2분기에 보유 지분이 1%p 이상 변동한 기업들에 대한 주식등의대량보유상황보고서를 분기 마감 후 다음 달인 7월 10일까지 한꺼번에 제출합니다.

한편 **스튜어드십 코드**가 도입
되면서 보고 특례를 적용하는 국민
연금공단의 주식등의대량보유상황
보고서 공시 스케줄에 변화가 생겼
는데요. 이전에는 국민연금공단이

> **스튜어드십 코드** Stewardship
> Code. 기관투자자가 수탁자로서 적
> 극적인 의결권 행사 등의 책임을 다
> 하도록 유도하기 위해 규정한 자율
> 규범. 국내에서는 2016년 시행되었으
> 며, 국민연금이 2018년에 도입했다.

주주권을 행사하기 위해서 지분 보유 목적을 '경영 참여'로 변경해야 했
습니다. 이 경우에는 보고 특례가 사라져 보고 의무가 발생하면 5영업
일 내 공시해야 합니다. 그런데 주주·기관투자자 권리 행사 강화 및 이
사·감사 적격성 제고 목적의 3법(상법·자본시장법·국민연금법) 시행령 개정
안이 2020년 2월 1일부터 시행됨에 따라 주식등의대량보유상황보고서
제출 규정이 완화되었습니다. 보유 목적을 '단순투자'에서 '일반투자'로
변경하면 임원의 선임·해임 또는 직무의 정지, 이사회 등 회사의 기관
과 관련된 정관 변경 등의 주주 활동을 할 수 있게 되었습니다. 보고 특
례는 그대로 적용하면서 말입니다. 다만 단순투자에서 일반투자로 보유
목적을 변경할 때는 5영업일 이내 공시해야 합니다.

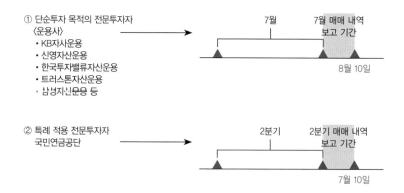

325

이 책에서는 주식등의대량보유상황보고서를 통해 기관투자자 보유 종목을 발굴하는 것에 중점을 두었습니다. 따라서 임원·주요주주특정증권등소유상황보고서에 대해서는 주식등의대량보유상황보고서와의 차이점을 중심으로 간단히 설명했습니다.

한편 주식등의대량보유상황보고서는 일반보고서와 약식보고서로 나뉩니다. 지분 보유의 목적이 회사의 경영권에 영향을 미치는 것이라면 일반보고서를 제출하며, 경영권과 무관하거나 전문투자자인 경우 약식보고서를 제출합니다. 일반보고서와 약식보고서는 목차의 구성도 다릅니다. 일반보고서는 약식보고서에 비해 '보유 목적', '보유 주식 등에 관한 계약', '취득에 필요한 자금 등의 조성 내역'까지 3가지의 세부 목차가 추가되어 있습니다. 아무래도 경영권에 영향을 미칠 목적으로 공시하는 것이기 때문에 상세한 정보를 기재하도록 요구하고 있습니다.

[그림] 주식등의대량보유상황보고서 약식보고서와 일반보고서의 차이

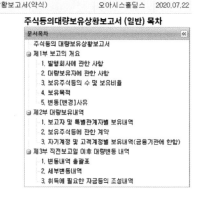

출처 : 전자공시시스템

투자자가 주목할 것은 약식보고서입니다. 일부 행동주의를 표방하는 헤지펀드·사모펀드 외에는 일반투자자처럼 경영권에 관심이 없는 기관투자자가 대부분이기 때문입니다. 물론 약식보고서라고 해서 모두 기관투자자인 것은 아니지만 말이죠. 주식등의대량보유상황보고서에서 '제1부 보고의 개요 〉 2. 대량 보유자에 관한 사항'으로 접근하면 주식등의대량보유상황보고서 제출인이 누구인지 알 수 있습니다.

출처 : 전자공시시스템

    '(1) 보고자 개요'에서 '성명(명칭)'에 프랭클린템플턴투신운용이라고 기재되어 있습니다. '운용'이라는 단어를 보아 하니 기관투자자가 맞는 것 같기는 합니다. 정확하게 알기 위해서는 '직업(사업 내용)'을 봐야 합니다. 집합투자업, 투자일임업, 투자자문업, 증권투자업 등 투자 관련 사업을 하고 있는 경우 기관투자자로 볼 수 있습니다. 제출인이 기관투자자인 경우 '(2) 보고자에 대한 구체적인 사항(법인 또는 단체만 해당)'의 '자산총액(또는 운용자산총액)'을 보면 해당 기관투자자의 자산 운용 규모를 확인할 수 있습니다. 아무래도 운용자산이 많으면 더 신뢰할 수 있겠죠?

328

한편 제출인이 기관투자자임이 확인된 뒤에는 해당 기관투자자의 운용 성과 투자 철학 등을 인터넷 검색을 통해 파악합니다. 해당 기관투자 자가 운용하는 펀드 등의 수익률은 펀드닥터 사이트(www.funddoctor. co.kr)를 통해 파악할 수 있습니다.

20%보다 5%에 투자하라

주식등의대량보유상황보고서에서 '제3부 직전 보고일 이후 대량 변 동 내역 〉 2. 세부 변동 내역'으로 접근하면 제출인이 보유한 주식이 언 제, 어떻게, 얼마나 변동되었는지를 알 수 있습니다. '변동일'은 주식이 변동한 날짜이며, '취득/처분 방법'은 주식이 변동한 사유입니다. '주식 등의 종류'는 변동된 주식이 의결 권이 있는 주식인지, 기타 **주식연 계채권**인지를 나타냅니다. '취득/ 처분 단가'는 지분이 변동했을 때

> **주식연계채권** 전환사채(CB), 신주인수 권부사채(BW), 교환사채(EB) 등 주식으 로 바꿀 수 있는 옵션이 있는 사채

기준이 되는 가격입니다. 이 중 중요한 것은 취득/처분 방법입니다. 주 식등의대량보유상황보고서는 투자자의 지분이 변동된 내역을 공시하는 것입니다 지분이 변동하는 원인은 사고파는 것뿐만 아니라 분할, 합병, 유상증자, 무상증자, 감자 등 수많은 사유가 있습니다. 실제 기관투자자 가 개인처럼 정규 시장(오전 9시~오후 3시 30분)에서 주식을 사는 것은 취 득/처분 방법에 '장내매수(+)', 파는 것은 '장내매도(−)'로 나타납니다.

기관투자자가 장내매수를 통해 지분을 늘리고 있다는 것은 현재 가격에서도 투자 가치가 있다는 의미로 해석할 수 있습니다. 반면 장내매도로 지분을 줄이고 있다면, 현재 주가가 가치에 비해 높다고 판단하거나 차익을 실현하는 것으로 볼 수 있습니다.

기관투자자의 지분 확대 및 지분 축소는 펀드 자금의 유출입과도 관계가 있습니다. 고객들이 펀드에 가입하면 자금이 신규로 유입되기 때문에 기관투자자는 보유 주식의 지분을 늘려야 합니다. 반대로 펀드의 환매가 발생하면 주식을 팔아 치울 수밖에 없죠. *따라서 기관투자자의 매매를 무조건 투자 대상의 매력도와 연계하는 것은 적절치 않습니다.*

[그림] 주식등의대량보유상황보고서 세부 변동 내역

출처 : 전자공시시스템

기관투자자가 지분을 20% 보유한 주식과 막 5% 이상 보유한 주식이 있습니다. 둘 중 투자 매력도가 높은 주식은 무엇일까요? 다른 조건이 같다면 투자자는 최근 기관투자자가 5% 이상을 보유한 기업에 주목하는 것이 좋습니다. *왜 지분을 많이 보유한 주식보다 최근 5% 이상을 넘긴 주식이 투자 대상으로 더 적합할까요?*

경영권에 관심이 없는 기관투자자는 개인투자자와 같은 생각으로 주식 투자를 합니다. 대부분 주가가 충분히 오르면 매도하여 차익을 실현할 목적입니다. 이런 차원에서 기관투자자가 특정 종목의 지분을 20%나 보유했다는 것은 앞으로 살 가능성보다 팔 가능성이 더 높다는 의미입니다. 기관투자자는 해당 기업의 최대주주가 될 생각이 없기 때문입니다.

기관투자자 한 곳이 특정 종목의 지분을 너무 많이 보유하고 있으면, 다른 기관투자자들의 진입이 쉽지 않습니다. 무턱대고 진입했다가 먼저 진입한 기관투자자의 물량을 받아주는 꼴이 될 수도 있기 때문입니다.

그렇다면 기관투자자가 투자 목적으로 지분을 5% 이상 새로 취득한 주식은 어떻게 찾을까요? 첫째로 보고 구분이 '신규'여야 합니다. 주식등의대량보유상황보고서를 열면 첫 페이지에 요약 정보 테이블이 나옵니다. 투자자가 먼저 확인해야 할 부분은 '보고 구분'입니다. 보고 구분은 '신규'와 '변동'으로 나눕니다. 해당 주식에 대해 주식등의대량보유상황보고서 제출 의무가 생겼을 때 보고 구분이 신규로 기재됩니다. 보고 구분이 변동으로 기재된 경우는 신규로 주식등의대량보유상황보고서를 제출한 뒤 변동 사항이 생겼을 때입니다. 따라서 기관투자자가 지분을 5% 미만으로 들고 있다가 5% 이상으로 늘리면 보고 구분이 신규인 주식등의대량보유상황보고서를 공시합니다.

둘째, '보유 목적'이 '단순투자'나 '일반투자'인 경우입니다. 일반투자는 단순투자에 더하여 배당 확대 등 기본적인 주주 활동을 포함할 목적으로 투자하는 것을 말합니다. 추가로 '보고 사유'에 5% 이상 신규 보유했다거나 장내에서 취득했다는 문구가 포함되어 있는지도 확인합니다.

셋째로 '주식 등의 종류'가 의결권 있는 주식인지 확인합니다. 주식등의대량보유상황보고서의 '제3부 직전 보고일 이후 대량 변동 내역 〉 2. 세부 변동 내역' 테이블에서 종류가 무엇인지 확인할 수 있습니다. 의결권 있는 주식은 개인투자자가 일반적으로 HTS에서 사고파는 보통주를 뜻합니다. 만약 주식 등의 종류가 전환사채권이나 신주인수권일 경우 장내에서 사들인 것이 아니라 기관투자자들 간의 매매나 주가 하락에 따른 행사 가능 주식 수의 변동일 가능성이 있습니다.

주식등의 대량보유상황보고서

(약식서식 : 자본시장과 금융투자업에 관한 법률 제147조에 의한 보고 중 '경영권에 영향을 주기 위한 목적'이 아닌 경우 및 보고자가 동조 제1항 후단에 따른 전문투자자인 경우)

금융위원회 귀중	보고의무발생일 :	2020년 03월 17일
한국거래소 귀중	보고서작성기준일 :	2020년 03월 17일
	보고자 :	Wasatch Advisors, Inc.
		위 대리인 변호사 송선헌
		변호사 김병규

요약정보			
보고특례 적용 전문투자자 구분	–		
발행회사명	리노공업(주)	발행회사와의 관계	기타
보고구분	신규		
보유주식등의 수 및 보유비율		보유주식등의 수	보유비율
	직전 보고서	–	–
	이번 보고서	762,490	5.00
보고사유	단순투자목적으로 장내에서 발행회사 주식 매수		
보유목적	단순투자		

2. 세부변동내역

성명 (명칭)	생년월일 또는 사업자등록번호 등	변동일*	취득/처분 방법	주식등의 종류	변동 내역			취득/처분 단가**	비 고
					변동전	증감	변동후		
Wasatch Advisors, Inc.	IARD/CRD 106081	2020.03.16	신규보고(+)	의결권있 는 주식	0	748,727	748,727	77,772	5% 미만 주)
Wasatch Advisors, Inc.	IARD/CRD 106081	2020.03.17	장내매수(+)	의결권있 는 주식	748,727	13,763	762,490	76,011	보고의무 발생

주) 상기 5% 미만 주식수량은 동일자에 모두 취득한 것이 아니라 그 이전에 수회에 걸쳐 취
    득한 주식으로서 보고목적상 세부변동내역을 표기하기 위해 동일자 계좌 잔고를 기초로
    하여 작성하였으며, 취득/처분 단가는 가중평균한 것임.

출처 : 전자공시시스템

기관투자자가 5% 이상 신규 보유한 종목을 찾으면 재무제표, 사업보고서, 증권사 리포트 등을 통해 투자 포인트가 무엇인지 파악합니다. *기관투자자가 투자한 종목이라고 무턱대고 따라 사면, 향후 주가 변동성이 커질 때 감당하기 어렵습니다.* 해당 종목의 사업 모델과 투자 포인트가 무엇인지 구체적으로 알고 있다면 주가가 급변할 때 오히려 좋은 투자 기회로 활용할 수 있습니다.

달란트 투자와 10초 만에 이해하기

1 기관투자자가 5% 이상 신규 보유한 종목에 주목한다.

2 운용사들의 투자 포인트를 재무제표, 사업보고서, 기사, 리포트 등을 통해 확인한다.

주가 부양 의지를
확인하라

왜 자기 회사 주식을 살까?

기업이 자사주를 취득하는 목적은 다양합니다. 주가 안정 및 주주 가치 제고, 이익 소각, 임직원 성과급 지급, 합병의 대가 지급, 스톡옵션 지급 등이 대표적인데요. 임직원 성과급 지급과 스톡옵션 지급은 비슷합니다. 회사가 임직원들에게 보상의 목적으로 주식을 지급하기 위해 장내에서 주식을 사들이는 것을 뜻합니다. 또, 합병의 대가를 지급하기 위해 자사주를 취득하는 것은 피합병회사의 주주들에게 주식을 나눠주기 위함입니다. 합병되어 회사가 사라지면 당연히 주식도 사라집니다. 따라서 피합병회사의 주주들에게 합병회사의 주식을 나눠줘야 하겠죠.

다만 성과급 지급, 스톡옵션 지급, 합병의 대가 지급 목적으로 자사주를
취득하는 것은 주가와 크게 상관이 없습니다.

[그림] 코스피 지수와 코스피 기업의 월별 자사주 취득 횟수

(단위 : 회)   ▓ 코스피

*신탁계약 포함, 자회사 취득 사실 공시는 제외
출처 : 전자공시시스템

[그림] 코스닥 지수와 코스닥 기업의 월별 자사주 취득 횟수

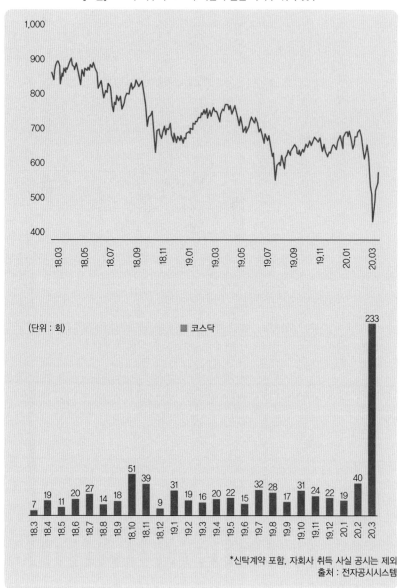

(단위 : 회)　　　　　■ 코스닥

*신탁계약 포함, 자회사 취득 사실 공시는 제외
출처 : 전자공시시스템

중요한 것은 주가 안정 및 주주 가치 제고와 이익 소각 목적으로 자사주를 취득하는 것입니다. 두 목적으로 자사주를 취득하는 것은 회사 입장에서 주가 부양의 의지가 있다고 해석할 수 있습니다. 실제 코로나19로 인해 국내 주식 시장이 폭락했을 때 자사주를 취득하는 기업이 대폭 늘어났는데요. 2020년 3월 자사주 취득 공시는 코스피 100개, 코스닥 233개로 평월에 비해 5~10배가량 급증했습니다. 이들 기업의 대부분은 주가 안정 및 주주 가치 제고와 이익 소각 목적의 자사주 취득이었습니다.

자사주 취득 vs 자사주 취득 신탁계약

자사주 취득 공시는 '자사주 취득'과 '자사주 취득 신탁계약'으로 구분할 수 있습니다. 자사주 취득 공시는 기업이 스스로 자사주를 취득한다는 것이고 자사주 취득 신탁계약은 기업이 증권사 등 금융 기관에 자사주 취득을 맡기는 것입니다. 아래는 가구, 인테리어 사업을 영위하는 한샘의 자사주 취득 공시와 시멘트 제조 업체 쌍용양회의 자사주 취득 신탁계약 공시입니다.

[그림] 한샘의 자기주식 취득 결정 공시 (2020년 4월 7일 기준)

변호	공시대상회사	보고서명	제출인	접수일자	비고
1	유 한샘	주요사항보고서(자기주식취득결정)	한샘	2020.04.07	

1. 취득 예정 주식(주)	보통주식	551,470			
	기타주식	–			
2. 취득 예정 금액(원)	보통주식	30,000,000,000			
	기타주식	–			
3. 취득 예상 기간	시작일	2020년 04월 08일			
	종료일	2020년 07월 06일			
4. 보유 예상 기간	시작일	–			
	종료일	–			
5. 취득 목적		주주 가치 제고			
6. 취득 방법		유가 증권 시장을 통한 장내매수(장중취득)			
7. 위탁투자 중개업자		삼성증권 (SAMSUNG SECURITIES Co., Ltd.)			
8. 취득 전 자기주식 보유 현황	배당 가능 이익 범위 내 취득(주)	보통주식	5,904,365	비율(%)	25.1
		기타주식	–	비율(%)	–
	기타 취득(주)	보통주식	–	비율(%)	–
		기타주식	–	비율(%)	–
9. 취득 결정일		2020년 04월 07일			
– 사외이사 참석 여부	참석(명)	2			
	불참(명)	–			
– 감사(사외이사가 아닌 감사위원) 참석 여부		참석			
10. 1일 매수 주문 수량 한도	보통주식	55,147			
	기타주식	–			

출처 : 전자공시시스템

[그림] 쌍용양회의 자기주식 취득 결정 공시 (2020년 5월 29일 기준)

번호	공시대상회사	보고서명	제출인	접수일자	비고
1	유 쌍용양회공업	주요사항보고서(자기주식취득신탁계약체결결정)	쌍용양회공업	2020.05.29	

1. 계약 금액(원)		30,000,000,000		
2. 계약 기간	시작일	2020년 06월 01일		
	종료일	2020년 12월 01일		
3. 계약 목적		주식 가격의 안정 및 주주 가치 제고		
4. 계약 체결 기관		NH투자증권 주식회사 (NH INVESTMENT & SECURITIES.,LTD.)		
5. 계약 체결 예정 일자		2020년 06월 01일		
6. 계약 전 자기주식 보유 현황	배당 가능 범위 내 취득(주)	보통주식	–	비율(%)	–
		기타주식	–	비율(%)	–
	기타 취득(주)	보통주식	887	비율(%)	0.0
		기타주식	–	비율(%)	–
7. 이사회 결의일(결정일)		2020년 05월 29일		
– 사외이사 참석 여부	참석(명)	4		
	불참(명)	0		
– 감사(사외이사가 아닌 감사위원) 참석 여부		–		
8. 위탁투자 중개업자		NH투자증권 주식회사 (NH INVESTMENT & SECURITIES.,LTD.)		

출처 : 전자공시시스템

공시 본문에 나타난 자사주 취득과 자사주 취득 신탁계약의 차이점은 취득 예정 주식 수가 있느냐 없느냐입니다. 자사주 취득 공시는 취득 예정 주식 수를 기재하게 되어 있지만, 지시주 취득 신탁계약 공시는 취득 예정 주식 수 없이 계약 금액만 기재하도록 되어 있습니다. 취득 기간도 다릅니다. 한샘의 자사주 취득 공시는 취득 예상 기간이 4월 8일부터 7월 6일까지 3개월간입니다. 반면 쌍용양회의 자사주 취득 신탁계약 공시는 계약 기간이 6월 1일부터 12월 1일까지 6개월간입니다. 기업이 직접 자사주를 취득하는 경우 3개월 이내에 취득해야 하지만, 신탁계약의 경우 6개월에서 최장 1년까지 가능합니다.

자사주 취득의 취득 예정 금액과 신탁계약의 계약 금액은 기업이 무조건 그만큼 자사주를 취득하겠다는 것은 아닙니다. 특히 자사주 취득 신탁계약의 경우 계약 연장이나 해지가 가능합니다. *따라서 자사주 취득 공시를 낸다고 해서 기업이 해당 수량만큼 무조건 취득하겠구나, 라고 생각하면 안 됩니다.*

기업이 공시에 기재한 대로 자사주를 꾸준히 취득하는지 알아보기 위해서는 대한민국 대표 기업공시채널 KIND(https://kind.krx.co.kr)에 접속하여 '상장 법인 상세 정보 〉 자사주 취득/처분' 경로로 접근하면 됩니다. 쌍용양회공업의 경우 5월 자사주 취득 신탁계약 공시 이후 7월 22일까지 156억 원을 투입하여 총 301만 4,405주를 취득한 것을 알 수 있습니다.

[그림] 쌍용양회공업의 자사주 취득 현황

출처 : 기업공시채널 KIND

'신청 내역' 탭에는 쌍용양회의 일별 자사주 취득 신청 내역이, '체결 내역' 탭에는 일별 실제 체결 수량이 기재되어 있습니다. 회사가 언제, 얼마만큼 자사주 취득을 신청하고 또 실제로 취득했는지 확인이 가능합니다.

매매일 ▼	종목명 ▼	자사주/취득·처분 구분	신청수량	당일체결수량	체결율(%)
2020-07-14	🔲 쌍용양회 K200 X300	신탁 / 취득	100,000	0	0
2020-07-13	🔲 쌍용양회 K200 X300	신탁 / 취득	100,000	26,001	26
2020-07-10	🔲 쌍용양회 K200 X300	신탁 / 취득	100,000	67,784	67.78
2020-07-09	🔲 쌍용양회 K200 X300	신탁 / 취득	100,000	100,000	100
2020-07-08	🔲 쌍용양회 K200 X300	신탁 / 취득	100,000	70,000	70
2020-07-07	🔲 쌍용양회 K200 X300	신탁 / 취득	100,000	93,712	93.71
2020-07-06	🔲 쌍용양회 K200 X300	신탁 / 취득	100,000	4,829	4.83
2020-07-03	🔲 쌍용양회 K200 X300	신탁 / 취득	300,000	280,471	93.49
2020-07-02	🔲 쌍용양회 K200 X300	신탁 / 취득	300,000	300,000	100
2020-07-01	🔲 쌍용양회 K200 X300	신탁 / 취득	300,000	286,800	95.6
2020-06-29	🔲 쌍용양회 K200 X300	신탁 / 취득	100,000	0	0
2020-06-26	🔲 쌍용양회 K200 X300	신탁 / 취득	200,000	200,000	100
2020-06-25	🔲 쌍용양회 K200 X300	신탁 / 취득	200,000	155,382	77.69
2020-06-24	🔲 쌍용양회 K200 X300	신탁 / 취득	100,000	60,000	60
2020-06-23	🔲 쌍용양회 K200 X300	신탁 / 취득	100,000	0	0

⏮ ◀ 1 2 ▶ ⏭   전체 30건 : 1/2 15건 ▼ GO

한편 자사주 취득 공시를 제출할 경우 취득이 종료된 날로부터 6개월간 처분할 수 없습니다. 다시 취득하기 위해서도 3개월을 기다려야 합니다. 반면 자사주 취득 신탁계약을 통해 취득한 경우에는 취득 후 1개월간 처분하면 안 되며, 다시 취득하기 위해서 1개월만 기다리면 됩니다. 여러모로 자사주 취득 신탁계약이 기업 입장에서 좀 더 자유로운 것입니다.

투자 매력을 높이는 이익 소각

다음은 패션 의류 기업 코웰패션의 자사주 취득 공시입니다.

[그림] 코웰패션의 자기주식 취득 결정 공시 (2020년 3월 9일 기준)

1. 취득 예정 주식(주)		보통주식	2,000,000	
		기타주식	–	
2. 취득 예정 금액(원)		보통주식	9,650,000,000	
		기타주식	–	
3. 취득 예상 기간		시작일	2020년 03월 10일	
		종료일	2020년 06월 09일	
4. 보유 예상 기간		시작일	–	
		종료일	–	
5. 취득 목적			이익 소각	
6. 취득 방법			코스닥 시장 내에서 직접 취득	
7. 위탁투자 중개업자			삼성증권	
8. 취득 전 자기주식 보유 현황	배당 가능 이익 범위 내 취득(주)	보통주식	3,170,873	비율(%)	3.50
		기타주식	–	비율(%)	–
	기타 취득(주)	보통주식	234	비율(%)	0.00
		기타주식	–	비율(%)	–
9. 취득 결정일			2020년 03월 09일	
– 사외이사 참서 여부		참석(명)	1	
		불참(명)	–	
– 감사(사외이사가 아닌 감사위원) 참석 여부			참석	
10. 1일 매수 주문 수량 한도		보통주식	200,000	
		기타주식	–	

출처 : 전자공시시스템

345

공시 본문의 '5. 취득 목적'에 이익 소각이라고 기재되어 있습니다. 이익 소각 목적의 자사주 취득은 주가 안정 및 주주 가치 제고보다 더 강력한 주가 부양 정책으로 볼 수 있습니다.

먼저 주식을 소각한다는 것은 주식을 없애버린다는 뜻입니다. 그냥 없애는 것이 아니라 태워버립니다. 물질을 연소시키면 원래 상태로 되돌릴 수 없습니다. *즉 주식을 소각한다는 표현은 주식을 완전히 없애 복원할 수 없는 상태로 만든다는 의미입니다.*

그냥 소각이 아니라 이익 소각이라고 표시하는 것은 회사의 이익잉여금을 재원으로 주식을 소각하기 때문입니다. 회사가 취득한 자기 회사 주식은 자본의 마이너스 계정 과목인 기타자본으로 잡힙니다. 취득한 주식을 소각하면 그만큼 기타자본은 감소하며, 기타자본이 감소한 만큼 이익잉여금이 줄어듭니다. 결과적으로 회사의 자본이 감소하게 되는 것이죠. 다시 말해 자사주를 취득하여 소각하면 자본이 감소하게 됩니다. 이때 자본 감소가 주주 가치에 긍정적인 이유는 무엇일까요?

[표] 코웰패션의 자본 항목과 기타자본

단위 : 억 원

항목	2015/12	2016/12	2017/12	2018/12	2019/12
자본금	465.3	465.3	465.3	465.3	465.3
자본잉여금	452.1	452.4	457.8	458.6	461.1

항목	2015/12	2016/12	2017/12	2018/12	2019/12
기타자본	0	−43.6	−23.2	−66.5	−126.6
자기주식	0	−43.6	−23.2	−66.9	−128.5
자기주식처분손실					
기타	0	0		0.4	1.8
기타포괄이익누계액	59.3	46.4	27.7	19.7	26.4
이익잉여금	183.9	391.2	737.8	1,207.4	1,612.6

출처 : 네이버 금융

자본이 감소한다고 기업의 순이익이 줄어들지는 않습니다. 따라서 분자인 순이익은 변함없는데, 분모인 자본이 감소하니 ROE가 올라갑니다. 또한 자사주를 소각하면 주식 수가 줄어들기 때문에 EPS는 상승합니다. 이번에는 분자인 주가는 그대로인데, 분모인 EPS가 상승하니 PER은 낮아집니다. 즉, *이익 소각은 ROE와 PER을 개선하여 투자 매력을 높이는 역할을 합니다.*

삼성전자가 주가를 부양하는 방법

2015년 10월 삼성전자는 대대적인 주주 환원 정책을 발표했습니다. 향후 3년간 연간 잉여현금의 30~50%를 주주 환원에 활용할 계획이며, 구체적인 방법은 배당과 자기주식 매입 및 소각입니다. 배당 횟수도 늘리기로 했습니다. 2015년까지 삼성전자는 연간 배당과 반기 배당만 실시했지만, 분기 배당까지 더하기로 합니다. 삼성전자가 갑작스레 주주 환원 정책을 시행한 배경은 무엇일까요?

성장기 기업은 매출을 늘리기 위한 시설 투자와 M&A에 자금 대부분을 투입합니다. 아직 성장 여력이 충분하기 때문에 시장 지배력을 높이는 것이 핵심입니다. 투자가 실제 성장과 연결되면 주가는 상승합니다. 이처럼 성장기 기업은 실적 성장을 통한 주식 가치 상승으로 주주들에게 보답합니다.

그러나 충분히 성장한 기업의 상황은 다릅니다. 해당 기업이 속한 산업도 성장기를 지나 성숙기로 접어들었으며, 상위 몇몇 기업이 과점 시장을 형성하고 있기 때문에 과거와 같은 성장은 힘듭니다. 대신 캐시카우는 꾸준히 유입됩니다. 기업은 더 이상 과거처럼 눈부신 성장을 통한 주가 상승으로 주주들에게 보답할 수는 없습니다. 이때부터 기업들은 이익 소각이나 배당으로 주주 환원을 실시합니다. 과거에는 순이익을 늘려 주식 가치를 올렸다면, 이제는 주식 수를 줄여 EPS를 높이고 자본을 줄여 ROE를 높이는 것입니다. 배당으로 주주들에게 현금을 쥐어 주기도 합니다. *이렇듯 기업의 라이프 사이클에 따라서 주식의 가치를 올리는 방법은 다릅니다.*

삼성전자가 주주 환원을 본격적으로 실시한 것은 2015년 10월입니다. 이후 2018년까지 매년 이익 소각을 실시했으며, 분기마다 주주들에게 배당을 지급했습니다. 만약 삼성전자가 이 같은 주주 환원 정책을 실시하지 않았다면 오늘과 같은 주가 수준에 도달하지 못했을 것입니다.

달란트
투자와 10초 만에 이해하기

1 주가 안정 및 주주 가치 제고, 이익 소각 목적의 자사주 취득을 공시하는 기업은 주가 부양의 의지가 있다.

2 자사주 취득 공시는 '자사주 취득'과 '자사주 취득 신탁계 약'으로 구분할 수 있다.

3 이익 소각은 자본을 감소시켜 ROE를 높이고 PER을 낮 춰 투자 매력을 높이는 역할을 한다.

"

누구나 알 수 있지만
아무도 알려주지 않는 종목 추천

"

2021 장기투자
유망 종목 TOP 10

이 책을 덮고 나면 스스로 투자할 만한 종목을 발굴하고 분석해봐야 할 것입니다. 그러나 전업투자자가 아닌 이상 본업에 신경 쓰느라 기업을 발굴하는 것조차도 시간이 빠듯합니다. 스스로 종목을 찾아보는 것이 가장 좋지만, 시간이 부족한 투자자라면 아래 장기적으로 분석하며 투자해볼 만한 종목들을 먼저 살펴보기를 권합니다. 대부분 이 책에 예시로 등장했던 종목으로 기업 개요, 사업 부문, 실적 변수 3가지 측면에서 내용을 정리했습니다.

추가로 재무제표를 보고 재무 안전성은 어떤지, 비즈니스 모델이 우량한지, 투자 포인트를 짚고 나서 사업보고서를 통해 앞으로도 성장이 가능한 기업인지 판단하시기를 바랍니다. 이 모든 것을 종합해봤을 때 우량 기업이라도 현재 주가가 가치 대비 비싸다면 신중하게 접근해야겠죠?

*아래 사업 부문의 괄호 안 수치는 2020년 반기 기준 매출 비중

삼성전자	
기업 개요	반도체, 모바일 기기, 가전, 디스플레이 사업을 하는 글로벌 IT 기업
사업 부문	CE(19.4%) − TV, 모니터, 냉장고, 세탁기, 에어컨 등 IM(46.6%) − HHP, 네트워크 시스템, 컴퓨터 등 반도체(28.2%) − D램, 낸드플래시, 모바일 AP 등 DP(13.5%) − OLED 스마트폰 패널, LCD TV 패널, 모니터 패널 등 Haman(4.4%) − 디지털 콕핏, 텔레메틱스, 스피커 등 *부문 간 내부거래 제외 전 기준
실적 변수	메모리(D램, 낸드플래시) 반도체 가격 파운드리 부문 점유율 확대 5G 스마트폰 시장 점유율 확대

NAVER	
기업 개요	국내 1위 인터넷 포털 '네이버' 운영 업체로 광고, 쇼핑, 핀테크, 클라우드, 웹툰 사업 영위. 자회사 라인 통해 모바일 메신저 사업 영위.
사업 부문	광고(8.8%) - 디스플레이 광고 상품 비즈니스 플랫폼(42.0%) - CPC/CPS 상품 IT 플랫폼(9.0%) - 네이버페이, 클라우드, 웍스, IT 서비스 등 콘텐츠 서비스(3.7%) - 웹툰, 뮤직, V LIVE 등 라인 및 기타 플랫폼(36.5%)
실적 변수	온라인·모바일 광고 수요 전자상거래 시장·간편결제 시장 성장 여부 웹툰 시장·클라우드 시장 성장 여부

카카오	
기업 개요	국내 1위 모바일 메신저 '카카오톡', 인터넷 포털 '다음' 운영. 이 밖에 플랫폼 부문에서는 카카오뱅크, 카카오페이증권 등 핀테크 사업과 모빌리티 사업 영위. 콘텐츠 부문에서 음원 스트리밍 서비스, 웹툰, 게임 사업 영위.
사업 부문	플랫폼(51.3%) - 톡비즈, 포털비즈, 모빌리티, 페이, 기타 콘텐츠(48.7%) - 게임, 뮤직, 유료 콘텐츠, IP 비즈니스
실적 변수	온라인·모바일 광고 수요 전자상거래 시장·간편결제 시장 성장 여부 웹툰, 모빌리티, 핀테크 등 신사업 성공 여부

LG생활건강	
기업 개요	LG그룹 계열의 화장품(Beauty), 생활용품(HDB), 음료(Refreshment) 판매 업체
사업 부문	화장품(54.1%) - 세안, 보습, 피부 화장, 건강기능식품 등 생활용품(25.6%) - 모발 세정, 구강 세정, 인체 세정, 의류 세탁 등 음료(20.3%) - 코카콜라, 환타, 스프라이트, 미닛메이드, 조지아 등
실적 변수	'후', '숨', '오휘' 등 러셔리 화장품 브랜드 인지도 중국 관광객 유입 여부

리노공업	
기업 개요	반도체 검사용 소모품(PROBE, 소켓)과 초음파 진단기 의료 부품 제조
사업 부문	LEENO PIN 류(36.3%) – 반도체나 인쇄회로기판의 전기적 불량 여부 체크 IC TEST SOCKET 류(54.2%) – 반도체 테스트 패키지용 장비 소모성 부품 의료기기(9.4%) – 초음파 프로브 등에 적용되는 부품
실적 변수	종합 반도체(IDM) 업체, 반도체 설계(Fabless) 업체, 반도체 위탁 생산(Foundry) 업체, 반도체 패키징&검사 업체 등 다양한 고객사를 두고 있어 전반적인 반도체 업계 동향 에 영향

NHN한국사이버결제	
기업 개요	전자결제 사업자로 온라인과 오프라인 결제 사업 영위. 온라인 주요 고객사는 소셜커 머스, 대형 온라인 쇼핑몰, 오픈마켓, 게임사 및 15만여 개 온라인 쇼핑몰. 오프라인 고객사는 32만 개 가맹점
사업 부문	온라인 결제 PG(88.0%) 온라인 결제 VAN(4.4%) 오프라인 결제 VAN(6.7%) O2O 사업(0.9%)
실적 변수	전자상거래 시장 성장 여부 모회사 페이코의 간편결제 서비스 점유율 확산 여부 온라인, 오프라인 가맹점

NICE평가정보	
기업 개요	개인 신용정보 및 기업정보, 채권추심, 데이터 분석 서비스 사업 영위
사업 부문	기업정보 사업(22.3%) – 기업정보 제공, 컨설팅, TCB 외 CB 사업(62.4%) - 개인 신용정보 제공 및 컨설팅 외 자산 관리 사업(14.0%) – 채권추심, 신용조사 기타(1.3%) - 데이터 분석 서비스 외
실적 변수	개인 신용정보 시장은 가계여신 부문의 경기에 영향을 받음 채권추심, 신용조사 시장은 부실채권이 양산되는 불경기에 활성화 마이데이터 사업 활성화 여부

서흥	
기업 개요	의약품 캡슐, 건강기능식품, 캡슐 및 화장품의 원료 생산 (하드 캡슐 국내 시장 점유율 95%, 글로벌 시장 점유율 6~7%)
사업 부문	하드 캡슐(27.0%) – 의약품 등의 내용물 보관 의약품(10.2%) – 의약품 전 공정 수탁 건강기능식품(42.2%) – 건강기능식품 제조 상품(0.7%) – 원료, 건강기능식품 등 젤라틴 등(18.8%) – 캡슐, 화장품 등의 원료 화장품(1.1%) – 화장품 전 공정 수탁 제조
실적 변수	의약품 수요 건강기능식품 수요

케이아이엔엑스	
기업 개요	인터넷 인프라 서비스 사업자로 인터넷 연동(IX) 서비스, 인터넷 데이터 센터(IDC) 서비스, 콘텐츠 분산 전송(CDN) 서비스, 클라우드 서비스 제공
사업 부문	IX(13.3%) IDC/CDN/솔루션(86.7%)
실적 변수	데이터 트래픽 증가 여부 클라우드 서비스 확산 여부

이크레더블	
기업 개요	기업 신용인증 서비스, 기업정보, 결제형 B2B 사업 영위
사업 부문	신용조회 사업(93.8%) - 기업 간 상거래에 필요한 의사 결정 콘텐츠 제공 서비스 등 기업정보 사업(3.8%) - 기업 신용정보 제공 서비스 결제형 B2B 사업 및 기타 사업(2.4%) - 기업 간 전자상거래 중계 및 구매 금융 지원 서비스, 전자계약 플랫폼 제공 등
실적 변수	매년 새로운 재무 정보 등이 생성되는 3~6월에 매출 집중도 신입 진제 경기 변동에 동행

맺음말

투자자가
하지 말아야 할 것 3가지

이야기를 마무리하며 13년이라는 짧지 않은 기간 동안 주식 시장에서 투자자로서, 투자업계 종사자로서 몸소 느끼고 터득한 부분을 전하고자 합니다. 투자자가 절대로 하지 말아야 할 것은 이 3가지입니다.

첫째, 욕심을 내거나 조급해하면 안 됩니다. 동학개미운동으로 주식에 입문한 투자자들에게 가장 해당되는 말입니다. 2020년 3월부터 2020년 8월까지 펼쳐진 유동성 장세에, 적게는 수십 퍼센트에서 많게는 세 자릿수의 수익률을 낸 투자자도 심심치 않게 보였습니다. 당장이라도 부자가 될 것만 같은 분위기가 형성되었지만 사실 이런 상황은 경험상 오래가지 못합니다. 단기간 주가가 크게 오를 수도 있지만, 길게 보면 주식 시장은 평균적인 수익률을 기록하기 때문입니다.

초심자의 행운을 만끽한 투자자들은 박스권 장세나 조정 장세를 맞이하면서 서서히 지쳐갑니다. 그러다가 과거처럼 돈을 빨리, 또 많이 벌어야 한다는 초조함에 이성을 잃어버리곤 하죠. 결국 투자 원칙을 어기고 뇌동매매를 일삼다가 큰 손해를 보게 됩니다. 추세를 추종하는 트레이더가 아닌 이상 투자는 기다릴 줄 알아야 합니다. 수익률에 대한 과한 욕심이나 조급함 때문에 주식 시장과의 밀당에서 실패하면 투자를 완전히 그르치게 됩니다.

둘째로 주가 흐름을 섣불리 예측하지 말아야 합니다. 유튜브와 같은 뉴미디어, SNS의 발달로 투자자들의 정보 접근성이 높아졌습니다. 그중 투자자들이 가장 많이 찾는 정보는 주식 시장의 전망, 주가 예측에 관한 것이지만 미래 주가를 예측하는 것은 신의 영역이라고 할 수 있습니다. 월가의 전설적인 펀드매니저인 피터 린치는 "금리를 3번 연속 맞추면 억만장자가 될 수 있다."고 언급했습니다. 그만큼 미래 금융 시장의 변화를 예측하기 어렵다는 뜻입니다. 따라서 내일 주가가 오를지 떨어질지를 고민하는 것보다는 기업의 가치에 집중하는 것이 좋습니다. 예상치 못한 상황이 발생하여 기업의 펀더멘탈과 무관하게 매도 물량이 쏟아져 나온다면 좋은 매수 기회가 될 수 있습니다. 이처럼 기업 가치에 집중하고 예측보다 대응으로 접근하면 시장이 흔들리는 시기에 좋은 투자 기회를 포착할 수 있습니다.

마지막으로 특정 투자 방법을 맹신하면 안 됩니다. 주식 시장은 살아 움직이는 생명체와 같습니다. 거시 경제를 비롯하여 정치, 지정학적 이슈 등 수많은 변수에 영향을 받습니다. 산업의 발전에 따라 지는 주식도 있고 뜨는 주식도 있습니다. 예전에는 주가수익비율(PER)과 주가순자산비율(PBR)이 낮은 주식이 잘 올랐는데, 어느 순간 이런 주식들이 투자자들에게 좋은 성과를 보장해주지 않기도 합니다. 그러므로 과거에 통했던 특정 투자 방법이나 기법이 미래에도 통할 것이라고 장담하면 안 됩니다.

주식 시장은 그렇게 만만한 시장이 아닙니다. 성공했다는 투자 기법이 세상에 널리 알려지는 순간, 그 기법은 더 이상 성공을 보장하기 어려울 수 있습니다. 누구나 다 아는 방법은 더 이상 비법이 아니기 때문입니다. 과거에 수익을 안겨준 투자 기법이 현재 통하지 않는다면 그 이유가 무엇인지, 어떤 변수가 달라졌는지 원인을 파악하고 보정하는 것이 중요합니다.

하루가 다르게 변하는 주식 시장에도 변하지 않는 한 가지 진리는 있습니다. 바로 기업의 주가는 장기적으로 기업의 가치에 따라 움직인다는 것입니다. 이 책은 화려한 주식 발굴 스킬, 직관적인 매수 및 매도 스킬을 다루지는 않습니다. 그러나 중장기적으로 투자할 만한 기업을 어떤 기준으로 선정하고 어떻게 분석하는지, 무엇을 중점적으로 봐야 하는지를 짚고 있습니다. 기업의 가치를 보고 투자하는 투자자 관점에서는 기본기를 다지기에 충분하다고 생각합니다.

이 책에서 익힌 부분을 응용하는 것. 시시각각 변하는 투자 트렌드는 유튜브 '달란트투자' 채널을 참고하시면 됩니다. 아무쪼록 이 책이 어려운 주식 시장에서 성공하는 데 도움이 되었으면 하는 바람입니다.

이래학 (달란트투자)

달란트투자의 주식교과서

초판 1쇄 발행 2020년 11월 25일
초판 2쇄 발행 2020년 11월 27일

지은이 이래학
펴낸이 권기대

펴낸곳 베가북스 **출판등록** 2004년 9월 22일 제2015-000046호
주소 (07269) 서울특별시 영등포구 양산로3길 9, 2층
주문문의 전화 (02)322-7241 팩스 (02)322-7242

ISBN 979-11-90242-66-0

✳ 책값은 뒤표지에 있습니다.
✳ 잘못된 책은 구입하신 서점에서 바꾸어 드립니다.
✳ 좋은 책을 만드는 것은 바로 독자 여러분입니다.
  베가북스는 독자 의견에 항상 귀를 기울입니다. 베가북스의 문은 항상 열려 있습니다.
  원고 투고 또는 문의사항은 vega7241@naver.com으로 보내주시기 바랍니다.
✳ 베가북스에 대한 더 많은 정보가 필요하신 분은 홈페이지를 방문해주시기 바랍니다.

e-Mail vegabooks@naver.com **홈페이지** www.vegabooks.co.kr
블로그 http://blog.naver.com/vegabooks
인스타그램 @vegabooks **페이스북** @VegaBooksCo